全国中等卫生学校教材

中医护理学

主　编　韩丽沙

副主编　李艳琳　陈　岩

编　者　（按姓氏笔画为序）

于春光　王　琦　李　玮　李艳琳

陈　岩　杨　祯　杨晓玮　韩丽沙

北京大学医学出版社

ZHONGYI HULIXUE

图书在版编目（CIP）数据

中医护理学/韩丽沙主编. —北京：北京大学医学出版社，2009（2016.1 重印）

ISBN 978-7-81116-584-5

Ⅰ.中… Ⅱ.韩… Ⅲ.中医学：护理学-专业学校-教材 Ⅳ.R248

中国版本图书馆 CIP 数据核字（2008）第 083088 号

中医护理学

主　　编：韩丽沙

出版发行：北京大学医学出版社

地　　址：（100191）北京市海淀区学院路 38 号　北京大学医学部院内

电　　话：发行部 010－82802230；图书邮购 010－82802495

网　　址：http：//www. pumpress. com. cn

E - mail：booksale@bjmu. edu. cn

印　　刷：北京地泰德印刷有限公司

经　　销：新华书店

责任编辑：吕晓凤　　**责任校对**：金彤文　　**责任印制**：张京生

开　　本：787mm×1092mm　1/16　　**印张**：13.5　　**字数**：339 千字

版　　次：2009 年 1 月第 1 版　2016 年 1 月第 2 次印刷

书　　号：ISBN 978-7-81116-584-5

定　　价：19.90 元

前言

《中医护理学》是为护理学专业中专层次编写的教材，编写人员是北京中医药大学护理学院的教师。

中医是中华文明的一个重要组成部分，在数千年的临床实践中积累了丰富的诊治疾病和养护患者的经验，并形成了独特的理论体系，对中华民族的繁衍昌盛作出了卓越的贡献。中医护理学的内容广泛而丰富，其学术思想内涵及指导思想源自浩瀚的中医学宝库。本课程依照中等卫生职业教育护理专业教学大纲编写，内容包括中医护理学的概念与发展简史、中医基础理论概述、病情观察与辨证施护、中医药物疗法与护理、针灸疗法与护理、推拿、气功疗法与护理、中医一般护理、中医内外妇儿各科的临床护理。临床护理实践中常用的中医护理技术操作穿插在各章节中表述。希望通过本课程的学习，学生们能对中医护理有一个基本了解，并在临床护理实践中尝试运用中医护理的独特理论与技术为患者和有健康需求的人们服务。

本教材充分考虑到习惯于西医护理思维的学生们刚开始接触中医护理时可能存在的学习困难，尽量采用通俗易懂的语言，深入浅出。内容的选择上力求从临床护理实际出发，简单实用；同时也照顾到中医护理基本理论与技术的系统性，注意前后知识的衔接。

本书的编写参考和采用了许多专家与学者的研究成果，吸取了某些思想观点，在此表示衷心的感谢。

对于本教材的不足之处，恳请专家与读者批评指正。

韩丽沙

2009 年 1 月

目　录

第一章　绪　论

中医药学是中华民族优秀文化的瑰宝，是中国特色医疗卫生事业的重要组成部分。随着医学模式的转变、健康卫生事业的发展，以及以人为本、崇尚自然、回归自然的观念日益深入人心，中医药学的特色和优势越来越得到人们的欢迎。中医护理学作为中医药学的重要组成部分，是以中医理论为指导，运用整体观念，对疾病进行辨证护理，结合预防、保健、康复等措施，运用独特的传统护理技术，对患者及人群施以健康照顾与服务，保护人民健康的一门应用学科。

第一节　中医护理学发展简史

一、中医护理学的发展历程

中医是中华文明的一个重要组成部分，在数千年的临床实践中积累了丰富的诊治疾病和养护患者的经验，并形成了独特的理论体系，对中华民族的繁衍昌盛作出了卓越的贡献。中医护理学的内容广泛而丰富，其学术思想内涵及指导思想源自浩瀚的中医学宝库。中医历来十分重视护理，强调“三分治疗，七分护理”，中医护理学的发展经历了以下三个阶段。

（一）古代中医护理（远古—公元 1841 年）

原始社会，人类在生活实践中掌握了一些植物的形态与性能，发现某些植物可以缓解某种疾病的病情，从而认识到其中的药用价值；火的使用使人类的饮食由生食进入熟食，大大减少疾病，促进了人类健康；还发现火不仅可以取暖，还可以缓解寒湿引起的疼痛，逐渐形成了原始的热熨与灸法。这些活动的实践开始了医疗护理的萌芽时期。

从奴隶社会到封建社会，随着社会生产力的发展，人们的物质文化生活得到很大改善，中医受古代朴素哲学思想的影响，在长期的防病治病实践中逐渐形成了一套独特的理论体系、行之有效的治疗护理方法以及丰富多彩的技术操作。这一时期中医学的逐渐成熟与丰富，为中国人民卫生保健事业和中华民族的繁衍昌盛作出了巨大贡献。

中医历来十分重视护理，但在这一时期尚未形成独立的护理学科，医者同时也是护理者，在现今存留的中医文献古籍中可以看到大量的护理内容与方法的记载。

（二）近代中医护理（公元 1840—1949 年）

鸦片战争以后，随着西方医学与护理的渗透，西医学与现代科学技术紧密结合，采用与中医完全不同的理论体系、方法与技术。运用西医学的观点评价中医，中医的科学性受到置疑。政府采取限制中医的政策，致使中医发展一度停滞不前。但由于中医药的安全有效，在人民群众中有大量的需求和基础，中医药的实践者克服困难，一方面坚持中医治疗护理的实践，一方面受西医兴办诊所与医院的启示，大胆尝试创办中医院，先后在上海、江苏一带开设了中医诊所，为中医实践开辟了新的领域，推进了中医药的发展。

西方国家在我国大量开设医院，早期医院的护理工作由外籍护士担任，以后发展到医院开设护士培训班，招聘中国学员，进一步发展为正规护士学校。虽然此时学校培养的是西医护理人才，但形成了一支经过专业培训的护士队伍，促进了护理学科的发展，也为中医护理成为独立学科打下一定的基础。

（三）现代中医护理（公元1949年以后）

中医护理学经过历代的发展，近几十年来，已经日益成熟和完善，并逐步走向科学化和现代化。

1. 中医护理逐步形成一门独立的学科　20世纪50年代，我国政府提出“中西医并重”的卫生工作方针，全国各地建立了许多中医医院和培养中医人才的学校，中医药学得到长足发展。有了中医医院，建立了护理专业队伍，中医的治疗与护理开始有了分工，中医护理从中医学中分化出来，形成独立的学科。

2. 中医护理教育得到长足发展　20世纪60年代初，南京举办第一期中医护理培训班，并出版了第一部系统的中医护理学专著《中医护病学》，标志着中医护理学已走向新时代。1985年北京中医药大学的前身北京中医学院成立护理系，进一步使中医护理教育进入高等教育阶段。目前全国已有23所中医药大学或学院开办了中医护理本科教育，部分院校还开设了中医护理硕士教育，形成研究生教育、本科教育、专科教育、中专教育多层次的中医护理教育体系。中医护理的学术水平和护理人员的职业素质正在逐步提高。一批高学历、高职称、年轻化、富有献身精神的专业技术人才已经充实在中医临床护理和教学、科研岗位上。

3. 中医护理科研与学术活动蓬勃开展　1986年成立中华护理学会中医、中西医结合护理学术委员会，2002年成立中华中医药学会护理分会，同年成立全国中医药高等教育学会中医护理教育研究会，各学会积极组织开展中医护理科研与学术交流活动，学术气氛空前活跃。中医护理的发展越来越得到国际护理同行的关注，许多国家护理代表团先后来我国参观或考察中医护理工作，中医护理的国际影响日益扩大。2006年在北京中医药大学首次举办国际传统护理学术研讨会，进一步弘扬中医护理文化，增进了国际间的学术交流。

二、中医护理学发展史中重要的医家、代表著作及学术思想

为了更好地继承与弘扬中医护理学，提高对中医护理学的认识，了解中医护理学形成与发展的历史，本书将中医学与中医护理学发展历史中重要的医家、代表著作及学术思想分述如下。

(一)《黄帝内经》

《黄帝内经》简称《内经》，是我国现存的医学文献中最早的一部典籍，成书于春秋战国时期。《黄帝内经》全书包括《素问》和《灵枢》两部分，这部著作系统地论述了人体的生理、病理、诊断、治疗、护理与预防，以及人与自然对立统一的关系，重视整体观念和阴阳平衡，强调邪正斗争观和预防为主的思想，奠定了中医学独特的理论基础。

在中医护理方面，《黄帝内经》论述了疾病护理、饮食护理、生活起居护理、情志护理、养生康复护理、服药护理以及针灸、推拿、导引、热熨、熏洗等护理技术。如在生活起居护理方面，《素问·上古天真论篇》指出：“法于阴阳，和于术数，食饮有节，起居有常，不妄作劳。”告诫人们要遵循自然界的阴阳变化规律办事，要按时起卧，劳逸适度。《内经》的“顺四时而适寒暑”理论，指出了四时养生起居的规律，反映了人与天地相应的整体观。对五脏病证的护理，《内经》指出：“病在脾……禁饱食，湿地濡衣”，“病在肺……禁寒饮食寒衣等。”在饮食护理方面，《内经》中亦有具体论述，如《素问·痹论篇》：“谷肉果菜食养尽

之，无使过之，伤其正也。”“春食凉，夏食寒以养阳；秋食温，冬食热以养阴。”这些内容指出饮食要有节，食物的温热凉寒要与季节相适应。在情志护理方面，《内经》强调了不良的情志刺激可导致人体气血失调，脏腑功能紊乱，能诱发或加重病情，如“怒则气上”、“喜则气缓”、“悲则气消”、“恐则气下”、“惊则气乱”、“思则气结”，以及“喜伤心”、“怒伤肝”、“思伤脾”、“悲伤肺”、“恐伤肾”。因此，《黄帝内经》也奠定了中医护理学的理论基础，对现代中医护理学的发展具有重要的指导意义。

（二）张仲景与《伤寒杂病论》

《伤寒杂病论》是东汉末年著名医学家张仲景所著，原著一度散失，后经人搜集整理，分成《伤寒论》与《金匮要略》两部书。《伤寒杂病论》继承《黄帝内经》基本理论的基础，总结了东汉以前众多医家的临床经验，以六经论伤寒，以脏腑论杂病，提出了系统的理、法、方、药的辨证论治原则，奠定了中医辨证论治的理论体系。《伤寒杂病论》还论述了对疾病的辨证施护理论和具体护理措施，开创了辨证施护的先河。

在服药护理方面，《伤寒杂病论》针对疾病的不同证型，详细介绍了煎药方法、服药注意事项、对服药反应的观察及饮食宜忌。如桂枝汤方后注明“以水七升，微火煮取三升，去渣，适寒温，服一升”，服药后应“啜热稀粥一升余，以助药力”，并加盖被子，观察汗出要微似有汗为佳，不可大汗淋漓。在服药后的饮食禁忌方面主张服桂枝汤后要“禁生冷、黏滑、肉面、五辛、酒酪、臭恶等物”。诸如此类的护理要求，在大青龙汤、五苓散、十枣汤、大承气汤、甘草附子汤、防已黄芪汤等方后都有具体注明。

《伤寒杂病论》在饮食护理上，也有详细论述，指出饮食应辨证：“所食之味，有与病相宜，有与身为害，若得宜则益体，害则成疾。”要注意五脏病食忌、四时食忌、冷热食忌、妊娠食忌，在饮食卫生方面应注意“秽饭、馁肉、臭鱼，食之皆伤人”等。

在护理技术操作方面，张仲景首创了药物灌肠法，提出用“蜜煎导方”及猪胆汁灌肠。《伤寒杂病论》中还详细记述了熏洗法、烟熏法、坐浴法、点烙法、渍脚法、外掺法、灌耳法等护理操作方法。在急救护理方面提出了对自缢者的抢救措施，具体方法与现代人工呼吸法极其相似。

（三）华佗与“五禽戏”及“麻沸散”

后汉三国时期的名医华佗，他吸取前人“导引”的精华，创造了古代的保健体操——“五禽戏”。“五禽戏”模仿虎、鹿、猿、熊、鸟五种动物的姿态进行锻炼，起到疏通气血、帮助消化、运动筋骨、防病祛病、增强体质、延年益寿的作用，是体育与医疗、护理相结合的典范。华佗告诫人们：“体中不快，起作一禽之戏，怡而汗出，因上著粉，身体便轻，腹中欲食。”就是说通过五禽戏的锻炼，可以帮助消化，疏通气血，增强体质，减少疾病。

华佗的另一伟大贡献是发明了“麻沸散”作为手术中使用的全身麻醉剂，对外科学的发展作出了贡献。在手术前、手术中和手术后指导其弟子或家属做了大量护理工作，这就是我国最早的外科护理。

（四）孙思邈与《千金方》

唐代著名医药学家孙思邈以高尚的医德和高明的医术流芳百世，他所著的《千金方》以“人命至重，有贵千金，一方济之，德逾于此”而命名。书中“大医习业”与“大医精诚”两篇，专论医德。对医护人员谆谆告诫要一切为患者着想，对患者要有高度的同情心和责任感，不分贵贱贫富，一视同仁。

《千金方》内容非常丰富，包括临证各科、诊断、针灸、食疗、预防、卫生、护理技术等各个方面。书中记载了许多特效方药，如海藻、昆布治瘿瘤；米糠水煮粥治脚气；动物肝脏治夜盲；瓜蒌治糖尿病等。在护理技术方面，孙思邈首创了细葱管导尿法，以及蜡疗和热熨法等。在疾病预防方面，主张"上医医未病之病"，并提出"凡衣服、巾、栉、枕、镜不宜与人同之"的传染病护理方法。饮食护理方面，强调"需先洞晓病源，知其所犯，以食治之，食疗不愈，然后命药"，高度重视饮食调养作用。在精神调摄方面，提出应注意控制情绪变化，做到"莫忧思、莫大怒、莫悲愁、莫大惧"的情志护理方法。《千金方》尤其重视了妇女和小儿疾病的治疗和护理，分别对妇女孕期、分娩及产褥期的护理，对新生儿护理、小儿喂养都作了详细介绍。

（五）最早的护理学专著《侍疾要语》

《侍疾要语》是清代名医钱襄所著的护理学专著，书中记载了情志护理、饮食护理、生活起居护理和老年患者的护理，其中"十叟长寿歌"记录了十位百岁老人延年益寿、防病抗老的经验，从生活起居、饮食、运动锻炼和情志修养等方面总结长寿的护理要点。

《侍疾要语》重视情志护理，提出"至亲问候，每至床前，须先说其吉祥语，或其人为患者所厌见者，须婉言谢之，勿令进房"。在患者面前"勿露愁闷之容，常瞒医药之贵"，"勿得欠腰摩眼，稍露倦态"以免增加患者精神负担。生活起居方面提出细致的护理措施，在患者床旁"行走不可急遽，防作声且生风，放帐卷缓则不生风……递汤水或用小匙，或用芦管"。护理患者如厕应注意"扶腋上厕，须轻重得宜，太紧必致疼痛，太宽又不着力，冬月马桶以布裹棉花套之"等。对服药护理，提出"药之有毛者虽用绢包，然究恐不密，煎熟后，再须以细绢或丝绢滤之"。

（六）其他医家对中医护理学的贡献

中医一贯对护理给予高度的重视，还有大量的中医文献将护理结合于诊疗过程中进行阐述。

晋代王叔和著有《脉经》，书中将脉象名称规范化，归纳为二十四脉，分析了各种杂病及小儿、妇女的脉证，改进了寸、关、尺的诊脉方法，使脉诊法成为护理临床观察病情时的重要手段。

隋朝名医巢元方等编著的《诸病源候论》中记载有各种疾病的病因、病理、症状、诊断、预防和护理的论述，并有大量的养生导引方法。

唐代医家王焘编撰的综合性巨著《外台秘要》，论述了对伤寒、肺痨、疟疾、天花、霍乱等传染病的病情观察、饮食和生活起居等的护理措施。

宋金元时期的《饮膳正要》是中医营养学的代表著作，该书提出了养生避忌、疾病避忌、妊娠食忌、乳母食忌等。列举了"补下元，理腰膝，温中顺气"用苦豆汤；"治腰背疼痛，骨髓虚损，身重气乏"用生地黄鸡；"治脾胃虚弱，泄泻久不瘥者"用鲫鱼羹等。这些食物能够强壮身体，延年益寿，是预防和治疗疾病的良药。

宋金元时期李东垣创立了脾胃学说，重视对脾胃的调养和护理。朱丹溪创立了滋阴学说，提出了滋阴降火的护理法则，对中医护理学的发展都作出重要贡献。

明代吴有性的《温疫论》在传染病病因学、预防与护理上提出卓越创见，认为引起"疫病"的特殊病因是"戾气"，传染途径是自口鼻而入，无论老少强弱，触之皆病，反映了当时防治急性热病的丰富经验和理论认识。书中记载了鼠疫、天花、白喉等传染病发病的特点及治疗与护理疫病的原则和方法。

第二节　中医护理学的基本特点

中医护理学的理论体系是在长期的医疗护理实践过程中逐步形成的，有两个基本特点：一是整体观念；二是辨证施护。

一、整体观念

中医整体观念包括两个方面，即人体是一个有机整体及人与环境的和谐统一。中医护理强调以人为本，重视人体五脏六腑之间的完整统一以及人与自然环境、社会环境的统一和谐，运用整体观念，对患者进行整体护理。

（一）人体是有机的整体

人体以五脏为中心，通过经络的联系与沟通，将各个脏腑、孔窍以及皮毛、筋肉、骨骼等组织紧密地联系成一个统一的整体。使脏腑与脏腑、脏腑与各组织、器官成为不可分割的有内在联系的有机整体。

生理上以五脏为中心通过经络作用相互联系，人体的脏腑既有各自不同的功能，又有整体活动下的分工合作，反映了人体局部与整体的辩证统一关系。维持人体正常生理功能的动态平衡，一方面需要各脏腑组织器官完成自己的功能，另一方面又需要脏腑与脏腑之间保持协调关系，脏腑间既有相辅相成的协同作用，又有相反的制约作用，两者和谐平衡才能保持健康。

病理上互相影响，人体任何局部的病理变化，都可能与全身脏腑、气血、阴阳的盛衰有关；而某一局部的病变又可能反过来影响到其他脏腑的结构与功能，进而影响全身。

（二）人与环境的统一

中医学认为“人与天地相应”，“天人合一”即人与自然环境之间有着密切的联系。人是自然界的一部分，自然界是在不断运动变化的，人体的生理功能和病理变化不断地受到自然界四时气候、地理环境、居住条件以及一天中昼夜晨昏变化的影响，人有调整自己以适应环境变化的能力，人体之所以能维持健康是不断与自然环境保持和谐平衡的结果。一旦自然界的这些变化，超越了人体的适应能力，或由于人体的调节机能失常，不能对外界变化做出适应性调节时，疾病就会发生。

中医护理不仅认识到人与自然环境保持和谐统一的重要性，还强调人与社会环境的统一，因为人置身于社会环境中，社会环境的各种因素必然会影响到人的身心健康。中医护理把精神因素作为致病的重要原因考虑，认为情志生于五脏，情志的变化也会影响到五脏的生理功能和病理变化，强调形体与精神的统一。

（三）中医整体护理

中医整体护理是指在观察判断病情和护理疾病时，应注意把人体的局部病变与机体整体病理变化统一起来，重视自然环境对人的影响，根据四时气候、地理环境、居住条件及一天中昼夜晨昏变化等各方面的因素，制定出适宜的护理计划。在护理工作中既重视疾病，更重视患病的人，重视患者的自觉症状，注意护患之间的交流，遵从“医乃仁术”的儒家伦理思想，给人以充分的尊重。在养生保健方面提倡精神调摄，养性全德，维持人与人之间、人与社会之间良好的适应状态。中医整体护理反映了以人为本的思想，这一观点与现代护理以患者为中心的理念是一致的。中医整体护理模式可以概括为：“人（生理、心理）—环境（自然环境、社会环境)”。

二、辨证施护

辨证施护是中医认识疾病和护理患者的基本方法，辨证与施护是相互关联的两个方面。辨证，是运用中医学理论，通过望、闻、问、切四诊的方法收集患者有关疾病的病史、症状、体征等发生、发展的资料，进行分析、综合、概括、判断，对疾病进行证候定性。施护，是在辨证的基础上，从疾病的证候定性确立相应的护理原则和方法，制定出护理计划和具体的护理措施，对患者实施护理。辨证是决定护理的前提与依据，施护是护理疾病的手段和方法。

辨证施护时要辨证地看待“病”与“证”之间的关系。“病”是疾病的总称，概括疾病的全部病理过程。因此，“病”可以概括“证”。如清代医家徐灵胎说：“证之总者为之病，而一病总有数证”。“证”是机体在疾病发展过程中某一阶段的病理概括，包括病变的部位、原因、性质以及邪正关系，反映出疾病发展过程中某一阶段病理变化的本质。“证”比“病”更具有中医临床意义，同一疾病的不同证候在治疗与护理的原则和方法上就不同，而不同疾病只要证候表现相同，便可采取相同的护理原则与措施。这就是辨证施护中“同病异护”和“异病同护”的特点。

“证”与“症”的概念也是不同的，症”是指症状，如头痛、恶寒、咳嗽、呕吐等；而“证”是证候，是辨证所得到的结果，概括了机体在疾病发展过程中某一阶段出现的各种症状。如感冒风寒束表证，可以包括恶寒、发热、头痛、鼻塞、流清涕等多个症状。因而，“证”比“症”更全面、更深刻、更准确地揭示了疾病的本质。

辨证的方法有多种，如八纲辨证、卫气营血辨证、脏腑辨证、病因辨证、经络辨证、六经辨证等，其中，八纲辨证是各种辨证的总纲，是辨证施护的核心理论。

第三节　中医护理的思维特点

中医学受中国传统文化的影响，其思维方式与现代自然科学思维方式不尽相同。无论是中医整体观，还是辨证论治理论都体现了这种独特的思维方式。中医不能用数学描述，也很难通过严格的实验验证，中医是存在数千年的传统文化体系的一部分。“气、阴阳、五行”是中医哲学思维的核心观念，发展出的藏象、经络、诊断、辨证、护理均受这一哲学思维方法的影响。中医思维方式中“天人相应、形神合一”的观念，从整体上把握自然、社会和人本身之间的关系。中医擅长个体化治疗，讲究三因制宜、整体动态思维方式是理论联系实际的纽带，是中医学活的灵魂，是发扬优势的根本。

中医思维方式将人文科学与自然科学合一，注重人文内涵，从人体功能、疾病状态出发把握生命规律，是中医思维方式的集中体现。与西方医学比较，中医更重视得病的人，而不是单纯的病。中医辨证，西医言病，病是微观的病理变化，主要反映在偏离正常的生理生化指标上；证是人体宏观的疾病状态，往往反映在患者的外在表象和患者的感受上。

历代医家在实践和发展理论的过程中，虽然有不同理论的表述形式，但始终贯穿中医理论思维方式。保留中医思维方式不变，借鉴现代学科的方法与理论，是学习、实践和发展中医学的正确道路。

中医护理学的内涵非常丰富，是多层面、多结构的概念组合，它包含护理理论层面、护理方法层面和独特的护理技能层面三个方面。中医护理学的理论基础是以阴阳五行学说为认识论和方法论，以整体观为主导思想，以脏腑经络的生理病理为临床基础，以正邪论为疾病病因和发病机理的临床认识，以辨证施护为临床护理的核心。中医护理方法是运用辨证施护理论指导临床，通过望、闻、问、切四诊，收集患者资料，判断疾病证候属性，有针对性地采取护理措施。中医护理技能方面更是有自己独特、安全、有效、民间流传广泛的操作技术，主要有针灸、推拿、刮痧、拔罐、熏洗、热熨、中药离子导入、气功等方法。

中医护理学的服务对象，既包括患者，也包括健康人群。中医护理不仅在疾病护理方面有自己独特的理论、方法与技术，而且在病后调摄与康复、养生保健与预防疾病方面更具有特色与优势。

（韩丽沙）

第二章　中医基础理论概述

第一节　阴阳五行

阴阳五行，是阴阳学说和五行学说的合称，是古人用以认识自然和解释自然的一种世界观和方法论，是我国古代的一种唯物论和辩证法。当阴阳五行学说渗透到医学领域中时，就形成了中医学独特的阴阳五行学说，并一直作为中医学理论体系的基本内容，指导着中医临床各科的诊断、治疗和护理。

一、阴阳

（一）阴阳的基本概念

阴阳，是对自然界相关事物或一事物内部对立双方属性的概括。它既可代表两个相互对立的事物，也可以代表同一事物内部所存在的相互对立的两个方面。

阴阳起源于人们对日光向背的观察，发现向着日光的一面光明、温暖、生机勃勃；而背着阳光的一面暗淡、寒冷、缺乏生机。前人将其概括为“向日为阳，背日为阴”，用以说明自然界中相互关联又相互对立的两种事物和现象。一般而言，凡明亮的、上升的、温热的、外在的、活动的统属于阳的范畴；凡晦暗的、下降的、寒冷的、内在的、沉静的统属于阴的范畴。

必须注意，阴阳不是指具体的事物，而是抽象的属性概念。具体事物的阴阳属性，不是绝对的，而是相对的，在一定条件下，阴阳之间可以发生相互转化。同时，阴阳之中还可以再分阴阳，这是事物的无限可分性。

自然界的一切事物都在不停地发展变化着，阴阳是自然界一切事物运动变化的基本规律，是一切事物属性的纲领，是一切事物生长、发展、变化的根源。

（二）阴阳的相互关系

1. 阴阳的对立制约　阴阳对立是用阴阳来概括和说明事物或现象相互对立的两个方面的属性。阴阳学说认为自然界的事物及其运动状态都可以分为阴阳两个方面，即一方面属阴，一方面属阳。要正确说明事物或现象的阴阳属性，首先必须了解阴阳的基本特性。如水性寒、向下、相对静，则属于阴；火性热、向上、相对动，则属于阳。其次要注意事物阴阳属性的相对性。凡具体事物的属阴属阳并不是绝对的，而是相对的。也就是说在一定的条件下，阴和阳之间是可以发生相互转化的。如寒证转化为热证，病证的寒热性质变化了，分析其阴阳属性也应随之发生相应变化。

阴阳对立的两个方面时刻在相互排斥和相互斗争。通过对立斗争，双方相互制约，限制对方，不使其过分发展，这是事物正常发展、变化的基础。如自然界中春、夏、秋、冬四季及温、热、凉、寒四时气候周而复始、循环不已的变化，正是自然界中阴阳二气相互制约、相互推移变化的结果。夏季阳盛炎热，但夏至以后，阴气渐生，用以制约火热的阳气；冬季阴盛严寒，但冬至以后阳气渐复，用以制约寒冷的阴气。只有阴阳二气相互制约，对立统一，在对抗中取得动态平衡，事物才能正常发展变化，人体才能维持正常的生理状态。

2. 阴阳的互根互用　阴阳的互根互用，是指阴阳相互依存的关系。强调阴与阳任何一方都不可能脱离另一方而独立存在，阴阳的任何一方都以对方的存在作为自己存在的条件，双方共处于一个统一体中。有阴必有阳，有阳必有阴。如昼为阳，夜为阴。没有昼，就无所谓夜；没有夜，就无所谓昼。热为阳，寒为阴。没有热，就无所谓寒；没有寒，就无所谓热。任何一方都不能孤立存在。

3. 阴阳的消长平衡　阴阳消长，是指阴阳对立双方的增减、盛衰、进退的运动。阴阳对立双方不是处于静止不变的状态，而是不断变化着的。阴阳消长的基本形式为：此长彼消，包括阴长阳消和阳长阴消；此消彼长，包括阴消阳长和阳消阴长。例如四时气候的变化，从冬至春及夏，气候从寒冷逐渐转暖变热，即是阴消阳长的过程；由夏至秋及冬，气候由炎热逐渐转凉，即是阳消阴长的过程。

所谓"动态平衡"，是指阴阳双方在彼此消长的动态过程中保持相对的平衡，这是事物保持正常运动规律的前提。这种动态就包含着阴阳之间的消长。事物通过阴阳之间的消长关系，才会达到阴阳二者之间的相对平衡，促进自身不断地发展变化。这是事物量变的过程。

4. 阴阳的相互转化　阴阳的相互转化是指对立着的阴阳双方，在一定的条件下，可以各自向其相反的方向转化，即阴转化为阳，阳转化为阴。阴阳转化是在量变基础上的一个质变过程。即所谓"物极必反"，"重阴必阳，重阳必阴"，"寒极生热，热极生寒"。阴阳转化的关系，在宇宙间无处不在，如四时气候的变化、昼夜的交替、人体生理过程中的营养物质（阴）与功能活动（阳）之间的转化过程，都属于阴阳的转化关系。

综上所述，阴阳的相互关系包括四个方面，其中对立、消长含有矛盾的对立性的意思；依存、转化含有矛盾的同一性的意思；而消长与转化又具有事物从量变到质变的含义。

（三）阴阳学说在中医学中的应用

阴阳学说贯穿于中医理论体系的各个方面，用来说明人体的组织结构、生理活动、病理变化，并用以指导临床诊断、治疗和护理。

1. 说明人体的组织结构　阴阳学说在阐述人体组织结构时，认为人体是一个有机的整体，它的一切组织结构，既是有机联系的，又可以划分为相互对立的阴和阳两部分。就人体部位而言，人体上部为阳，下部为阴；体表属阳，体内属阴；背部属阳，腹部属阴；四肢外侧属阳，内侧属阴。就人体脏腑而言，肝、心、脾、肺、肾五脏属阴，胆、胃、大肠、小肠、膀胱、三焦六腑属阳。五脏之中，心肺属阳，肝、脾、肾属阴；而一脏之中又有阴阳之分，如心又可分心阴心阳，肾可分肾阴肾阳。就人体气血而言，气为阳，血为阴。

2. 说明人体的生理活动　人体的生理活动非常复杂，以阴阳概括相对言之，则物质属阴，功能属阳。中医学认为，人体的正常生命活动，是阴阳两个方面保持着对立统一的协调关系的结果。例如，属于阳的功能活动与属于阴的物质基础之间的关系，就是这种对立统一关系的体现。人体的生命活动是以物质为基础的，没有各种生命物质（阴）就无以产生各种生理活动（阳），而各种生理活动（阳）又不断产生各种生命物质（阴）。阴与阳共同处于相互对立、依存、消长和转化的协调统一之中，保持着物质与能量的动态平衡，才能维持人体的正常生理活动。

3. 说明人体的病理变化　中医学认为疾病的发生，是阴阳失去了相对的平衡，出现偏盛偏衰的结果。病邪有阴邪、阳邪之分，正气也包括阴精与阳气两个部分。阳邪致病，可以使阳偏盛而阴伤，因而出现实热证；阴邪致病，则使阴偏盛而阳伤，因而出现实寒证。阳气虚不能制阴，则出现阳虚阴盛的虚寒证；阴液亏虚不能制阳，则出现阴虚阳亢的虚热证。综上所述，尽管疾病的病理变化复杂多变，但均可以用阴阳失调来概括说明。

4. 用于疾病的诊断　由于疾病发生、发展的根本原因就是阴阳失调，所以任何病证，尽管它的临床表现错综复杂，但都可以用阴证和阳证加以概括。例如望诊方面，以色泽分阴阳，色泽鲜明者属阳证，色泽晦暗者属阴证；切诊方面，以脉象分阴阳，则浮、数、洪、滑等属阳证，沉、迟、细、涩等属阴证；闻诊方面，以语声分阴阳，则高亢洪亮者属阳证，低微无力者属阴证；问诊方面，以喜恶寒热分阴阳，则喜热恶寒属阴证，喜寒恶热属阳证。

5. 用于疾病的治疗和护理　由于阴阳的偏盛偏衰是疾病发生、发展的根本原因，因此调整阴阳、补偏救弊，促使阴阳恢复相对平衡，就是治疗和护理的基本原则。

二、五行

五行是指木、火、土、金、水五类基本物质的运动。五行学说认为，宇宙间的一切事物，都是由木、火、土、金、水五类物质所构成。自然界各种事物和现象的发展与变化，都是这五种物质不断运动和相互作用的结果，自然界的一切事物和现象都可按照木、火、土、金、水的性质和特点归纳为五个系统。这五个系统乃至每个系统之中的事物和现象都存在一定的内在关系，从而形成了一种复杂的网络状态。

（一）五行的特性及事物属性的五行归类

1. 五行的特性　五行的特性是古人在长期的生产和社会实践中，对木、火、土、金、水五类物质的朴素认识的基础上，进行抽象而逐步引申形成的理论概念。

（1）木的特性："曲直"，是指树木的生长具有能屈能直的特性；引申为具有能屈能伸、舒展升发的特性。

（2）火的特性："炎上"，是指火具有炎热和向上的特性；引申为具有温热、升腾、明亮的特性。

（3）土的特性："稼穑"，是指具有播种和收获的特性；引申为具有受纳、承载、生化的特性。

（4）金的特性："从革"，是指具有能变革的特性；引申为具有肃杀、收敛、发声的特性。

（5）水的特性："润下"，是指具有润泽和向下的特性；引申为具有滋润、寒凉、向下、闭藏的特性。

2. 事物属性的五行归类　五行学说对事物属性的归类推演法则，是以天人相应为指导思想，以五行为中心，以空间结构的五方、时间结构的五季、人体结构的五脏为基本框架，将自然界的各种事物和现象及人体的生理病理现象，按其属性进行归纳，如下表2-1：

表 2-1　五行系统表

自然界							五行	人体						
五音	五味	五色	五化	五气	五方	五季		五脏	五腑	五官	五体	五志	五液	五脉
角	酸	青	生	风	东	春	木	肝	胆	目	筋	怒	泪	弦
徵	苦	赤	长	暑	南	夏	火	心	小肠	舌	脉	喜	汗	洪
宫	甘	黄	化	湿	中	长夏	土	脾	胃	口	肉	思	涎	缓
商	辛	白	收	燥	西	秋	金	肺	大肠	鼻	皮毛	悲	涕	浮
羽	咸	黑	藏	寒	北	冬	水	肾	膀胱	耳	骨	恐	唾	沉

从表中可见，即横向内容都有同属性的内在联系，如凡具有生发、柔和特性的都属于木，其他以此类推。

（二）五行的相互关系

五行学说，主要是以五行相生、相克来说明事物之间的相互资生和相互制约的关系。

1. 相生相克　即五行的生克关系，五行生克是事物运动变化的正常规律。

（1）相生：即递相资生、助长、促进之意。

五行之间互相资生、互相促进的关系，称之为五行的相生关系。

五行相生的次序是：木生火，火生土，土生金，金生水，水生木。并依次资生，循环无端。

（2）相克：即相互制约、克制、抑制之意。

五行之间相互制约的关系称之为五行的相克关系。五行相克的次序是：木克土，土克水，水克火，火克金，金克木。这种关系也是往复无穷的。

（3）五行制化：古人把五行相生寓有相克和五行相克寓有相生的这种内在联系，名之曰“五行制化”。在五行之间的生克关系中，相生与相克是不可分割的两个方面。互相生化，互相制约，任何一行，皆有“生我”、“我生”，“克我”、“我克”四个方面的关系同时存在。以木为例，“生我”者水，“我生”者火；“克我”者金，“我克”者土。五行之间这种生中有制，制中有生，相互生化，相互制约的生克关系，称之为制化。

制化规律的具体情况如下：木克土，土生金，金克木。火克金，金生水，水克火。土克水，水生木，木克土。金克木，木生火，火克金。水克火，火生土，土克水。

2. 相乘相侮　五行之间反常相克现象称为相乘，相侮。

（1）相乘：乘，即乘虚侵袭的意思。相乘即相克太过，故又称倍克。五行之间相乘的顺序与相克的顺序是一致的，只是相克是正常现象，相乘为异常现象。

（2）相侮：侮，即欺侮，有恃强凌弱之意。相侮即反克，又称反侮。五行中相侮的规律以反克推之，即木侮金、金侮火、火侮水、水侮土、土侮木。

（三）五行学说在中医学中的应用

1. 说明五脏的生理功能与相互关系

（1）说明五脏的生理功能：按五行学说的分类方法，将人体的五脏归属于五行，并与五脏相关的其他组织结构以及外界自然环境有机地联系起来，以五行的特性来说明五脏的生理功能和人体内外环境的密切关系。五脏与五行的归属关系为：肝属木，心属火，脾属土，肺属金，肾属水。

（2）说明五脏间的相互关系：以五行生克制化理论，说明了各脏腑生理功能的内在联系，既相互资生又相互制约。五脏之间的相互资生关系为：肝生心，心生脾，脾生肺，肺生肾，肾生肝。五脏之间的克制关系为：肝克脾，脾克肾，肾克心，心克肺，肺克肝。

2. 说明五脏病变的相互影响　中医学运用五行学说的生克乘侮理论，说明人体在病理情况下，五脏之间的相互影响，疾病之间的相互传变。按相生关系的传变可分为母病及子和子病及母。如肾病传及肝称母病及子，肝病犯肾称子病犯母。按相克关系的传变可分为相乘和相侮。如肝病传脾称“木乘土”，脾病及肝称“土侮木”。

3. 用于诊断和治疗

（1）用于诊断：五行学说把五脏与五色、五味等以五行分类归属联系起来，作为诊断疾病的理论基础。人体是一个有机的整体，当内脏有病时，可以反映到体表相应的组织器官使之出现色泽、声音、形态等诸方面的异常变化。如面色青，喜食酸味，其病多在肝。脾虚的患者，面见青色，为木乘土。

（2）用于治疗：五行学说在治疗上的应用，用以指导控制疾病的传变和确定治疗原则。运用五行生克乘侮关系可以推断和概括疾病的传变规律，并能确定预防性治疗措施。如肝病容易传脾，治疗时就可以先健脾，以防肝病传脾。在临床上还经常用五行的生克规律来确定治疗原则。如治疗肺气虚的咳喘用健脾的方法称“培土生金法”等。中医的情志疗法，也是运用五行生克乘侮关系，以情志配五脏，利用五行相制约的关系来达到治疗的目的。如怒伤肝，悲胜怒（金克木）等。情志疗法就是利用了这种关系和人的情志变化间的相互制约作用而施行的一种疗法。

阴阳学说和五行学说是两种各具特点的学说，二者之间是互相联系的。在中医学的领域中，非常强调二者结合运用，以对人的生命活动和病理变化求得较好的阐释。

第二节　经络腧穴

一、经络的概念

经络是经脉和络脉的总称，是指人体运行气血、联络脏腑、沟通内外、贯穿上下的径路。“经”，有路径的含义，为直行的主干，纵行于人体的深部；“络”，有网络的含义，为经脉所分出的小支，遍布于人体的浅部；二者纵横交错，遍布于全身，将人体紧密地联结成一个统一的整体。经脉中运行的经气来源于脏腑，经气的盛衰决定于脏腑的盛衰，所以经络变化可以表明人体的生理功能、病理变化，并可指导我们的临床诊断和治疗。

二、经络系统的组成

经络系统由经脉和络脉两大部分组成，其中经脉包括十二经脉、奇经八脉和附属于十二经脉的十二经别、十二经筋、十二皮部等；络脉包括十五络脉以及无数的浮络和孙络。其基本关系列表如下：

（一）十二经脉

十二经脉分别为手三阴经（肺、心包、心）、手三阳经（大肠、三焦、小肠）、足三阳经（胃、胆、膀胱）、足三阴经（脾、肝、肾）十二条经脉，它们是经络系统的主体，所以又被称为十二“正经”。十二经脉对称地分布于人体的两侧，沿着一定方向循行。

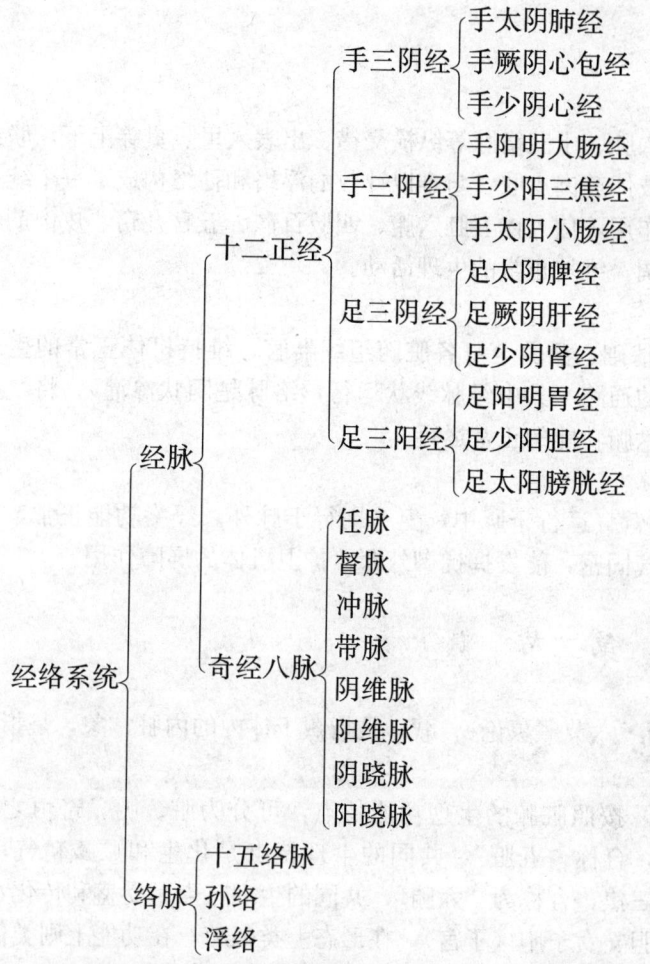

- 经络系统
  - 经脉
    - 十二正经
      - 手三阴经
        - 手太阴肺经
        - 手厥阴心包经
        - 手少阴心经
      - 手三阳经
        - 手阳明大肠经
        - 手少阳三焦经
        - 手太阳小肠经
      - 足三阴经
        - 足太阴脾经
        - 足厥阴肝经
        - 足少阴肾经
      - 足三阳经
        - 足阳明胃经
        - 足少阳胆经
        - 足太阳膀胱经
    - 奇经八脉
      - 任脉
      - 督脉
      - 冲脉
      - 带脉
      - 阴维脉
      - 阳维脉
      - 阴跷脉
      - 阳跷脉
  - 络脉
    - 十五络脉
    - 孙络
    - 浮络

1. 手三阴经　古人根据阴阳的消长衍化出三阴三阳，并结合经脉循行于上肢和下肢的特点，以及与脏腑相属络的关系来确定十二经脉的名称。如循行于上肢内侧的经脉属阴，再根据阴气的盛衰特征，分别为手太阴、手少阴、手厥阴。其中手太阴与肺相属，称之为手太阴肺经；手少阴与心相属，称之为手少阴心经；手厥阴与心包相属，称之为手厥阴心包经。

2. 手三阳经　根据以上命名原则，包括手阳明大肠经、手少阳三焦经、手太阳小肠经。

3. 足三阳经　包括足阳明胃经、足少阳胆经、足太阳膀胱经。

4. 足三阴经　包括足太阴脾经、足厥阴肝经、足少阴肾经。

（二）奇经八脉

奇经八脉是任脉、督脉、冲脉、带脉、阴跷脉、阳跷脉、阴维脉、阳维脉八条经脉的总称，它们与十二正经不同，既不直接隶属于脏腑，也无阴阳表里配偶关系，因“别道奇行”，故称“奇经”。

其中任脉循行于胸腹正中，可调节诸阴经经气，有“阴脉之海”之称；督脉循行于腰背正中，可调节诸阳经经气，有“阳脉之海”之称；冲脉与足少阴肾经并行，能含蓄十二经脉的气血，有“十二经脉之海”之称，亦叫“血海”；带脉则起于胁下，绕腰一周，状如束带，约束诸经。

三、经络的生理功能

（一）沟通脏腑，联络肢窍

经络中的经脉、经别、奇经八脉、十五络脉等纵横交错、出表入里、贯穿上下，联系人体脏腑组织；而经筋皮部则联系肢体筋肉皮肤，与难以计数的浮络和孙络构成了一个统一的整体。由于经络系统的联络沟通作用，使人体五脏六腑、四肢百骸、五官九窍、皮肉筋骨等组织器官，保持相对的统一和协调，维持正常的生理活动。

（二）运行气血，营养周身

气血是人体生命活动的物质基础，濡养全身各脏腑组织器官，维持机体正常的生理功能。而经络系统是人体气血运行的通路（其中经脉线状运行，络脉是网状渗灌），将气血等营养物质输布周身，以保证五脏六腑功能的正常运行。

（三）抗御外邪，护卫机体

经络能“行气血而营阴阳”，营气运行于脉中，卫气周行于脉外。经络功能正常，营卫之气密布于周身，营血调和，卫气固密，能发挥抗御外邪、护卫机体的屏障作用。

第三节　藏　象

“藏象”二字，首见于《素问·六节藏象论》。藏，是指藏于体内的内脏；象，是指表现于外的生理、病理现象。

藏象学说，是以脏腑为基础。按照脏腑的生理功能特点，可分为脏、腑、奇恒之腑三类。脏，即心、肝、脾、肺、肾，合称“五脏”，共同的生理特点是化生和贮藏精气；腑，即小肠、胆、胃、大肠、膀胱、三焦，合称为“六腑”，共同的生理特点是受盛和传化水谷；奇恒之腑，即脑、髓、骨、脉、胆、女子胞（子宫），在形态上类似腑，在功能上则类似脏，故称“奇恒之腑”。

藏象学说，是阐释人体脏腑生理功能、病理变化及相互关系的学说。主要内容包括两部分，一是以五脏为中心，说明人体各脏腑组织器官之间的生理、病理及相互关系；二是有关精、气、血、津液的生理、病理以及它们与脏腑的关系。

一、五脏六腑

五脏具有化生和贮藏精气的共同生理功能，同时又各有专司，且与躯体官窍有着特殊的联系，形成了以五脏为中心的特殊系统。六腑具有受盛和传化水谷的生理功能，共同的特点是以通为用，以降为顺，保持一种虚实更替的状态。脏与腑有经络相连，一阴一阳互为表里。

（一）心与小肠

心位于胸腔，有心包卫护于外。它主宰人体的生命活动，在五脏六腑中居于首要地位。它的主要生理功能是主血脉和主神志。心的生理功能还与舌、脉、面色、汗液有一定联系，所以说心开窍于舌，在体为脉，其华在面，主汗液。心与小肠互为表里。小肠的生理功能是受盛化物和泌别清浊。

1. 心的主要生理功能及与体表组织器官的关系

（1）主血脉：心主血脉，包括主血和主脉两个方面。心主血的功能就是指心能推动血液运行。人体的血液，运行于脉管之中，依赖于心脏的搏动才能输送到全身，发挥其濡养的作用。心脏之所以能够推动血液的运行，全赖于心气、心阳的推动和温煦，以及心血、心阴的营养和滋润作用。脉，即血脉，为血之府。脉是血液运行的通道，脉道是否通利直接影响着血液的正常运行。心脏、脉和血液构成了一个相对独立的系统。心脏功能正常，则脉象和缓有力，节律调匀。

（2）藏神：神有广义和狭义之分。广义的神，是指整个人体生命活动的外在表现，如整个人体的形象以及面色、眼神、言语、肢体活动等。狭义的神，是指心所主的神志，即人的意识、思维、情志活动。《灵枢·本神》说："所以任物者谓之心"。任，就是担任、接受的意思。这说明接受外来事物而发生的思维意识活动过程是由心来完成的。

心主血脉与藏神的功能是密不可分的。血液是神志活动的物质基础，因此心的气血充盈，生理功能正常，则精神充沛，神志清晰，思维敏捷，对外界信息的反应灵敏。另一方面，心主神志的功能也会影响心主血脉的功能。即，心神安定，气血才能平和调畅，才能在脉中正常运行。

（3）主汗液：汗为津液所化生，血与津液同出一源，所以有"血汗同源"的说法。而血为心所主，是以汗液与心有着密切的关系。若心的阳气不足，轻者可以出现自汗，重者就会大汗淋漓；用药过量，发汗太多，亦会损伤心阴心阳，故有"汗为心之液"的说法。

（4）合脉，其华在面：脉是指血脉。心合脉，是指全身的血脉都属于心。华，是光彩的意思。其华在面，是说心的功能正常与否，常可从面部的色泽反映出来。由于面部血脉极为丰富，全身气血皆可上注于面，所以面部的色泽能反映出心气心血的盛衰。心功能健全，血脉充盈，循环畅通，则面色红润光泽。

（5）开窍于舌：窍是孔窍的意思，可作为观察事物的窗口。通过对舌体的观察可以了解心的功能是否正常。心血充足，则舌质红润光泽；如果心有病变，可以从舌反映出来。

2. 小肠的主要生理功能

（1）受盛化物：受盛，是接收、以器盛物的意思；化物，即消化的意思。小肠的受盛与化物功能，是指小肠接受由胃传下来的初步消化的食物，在小肠内停留一定的时间，对其进一步消化和吸收，将水谷化为可被机体利用的营养物质的功能。

（2）泌别清浊：即分清别浊。"清"指水谷精微；分清，就是将食物中的精华部分（包括大量水液）进行吸收，再通过脾升清散精的作用输布全身，以供营养。"浊"指食物残渣；别浊，是将饮食物的残渣糟粕传送到大肠，形成粪便，排出体外。小肠分清别浊的功能正常，则水液和糟粕各行其道，二便正常。

（二）肺与大肠

肺位于胸腔，左右各一。肺的主要生理功能是主气、司呼吸，主宣发肃降，通调水道。肺的生理功能还与喉咙、皮毛、鼻有一定的联系，所以说，肺上通喉咙，外合皮毛，开窍于鼻。肺与大肠有经络相连，互为表里。大肠的主要生理功能是传化糟粕。

1. 肺的主要生理功能及与体表组织器官的关系

（1）主气：肺主气包括两个方面，即主呼吸之气和主一身之气。肺主呼吸之气，又称肺"司呼吸"，是指肺通过呼吸运动，吸入自然界的清气，呼出体内的浊气，实现体内外气体交换的功能。肺主一身之气体现在气的生成和气机调节两个方面。在气的生成方面，特别是宗气的生成，主要依赖于肺吸入的清气与脾胃运化的水谷精气相结合而生成。肺对全身气机的调节，是指肺通过有节律的一呼一吸，对全身之气的升降出入运动进行的调节。肺主呼吸之气和主一身之气，实际上都隶属于肺的呼吸功能。肺的呼吸调匀是气的生成和气机调畅的根本条件。

（2）主宣发肃降：所谓“宣发”，即宣通和发散的意思，也就是肺气的向上升宣和向外围的布散。所谓“肃降”，即是清肃、洁净和下降，也就是肺气的通降和使呼吸道保持洁净的作用。肺主宣发的作用，主要体现于三个方面：一是通过肺气的气化，排出体内的浊气。二是将脾所转输的津液和水谷精微，布散到全身，外达于皮毛。三是宣发卫气，调节腠理的开合，将代谢后的津液化为汗液，排出体外。肺主肃降的生理作用，主要体现于三个方面：一是将自然界的清气吸入，并向下、向内布散，由肾加以摄纳。二是输布精微和津液。内脏中肺的位置最高，所以肺吸入的清气和由脾转输至肺的津液和水谷精微必须通过肺的肃降功能向下布散。三是肃清肺和呼吸道内的异物，以保持呼吸道的洁净。肺的宣发和肃降，是相反相成的矛盾运动，在生理情况下相互依存和制约；在病理情况下相互影响和传变。

（3）通调水道：通，即疏通；调，即调节；水道，是水液代谢运行的道路。肺的通调水道的功能，是通过肺气的宣发和肃降来完成的。人体水液的排泄，主要途径是排尿，其次为皮肤毛孔的出汗和蒸发以及呼气的散发，小部分则由大便、痰、泪、涕、涎、唾排出。肺气的宣发，可使津液输布于全身，而且主司汗孔的开合，调节汗液的排泄；而肺气的不断肃降，又能使水液不断下输于膀胱，保持小便的通利。正因为水液的运行和排泄，都与肺的宣发和肃降功能有关，所以有“肺为水之上源”的说法。

（4）外合皮，其华在毛：皮毛，包括皮肤、汗腺、毫毛等组织，是人体一身之表，为抵御外邪侵袭的屏障。肺与皮肤、汗腺、毫毛的关系，可以从两个方面来理解。一是肺气宣发，输精于皮毛，使卫气和气血津液输布到体表，以温养皮毛。皮毛由肺得到卫气和气血津液的温养，则润泽光亮，便能发挥保卫机体，抵御外邪侵袭的屏障作用。二是皮毛汗孔的开合与肺司呼吸相关。皮毛汗孔的开合，有通过散气和闭气以调节体温，配合呼吸运动的作用。

（5）开窍于鼻：肺开窍于鼻，鼻与喉相通而联于肺，鼻和喉是呼吸的门户，故有“鼻为肺之窍”的说法。鼻的嗅觉与喉部的发音，都是肺气的作用。所以，肺气和，呼吸通利，则嗅觉灵敏，声音能彰。正由于肺开窍于鼻而与喉直接相通，所以外邪袭肺，多从鼻喉而入。

2. 大肠的主要生理功能

大肠位于腹中，上接阑门，与小肠相通，下端紧接肛门。它的主要生理功能是传化糟粕，排泄粪便。

饮食物的残渣由小肠注于大肠，经大肠吸收其中剩余的水液，使之变为成形的粪便，最后经肛门排出体外。大肠是传导糟粕的通道，又有吸收水液使糟粕变化成形的作用。

肺与大肠关系密切，在生理上是互相协助的。肺气肃降，有利于大肠的传导功能；大肠传导通畅，有助于肺气的清肃通利。在病理上，如肺气肃降失职，则影响大肠传导，可出现大便困难；若大肠壅滞不畅，也会影响肺的肃降功能，而引起喘息胸满等症。

（三）脾与胃

脾位于中焦，在膈之下。它的主要生理功能是：主运化、升清和统摄血液。脾的生理功能还与肌肉、四肢、口、唇有一定的联系，所以说，脾主肌肉及四肢，开窍于口，其华在唇。脾与胃有经络联系，关系密切，相互表里，共称“后天之本”。胃的主要生理功能是：主受纳、腐熟水谷，主通降。

1. 脾的主要生理功能及与体表组织器官的关系

（1）主运化：运，即转运输送；化，即消化吸收。脾主运化是指脾具有将水谷化为精微，并将精微物质吸收转输至全身各脏腑组织的作用。脾的运化功能主要依赖于脾气的气化和升清以及脾阳的温煦作用。脾主运化包括运化水谷和运化水液两个方面。

运化水谷：水谷泛指各种饮食物。运化水谷是指脾对饮食物的消化吸收和对水谷精微的转输作用。饮食物入胃后的消化和吸收，实际上是在胃和小肠内进行的，但必须依赖于脾的运化功能，才能把水谷化为精微；并依赖于脾的转输和散精作用，才能把精微布散到周身。脾运化水谷的功能正常，才能为化生气、血、精、津液等提供足够的物质原料，才能使全身脏腑组织器官得到充分的营养，以维持正常生理活动。

运化水液：也可称作“运化水湿”，是指脾对体内水液吸收、转输和布散起着促进的作用。在肺、肾、三焦、膀胱的配合下，共同维持人体水液正常代谢。

（2）主升清：所谓“升”，是指脾气的运动特点，以上升为主；所谓“清，是指水谷精微等营养物质。“升清”即是指脾能将水谷精微等营养物质吸收并上输于肺，以营养全身，故说“脾气主升”。另一方面，脏腑之间的升降协调平衡是维持人体内脏位置相对恒定的重要因素。脾的升清功能正常，水谷精微等营养物质才能正常吸收和输布，气血充盛。同时，脾气升发，又能使机体内脏不致下垂。

（3）主统血：统，是统摄、控制的意思。脾主统血，是说脾不但有生血的功能，也有统摄血液，使血液循行于脉道之中而不溢于脉道之外的作用。脾统血的生理机制，主要是脾气的固摄作用。

（4）主肌肉、四肢：肌肉、四肢所需的营养靠脾运化水谷精微以供给。脾的功能正常，对肌肉、四肢的营养供应充足，则肌肉健壮发达，四肢轻劲，灵活有力。

（5）开窍于口，其华在唇：意即饮食、口味等与脾的运化功能有关。脾气健运，则食欲旺盛，口味正常。口唇的肌肉由脾所主，因此口唇的色泽、形态可以反映出脾的功能正常与否。如果脾气健运，气血充足，则口唇红润而有光泽。所以，口唇不仅能反映全身气血的状况，而且也是脾胃功能状态的反映。

2. 胃的主要生理功能

胃位于膈下，胃的上部称上脘，包括贲门；胃的下部称下脘，包括幽门；上下脘之间名中脘，即胃体的部位。胃的主要生理功能是：受纳与腐熟水谷，胃以降为和。

（1）受纳、腐熟水谷：受纳是接受和容纳的意思。腐熟，是饮食物经过胃的初步消化，形成食糜的意思。饮食物从口而入，经过食道，容纳于胃腑，故称胃为“水谷之海”。胃把所受纳的水谷腐熟消磨，变成食糜。经过初步消化下传于小肠，其精微物质经脾之运化而营养全身。所以，胃虽有受纳和腐熟水谷的功能，但必须和脾的运化功能相配合，脾与胃分工合作，把水谷精微源源不断地供给人体各脏腑组织，成为人体营养的源泉，所以脾、胃合称为“后天之本”。脾胃的这种功能常概括称之为“胃气”。人体后天营养的补给，主要取决于“胃气”的盛衰。胃气强盛，则五脏六腑皆壮。

（2）主通降，以降为和：饮食物入胃，经过胃的腐熟，初步消化后，下行于小肠，再经过小肠的分清泌浊，其浊者下移于大肠，变为粪便排出体外。这是由胃气下行作用而完成的。所以胃气贵于通降，以下行为顺。胃的通降作用对保障整个消化系统功能的正常十分重要。

脾、胃同居中焦，脾主升清，胃主降浊，形成了升清降浊的一对矛盾。它们即对立又统一，共同完成饮食物的消化、吸收和输布。同时，对气机的升降运动起着重要的枢纽作用。

（四）肝与胆

肝位于腹部，横膈之下，右胁之内。肝的主要生理功能是：主疏泄和藏血。肝的生理功能还与目、筋、爪有一定的联系，所以说肝开窍于目，主筋，其华在爪。肝与胆不仅通过经络联属，而且直接相连，关系密切，相互表里。胆的主要生理功能是贮藏和排泄胆汁。

1. 肝的主要生理功能及与体表组织器官的关系

（1）主疏泄：疏即疏通；泄，即发泄、升发。肝主疏泄，是指肝具有维持全身气机疏通畅达，通而不滞，散而不郁的作用。肝的疏泄功能主要表现在以下三个方面。

调畅气机：气机，即气的升降出入运动。机体的脏腑、经络组织器官等活动，全赖气的升降出入运动。肝在五行属木，喜条达，有向上向外的特性。在生理方面，肝有主升、主动的特点。这一特点，对于气机的疏通、畅达、升发是一个重要的因素。在正常情况下，肝处于柔和、条达的状态之中，既不抑郁，也不亢奋，保持着人体气机的调畅。肝的疏泄功能正常，则气血和调，经络通畅，脏腑、器官等活动也就正常和调。血的运行和津液的代谢，亦有赖于气的升降出入运动。

调畅情志：人的精神情志活动，除由心神所主宰外，还与肝的疏泄功能密切相关，尤其人的情绪变化直接受肝疏泄功能的影响。在生理状况下，肝的疏泄功能正常，气机调畅，气血平和，则人体就能较好地调节自身的精神情志活动，表现为心情舒畅，精神愉悦。如果肝的疏泄功能失常，就容易引起人的精神情志活动异常。肝失疏泄，往往与外界环境的精神刺激，特别是恚怒或过度的抑郁等关系密切，所以有“怒伤肝”的说法。

促进消化：因肝的特点是主升、主动，而脾主升清，胃主降浊，故肝的疏泄功能是脾胃正常升降的一个重要条件。这就是临床上经常出现的精神情绪变化影响消化系统功能的现象。肝的疏泄功能异常还可以通过影响胆汁的分泌和排泄，而导致脾胃运化和受纳功能失常，从而出现胁下胀痛、口苦、纳呆，甚则黄疸等症。

（2）主藏血：肝是藏血之脏，具有贮藏血液、防止出血和调节血量的功能。肝内贮藏一定的血液，是保证肝脏生理功能的基础。只有肝内贮藏足够的血液，才能制约肝的阳气，不致升腾太过，从而维护肝的疏泄功能，使之冲和条达。肝藏血的另一方面体现的是使血归藏于肝，防止出血，这样才可使肝血充足，濡养全身。在正常生理情况下，人体各部分的血量是相对恒定的。但是，人体各部分的血液，常随着不同的生理情况而改变其血量。由于肝脏对血液有贮藏和调节的作用，所以人体各部分的生理活动，都与肝有密切的关系。

肝主藏血的功能还体现于女子的月经来潮。所以肝血不足，或肝不藏血时，即可引起月经量少，甚则闭经；或月经量多，甚则崩漏等症。

（3）主筋，其华在爪：筋即筋膜，附着于骨而聚于关节，是联络关节、肌肉的一种组织。筋的收缩弛张，能使关节活动自如。全身的筋膜都与肝有密切关系。肝之所以主筋，是因为全身筋膜的营养需依靠肝血的供给。只有肝血充盈，筋膜得以充分的濡养，才能运动自如。爪，即爪甲，包括指甲和趾甲，是筋的延续，故称“爪为筋之余”。肝血的盛衰，从爪甲的荣枯上能得到充分的反映，所以说肝其华在爪。肝血充足，则爪甲坚韧明亮，红润光泽。若肝血不足，则爪甲软薄，枯而色夭，甚或变形脆裂。

（4）开窍于目：目指眼睛，具有“别黑白，审长短”的功能。眼睛视力和色觉能力的强弱能反映肝藏血和主疏泄的功能。通过对眼睛的观察可作为判断肝的功能正常与否的重要依据。如果肝的功能正常，则眼睛视物清楚，眼球活动灵活。临床上，不少眼病从治肝入手，疗效显著，是“肝开窍于目”理论的具体运用。

2. 胆的主要生理功能　胆与肝相连。胆是中空的囊状器官，内藏清净之液，即胆汁。所以胆有“中清之腑”、“中精之腑”、“清净之腑”之名。

胆的重要生理功能是贮存和排泄胆汁。胆汁来源于肝脏，它由肝脏形成和分泌出来，然后排入胆腑贮藏起来。贮藏于胆腑的胆汁，在肝的疏泄作用下，排泄注入肠中，以促进饮食物的消化。

因胆汁直接有助于饮食物的消化，贮藏于胆，故把胆作为六腑之一；但因胆本身并无传化饮食物的生理功能，且胆除藏精汁之外，还有主决断的功能与脏的作用相似，所以又把它归属于“奇恒之腑”。

（五）肾与膀胱

肾位于腰部，脊柱两旁，左右各一。由于肾藏有“先天之精”，为脏腑阴阳之本，生命之源，故称之为“先天之本”。它的主要生理功能是藏精，主生长、发育、生殖，主水及纳气。肾的生理功能还与骨髓、发、耳、二阴有一定的联系，所以说肾主骨生髓，其华在发，开窍于耳及二阴。肾与膀胱在水液代谢方面关系密切，又有经络相联属，故肾与膀胱相表里。膀胱的主要生理功能是贮尿和排尿。

1. 肾的生理功能及与体表组织器官的关系

（1）藏精，主生长发育与生殖：精，是指构成人体和维持人体生命活动的基本物质。按精的来源，可将其划分为“先天之精”和“后天之精”。先天之精，受之于父母，从胚胎开始，一直到老死为止，不断地在滋生化育，发挥它的生命力，是禀受于父母的遗传物质。后天之精，来源于饮食物里的精华部分。先天之精，有赖于后天之精的充养和培育，才能充分发挥其生理作用。后天之精的化生又需依赖先天之精的推动，两者是相互依存和相互资生的关系。肾藏精，是说肾的主要功能是把先天之精和后天之精都贮藏起来，相互结合成肾中精气。肾的封藏功能使肾中精气不无故流失，保持充盛，以便发挥其主生长发育和生殖的生理作用。

肾中精气的盛衰，关系着人体生、长、壮、老和生殖能力。中医文献记载，女子以七为基数，男子以八为基数。从幼年开始，由于肾中精气逐渐充盛，所以就有齿更发长的变化；到了14～16岁即青春期，肾的精气充盛，产生了一种叫“天癸”的物质，它能促进性腺的发育成熟，使男子泄精，女子出现了月经现象，机体开始有了生育能力；女子21～35岁，男子24～40岁，是肾中精气最充盛的时期，身体强健，精力充沛，各种功能活动盛壮；女子35岁，男子40岁是生理转折点，这时肾中精气日渐衰弱，面容开始憔悴，发白而脱，齿槁而摇，筋骨不坚，体力日下；进一步发展则“天癸”衰少，女子月经停止，男子性功能也随之减退，生殖能力逐渐丧失，形体更加衰老。由此可见，肾中精气的盛衰，关系到人的生长、壮盛和衰老的整个过程。

为了便于说明肾中精气的生理作用，按阴阳属性将其划分为肾阴、肾阳两个方面进行表述。肾阴又叫“元阴”、“真阴”、“真水”、“肾水”等，是人体阴液的根本，对各脏腑组织器官起着滋润和濡养的作用。肾阳又叫“元阳”、“真阳”、“真火”、“肾火”、“命门之火”等，是人体阳气的根本，对各脏腑组织器官起着温煦、生化和推动作用。肾阴与肾阳既对立又统一，相互制约，相互依存，保持着动态平衡，对维持人体阴阳相对平衡状态起着至关重要的作用。一旦阴阳失调，便会发生多种病证。

（2）主水、司开阖：肾主水，指肾在调节体内水液代谢过程中起着极为重要的作用。肾对体内水液的调节，主要是通过肾阳的推动、蒸腾、气化作用来实现的。肾的气化正常，则开阖有度。开，就是水液得以输出和排泄；阖，就是关闭，储存一定量的水液于体内，以供生理活动的需要。人体从外界摄取水液，经脾的吸收和转输，肺的宣发敷布和肃降通调，通过三焦而下归于肾，由于肾的蒸腾气化作用，将水液分为清浊两部分。清者运行于脏腑，浊者化为尿液下行注于膀胱，经尿道排出体外，从而维持着人体水液代谢的平衡。

（3）主纳气：纳，是固摄、受纳的意思。肾主纳气，是指肾有摄纳肺吸入之清气而调节呼吸的作用，实际上是肾主闭藏在呼吸运动方面的体现。人体的呼吸运动，虽为肺所主，但吸入之气，必须下归于肾，由肾气为之摄纳，呼吸才能通畅、深沉、调匀。正常的呼吸运动是肺、肾之间相互协调的结果。所以有“肾为气之根”的说法（《类证治裁·喘证》）。

（4）主骨、生髓、通于脑，其华在发：肾主藏精，而精能生髓，髓居于骨中，骨赖髓以充养。肾精充足，则骨髓的生化有源，骨骼得到髓的充养而坚固有力。

髓有骨髓、脊髓和脑髓之分，这三者均由肾中精气所化生。因此，肾中精气的盛衰，不仅能影响骨的生长和发育，而且也能影响脊髓和脑髓的充盈和发育。脊髓上通于脑，髓聚而成脑。故《灵枢·海论》说：“脑为髓之海”。脑属“奇恒之府”，位于颅内。其功能是主持人的思维、记忆等精神活动。肾与脑的关系十分密切，因为脑髓有赖于肾精的充养。如果肾精充足，则脑髓充实，思维敏捷，记忆力强健，感觉灵敏，精力充沛。

“齿为骨之余”，齿与骨同出一源，是骨的延续，也是由肾精所充养。牙齿的生长和脱落与肾精的盛衰有密切的关系。肾中精气充沛，则牙齿坚固而不易脱落；若肾中精气不足，于小儿则牙齿生长迟缓，表现为出牙晚或换牙不及时，于成人则牙齿松动或过早脱落。

精与血是互相资生的，肾精足则血旺，血旺就能使毛发得到充分的润养，故有“发为血之余”的说法。发为肾之外候，从发的生长状态、色泽荣枯，可观察肾中精气的盛衰，所以说“肾其华在发”。肾中精气充盛，则头发浓密色黑而有光泽。

齿、发、骨均为肾中精气所化生，故在临床上常把三者作为判断肾中精气盛衰的标志。同时也将补益肾中精气作为治疗三者病变的重要方法。

（5）开窍于耳及二阴：肾与耳有着密切的联系，肾中精气充盛，则听觉灵敏。若肾的精气不足，则听力减退；如果肾阴亏损，虚火上炎，则可见耳鸣如蝉等症。老年人之所以多见耳聋失聪，往往由于肾的精气虚衰所致。二阴，即前阴与后阴。前阴指外生殖器及尿道，有排尿和生殖的作用；后阴指肛门，有排泄粪便的作用。二便的排泄与肾有关。尿液的排泄虽在膀胱，但要依赖肾的气化作用。而大便的正常排泄，也有赖于肾阳的作用。所以，肾阳不足，既可引起排尿异常，出现尿少、尿闭或尿频；也可导致大便排泄异常，出现大便秘结或五更泻泄。因肾主生殖，肾中精气不足，可导致生殖功能减退，出现早泄、阳痿等症。

2. 膀胱的主要生理功能　膀胱，位于小腹中央。它的主要生理功能是贮尿和排尿。

在人体水液代谢过程中，多余的水液在肾的气化作用下生成尿液，下输于膀胱。尿液在膀胱内潴留至一定的程度时，即可及时自主地排出体外。膀胱的贮尿和排尿的功能，全赖于肾的气化功能。如果肾气化不利，导致膀胱功能失常，可引起小便不利或癃闭；若肾关不固，导致膀胱不能约束，就会出现尿频、小便失禁等症。

（六）心包络与三焦

1. 心包络的生理功能　心包络，简称心包，是包在心脏外面的包膜，具有保护心脏的作用。心包络是心的外围，故邪气犯心，常常侵犯心包络。《灵枢·邪客篇》说：“诸邪之在于心者，皆在于心之包络。”所以，有心包络代心受邪的说法。而心包络受邪所出现的病证与心是一致的。心包络与三焦经络相连，一阴一阳，互为表里。

2. 三焦的主要生理功能　三焦是上焦、中焦、下焦的合称，为六腑之一。三焦的主要生理功能是通行元气，是水液运行的通道。

三焦是气和水液升降出入的通道，又是气化活动的场所，也可以说是通行元气和水谷运化的道路。元气根于肾，通过三焦而输送到五脏六腑，充沛于全身，以激发、推动各个脏腑组织的功能活动，所以说三焦是元气运行的通道。人体水液的运化吸收、输布和排泄也是通过三焦通道来完成的。

三焦的气化活动，在上、中、下焦三个不同部位以及经过的不同脏腑，表现出各自的功能特点。《灵枢·营卫生会篇》说："上焦如雾"，"中焦如沤"，"下焦如渎"。雾，是形容轻清的水谷精气的弥散状态，像雾一样从上到下均匀地敷布周身，体现了心肺对水谷精气的输布作用。沤，是形容水谷腐熟变化成易于吸收的精微的过程，体现了脾胃对饮食物的消化吸收和化生气血津液的功能。渎，是沟渠、水道的意思，形容水浊不断地向下疏通，向外排泄的状态，体现了肾与膀胱、包括肠道不断的排泄作用。

另外，还常用三焦来划分人体部位。即横膈以上为上焦，包括心、肺等；横膈以下至脐为中焦，包括脾、胃等；脐以下为下焦，包括肝、肾、大小肠、膀胱等。其中肝划为下焦，是从肝的生理特点和肝与肾的关系考虑的，不可机械地从解剖部位强求。从部位划分的三焦，和作为六腑之一的三焦意义不同。

附1　命门

"命门"一词，最早见于《内经》，是指眼睛而言。《灵枢·根结》说："命门者，目也。"将命门作为内脏提出始见于《难经》。如《难经·三十六难》说："肾两者，其左者为肾，右者为命门。命门者，诸神精之所舍，原气之所系也，故男子以藏精，女子以系胞。"指出了命门的所在部位及功能。后世医家对这种说法，有的推崇，有的则有不同认识。虽然说法不一，但他们对命门与肾阳的关系，认识还是一致的。从临床上看，命门火衰所表现的病证与肾阳不足的病证多属一致。补命门火的药物又多具有补肾阳的作用。因此，命门火实际上就是肾阳的功能，所以称之为"命门"，无非是强调肾中阳气的重要性而已。

附2　女子胞

女子胞又名胞宫，位于小腹，属"奇恒之腑"，它的功能是主管月经和孕育胎儿，女子胞在生理上与肾脏及经络中的冲脉、任脉关系最为密切。女子年至二七，肾中精气渐盛，胞宫发育成熟，则"天癸至，任脉通，太冲脉盛，月事以时下"，具有了生殖能力；年至七七，肾的精气虚衰，则"任脉虚，太冲脉衰少，天癸竭"，于是月经闭止，生殖能力随之丧失。所以胞宫能否正常主持月经和孕育胎儿，取决于冲任二脉的盛衰，而冲任二脉的盛衰又取决于肾的精气。如果肾的精气亏虚，冲任二脉气血不足，就会影响胞宫的正常功能，出现月经不调、闭经或不孕等证。另外，由于月经的通行和胎儿的孕育，都有赖于血液，而心主血，肝藏血，脾统血。所以，胞宫的生理功能与心、肝、脾三脏也有关系。当心、肝、脾的功能失调时，也可影响胞宫而发生月经或妊娠方面的病变。

二、气、血、津液

气、血、津液，是构成人体的基本物质，是脏腑、经络等组织器官进行生理活动的物质基础。气，是不断运动着的具有很强活力的精微物质；血，基本上是指血液；津液，是机体一切正常体液的总称。人体生命活动的维持，全靠脏腑的功能活动，而脏腑的正常活动又依赖于气、血、津液作为物质基础。气、血、津液为脏腑功能活动所化生，在不同脏腑的功能活动中，不断被消耗，同时又不断得到补充。因此，它们之间有着相互依存、相互作用和相互影响的关系。

（一）气

1. 气的概念　气是构成人体和维持人体生命活动的最基本物质。这里的气既是人体赖以生存的具体物质，又是人体脏腑组织功能活动的物质基础。气在体内是不断运动着的，即运动是气存在的形式。气具有很强的活力，通过人体的各种功能活动体现出来。因而，中医学中以气的运动变化来阐释人体的生命活动。

2. 气的生成　人体气的来源，有先天和后天两个方面。在胎儿时的气，一方面禀受于父母的肾气，另一方面又不断充实从母体吸取来的水谷之气，以生成胎儿自身的气，藏于肾中，这是先天之气。出生后的婴儿，吸取饮食物中的某些营养物质和自然界的清气，水谷之气加清气，就是后天之气。

3. 气的功能　分布于人体不同部位的气，各有其功能特点，但概括起来，主要有以下六个方面：

（1）推动作用：是指气的激发和推动作用。气是活力很强的精微物质，它能激发促进人体的生长发育以及各脏腑、经络等组织器官的生理功能；能推动人体液态物质（血、津液等）的生成、运行及排泄。当气的推动作用减弱时，可影响人体的生长、发育，也可出现早衰。

（2）固摄作用：是指气对体内的血、津液、精液等液态物质的统摄，以防止其无故流失的作用。具体表现在：固摄血液，可使血液循脉而行，防止其溢出脉外；固摄汗液、尿液、唾液等，控制其分泌物排泄量，使其有节制地排出，防止其异常流失。另外，精液与大便的排泄也与气的固摄作用有关。

（3）营养作用：人体的气，遍布于周身各组织器官之中，是各组织器官生理活动所必需的养料。

（4）温煦作用：是指气有温煦、熏蒸的作用。人体正常体温的恒定，需要气的温煦作用来维持；各脏腑、经络等组织器官的生理活动，需要在气的温煦作用下进行；血和津液等液态物质，也需要在气的温煦作用下进行正常的循环。

（5）防御作用：正气是防御功能的物质基础，通过两方面的表现来起防御作用。一是能护卫全身的肌表，防御外邪的入侵；二是邪气入侵机体时，正气能与邪气进行斗争，驱邪外出，以防止机体受邪气所害。

（6）气化作用：所谓气化，是指通过的气的运动而产生的各种变化。在气的作用下，精、气、血、津液等不同物质之间的相互化生和转化，以及物质与功能之间的转化，包括了体内物质的新陈代谢，以及物质转化和能量转化过程。饮食物在体内的消化、吸收、输送；代谢产物的产生和排泄；津液气化为汗、溺、涕、唾、泪等都是气化活动的体现。气化运动是生命最基本的特征。

4. 气的运动　人体的气，是不断运动着的具有很强活力的精微物质。运动是气存在的形式，气的运动称为“气机”。气的运动形式多种多样，但一般可归纳为四种基本运动形式：升、降、出、入。升，是气由下向上的运动；降，是气由上向下的运动；出，是气由内（体内）向外（自然界）的运动；入，是气由外向内的运动。气的升降出入运动是人体生命活动的根本，气的运动一旦停止，也就意味着生命活动的终止。

气的升降、出入是对立统一的矛盾运动，保持协调平衡，对维持人体的生命活动十分重要。气的升降出入运动的协调平衡，称为“气机调畅”，人体处于正常的生理状态。升降出入运动的平衡失调，则是“气机失调”的病理状态。

5. 气的分类及各自的生成、分布、功能特点　人体的气，从总体上说，是由肾中之精气、饮食水谷精气和自然界清气组成，在肾、脾胃、肺等脏腑的共同作用下所生成。但根据其主要来源、分布部位和生理功能，又可划分为元气、宗气、营气、卫气。

真气
- 先天之气——元气
- 后天之气
  - 宗气
  - 营气
  - 卫气

（以上合称）脏腑经络之气

（1）元气：元气又名“原气”，是人体生命活动的原动力，是人体最基本、最重要的气。因元气来源于先天，故又称为“先天之气”。

生成：从父母禀受先天之精气，经肾的化生作用而成，并需要得到水谷精微的不断滋养。所以元气来源于先天、滋养于后天。不论是先天禀赋，还是后天营养都会影响元气的盛衰。

分布：元气是通过三焦而流行于全身的。内至脏腑，外达肌肤腠理，都是以三焦为通道而作用于机体的各个部分。

主要功能：元气能推动人体的生长发育；能固摄尿液、肺吸入之气、精液。输布到全身的元气，能温煦和激发各个脏腑、经络等组织器官，维持其正常生理功能。由此可见，元气是人体的根本之气，是产生生命活动原动力的物质基础，是维持生命活动最重要的物质。因此，元气越充沛，脏腑就越强盛，身体也就越健康。如果因先天不足、后天失养或久病损耗致元气不足，人的体质就会下降，产生种种病变。

（2）宗气：宗气是人体后天的根本之气，积聚于胸中，故又称胸中为“气海”。

生成：由脾胃化生的水谷之精气和肺吸入的自然界的清气结合而成。故呼吸系统和消化系统的功能障碍都会引起宗气不足。

分布：积于胸中“气海”，经肺的宣发作用而出咽喉，贯心脉；经肺的肃降作用，蓄于丹田，并经气街注入足阳明经。

主要功能：表现在两个方面：一是温煦营养肺和呼吸道，以促进肺呼吸运动，还与语言、声音的强弱有关；二是温煦营养心脉，以维持血液运行的功能。宗气充盛，则呼吸调匀，语言清晰，声音洪亮，心跳和缓有力，节律整齐，肢体温暖。

（3）营气：营气，是运行于脉中，富有营养作用的气。由于营气与血同行于脉中，故常以“营血”并称。营气与卫气相对而言，属于阴，故又称“营阴”。

生成：营气由脾胃运化的水谷精微中精专的部分进入脉道所化生。所谓精专的部分是指水谷精微中之“清者”，是相对于浊者而言的。

分布：营气的分布偏于内脏。

主要功能：化生血液，营养全身各组织器官，尤以内脏为主，从而维持其生理活动。

（4）卫气：卫气，是行于脉外，具有保卫功能的气。卫气与营气相对而言，属于阳，故又称“卫阳”。

生成：脾胃化生的水谷精微中慓疾滑利的部分，在肺的作用下，被敷布到经脉之外，成为卫气。肾中先天之精气，在卫气的生成过程中，起着激发的作用，故有卫气本源于下焦，滋生于中焦，宣发于上焦的说法。

分布：卫气分布于体表。

主要功能：护卫肌表，防御外邪入侵；温养脏腑、肌肉、皮毛等；调节控制腠理开合，汗腺的排泄，以维持体温的相对恒定等。

（二）血

1. 血的概念　血是循行于脉管中的红色液态样物质，是构成人体和维持人体生命活动的基本物质之一，具有重要的营养和滋润作用。

2. 血的生成　主要由营气和津液所组成。其生成途径有两条：水谷精微化血和精化血。

(1) 水谷精微化血：饮食物经胃的腐熟和脾的运化，转化为水谷精微。水谷精微经脾的作用，上输于肺，并与吸入之清气相合，通过心肺的气化作用，注之于脉，化而为血。

(2) 精化血：精也是化生血液的基本物质。肾精化生血，主要是通过骨髓和肝脏的作用实现的。

总之，血液的化生是以水谷精微作为物质基础，通过脾胃、肺心、肾肝等脏器的生理活动来完成的。脾胃在血液生化过程中占有重要的地位，所以说“脾胃为气血化生之源”。

3. 血的功能　具有营养和滋润全身的生理功能。一方面，通过脉管将营养物质输送到全身各脏腑组织器官，借以发挥营养和滋润作用。另一方面，血是神志活动的物质基础。气血充盈，才能神志清晰，精神旺盛。

4. 血的循行　血液在生理情况下循行于脉中，沿脉管流行于全身各处，环周不息，运行不止。脉管是一个相对密闭的管道系统，血和营气在脉管中循环运行，血液的正常循行要靠心、肺、肝、脾的共同作用。心主血脉，是血行的动力。血液能正常地在脉管中沿一定的方向循行，主要靠心气的推动作用。肺主一身之气，肺与宗气的生成有密切的关系，而宗气的功能之一，是贯心脉以行血气。脾主统血，脾气统摄血液，使之不致溢于脉外。肝主藏血，具有贮藏血液和调节血量的功能。肝主疏泄，调畅气机。一方面保障肝本身的藏血功能；另一方面，对血液通畅地循行也起着作用。

总之，血的正常循行，主要依赖心、血、脉这样一个相对独立的系统功能正常，同时也需要肺、脾、肝三脏的参与，才能保障血液在脉管中和缓、畅通地运行。

（三）津液

1. 津液的概念　津液是机体一切正常水液的总称。包括各脏腑组织器官的内在体液及其正常的分泌物，如胃液、肠液和唾、涕、泪等。津液也是构成人体和维持人体生命活动的基本物质。津和液虽同属水液，但又有所区别。一般地说，其质清稀，流动性大者称为津；其质较稠厚，流动性小的称之为液。

2. 津液的生成、输布和排泄

(1) 津液的生成：津液来源于饮食水谷。其生成通过胃对饮食物中水液的吸收和小肠的“分清别浊”、“上输于脾”而成。

(2) 津液的输布和排泄：津液生成之后，依靠脾的转输、肺的宣发肃降和肾的蒸腾气化、升清降浊作用之后，再借三焦为通道，而输布周身。经人体利用后，化为汗液，从皮肤排泄，或化为尿液，经膀胱而排出体外。

津液的生成、输布和排泄是一个复杂的过程，这一过程是由许多脏腑的参与并相互配合共同完成的。除了上面提到的脏腑外，还有小肠、大肠的吸收水液作用，肝的疏泄以协助津液输布的作用和心主血脉推动血液循环的作用，都与津液的生成和输布有关。其中以肺、脾、肾三脏为主。

因此，概括说来，津液的生成是依赖于脾胃对饮食物的运化功能；津液的输布是依靠脾的“散精”和肺的宣发肃降、通调水道功能；津液的排泄，主要是依靠汗液、尿液和随着呼吸排出的水分；而津液在体内升降出入，则是在肾的气化作用下，以三焦为通道，随着气的升降出入，布散于全身而环流不息的。由此可见，津液的生成、输布、排泄及其维持代谢平衡，依赖于气和许多脏腑一系列生理功能的协调平衡。

3. 津液的功能

（1）滋润和濡养作用：布散于体表的津液能滋润皮毛肌肤；进入体内的津液能滋润脏腑；输注于孔窍的津液能滋润眼、鼻、口等孔窍；流入关节的津液能滑利关节；渗入于骨的津液能滋润和充养骨髓和脑髓。

（2）化生血液：津液不但流布于脉外，而且能进入脉中，化生血液。

（3）运输废物的作用：津液在代谢过程中，能把机体各部的代谢废物收集起来，通过脉内或脉外的途径，运输到相关的排泄器官，不断地排出体外，以保证各组织器官生理活动的正常进行。

气、血、津液均属生命的基本物质，三者相互联系，相互化生，既是脏腑经络及组织器官生理活动的产物，又是脏腑经络及组织器官的物质基础。

气作为人体生命活动的最基本物质，源于先、后天之精气与自然界的清气，通过肺、脾胃和肾等脏腑生理活动而成。气具有推动、温煦、防御、固摄和气化作用。但所有作用的发挥都以气正常升降出入的运动为前提。气的分类虽繁，但就整体而言，不外乎生命活动原动力的元气和供给人体营养和动力的营气、卫气、宗气两个层次。

血为富含营养的液态物质，其生成基础为水谷精微，构成成分为营气和津液，并以精髓为化生根本。在脾胃、肾等脏腑的综合功能下而生成。血的循环是由多个脏器参与，但可归纳为推动和固摄两种作用机制。血的生理功能主要是营养滋润和为神志活动提供物质基础。

津液包括各脏腑组织的正常体液和正常的分泌物，其主要依赖脾、肺、肾三脏的综合作用而布散到周身，发挥滋润濡养，化生血液，调节阴阳的功能。

气、血、津液同根共存，共为生命基础，三者在化生方面相互转化，互有包含，如气血互生、津血同源等；在功能方面，又互相维系，互相促进，如气能行血、气能摄血、血能载气等。

第四节　致病因素

导致疾病发生的原因是多种多样的，如六淫、七情以及饮食、劳倦、痰饮、瘀血等，在一定的条件下都能使人发生疾病。中医认识病因，除了了解作为致病因素的客观条件外，主要是以病证的临床表现为依据，通过分析疾病的症状、体征来推求病因。例如临床上某一病证出现震颤症状，中医认为震颤就好像是树枝在风中摇摆，于是就推测出引起震颤的原因是风邪，这种方法称为“审证求因”。

一、六淫

风、寒、暑、湿、燥、火，在正常情况下被称为六气，是自然界六种正常的气候变化。正常的六气是不能导致疾病发生的，只有在气候异常急剧变化或是人体的抵抗力下降时，六气才能成为致病因素，侵犯人体发生疾病，这种情况下的六气就称为六淫。

（一）风

风邪为六淫的主要致病因素，凡寒、湿、燥、热等邪气大多可以依附于风邪而侵袭人体，故常见有风寒、风热、风湿、风燥等症状。风为阳邪，其性开泄，风邪具有升发、向上、向外的特性，所以风邪侵袭人体常伤害人体的上部和肌表，使皮毛腠理开泄，出现头痛、汗出、恶风等症状；风性善行而数变，所以风邪致病具有发病迅速、病位行无定处、病变变化无常的特点，如“中风”出现的突然昏倒、不省人事就是发病迅速的特点；“风疹”就是以其来去迅速、时隐时现、此起彼伏而表现出变化无常的特点。风性主动，“动”指风邪致病具有摇摆不定的特点，如眩晕、震颤、四肢抽搐、甚至角弓反张等症状，多属风动的症状。

（二）寒

寒邪为阴邪，性质寒凉，最易伤及人体的阳气，可见多种寒象；寒性凝滞，易致气血阻滞不通，不通则痛，所以寒邪伤人则多见疼痛；寒邪具有收缩牵引的特性，侵袭人体，可以使气机、腠理、经络、筋脉拘挛收缩，故出现无汗、脉紧、关节挛缩等症状。

（三）暑

暑邪有明显的季节性，独见于夏季。暑为阳邪，其性炎热，导致的疾病常见有高热、烦渴等证；暑邪升散易伤津耗气，所以伤于暑者，往往可见口渴、尿少、气短乏力，甚至突然昏倒，不省人事；暑邪常常挟湿伤及人体，表现为身热不扬、头身困倦等证。

（四）湿

湿邪为阴邪，具有趋下的性质，故湿邪为病的症状多见于下半身；湿邪有沉重、秽浊的特性，故其致病多有身体困重、分泌物和排泄物等秽浊不洁的特点；湿邪有黏浊、停滞的特性，故其致病多表现为病情缠绵难愈。

（五）燥

燥邪最易伤及人体的津液，感受燥邪可见到口鼻干燥、皮肤干燥、大便干燥等症状；燥邪最易伤及人体肺津，造成干咳无痰或痰中带血等症。

（六）火（热）

火邪为阳邪，火与热均为阳盛所致，故常混称。火属阳盛之邪，其动迅速，故火邪致病具有发病急、传变快的特点。火邪具有炎上的特点，故其致病易伤阴、耗气、动血、扰乱神明。火热有内外之分，属外感者，多是直接感受火热邪气所致；属内生者，常由脏腑气血阴阳失调所引起，或是情志所伤，郁而化火。

附　疫疠

疫疠是指具有强烈传染性的致病邪气，又名疠气。

疫疠致病具有发病急，病情重，症状相似，传染性强的特点。疫疠致病可以散在发生，也可以形成瘟疫流行，其病如大头瘟、白喉、天花、丹痧等。实际上包括现代许多传染病和烈性传染病。

疫疠的发生与流行，与自然界气候的反常、环境和饮食卫生的不良有密切关系。

二、七情

七情即喜、怒、忧、思、悲、恐、惊七种情志变化，属于精神致病因素，在一般的情况下，七情是人体对客观外界事物的不同反映，属正常的精神活动范围，并不致病。但是，强烈的或是长期持久的情志刺激，超过人体调节的适应范围，会影响人体的生理活动，使脏腑气血功能紊乱，导致疾病的发生。七情致病不同于六淫，六淫致病主要是从口鼻或皮毛侵入人体，而七情则是直接影响有关的内脏而发生疾病。具体表现是："喜伤心"、"怒伤肝"、"思伤脾"、"悲伤肺"、"恐伤肾"。七情致病还有损失人体的气机的特点，其具体表现是："怒则气上"，"喜则气缓"，"悲则气消"，"恐则气下"，"惊则气乱"，"思则气结"。

三、饮食不节

饮食以适量、清洁、全面为宜。如饥饱失常、饮食不清洁或饮食偏嗜就会发生疾病。

饮食不当或是暴饮暴食，易损伤脾胃，导致饮食积滞在肠胃，出现脘腹胀满、嗳腐吞酸、厌食、吐泻等食滞胃脘病证。若是过饥则营养物质不能摄入，气血生化之源缺乏，使气血的生成不足，而继发其他病证；若是饮食不洁，可引起多种胃肠道疾病，或是引起肠道寄生虫病，出现腹痛、吐泻等；若是饮食过冷过热，会引起阴阳的失调，特别是在夏季过食生冷寒凉，损伤脾胃阳气，导致寒湿内生，可发生腹痛、泄泻等证；若是过食辛辣，则可使脾胃积热，出现口渴、便秘或痔疮下血等证。

四、劳逸

过劳，包括劳力过度，劳神过度和房劳过度三个方面。劳力过度，能伤气，长期劳力过度则积劳成疾，表现为气少力衰、神疲消瘦。劳神过度，则耗伤心血，出现心神失养的心悸、失眠等证。房劳过度是指性生活不节，房事过度使肾精耗伤，可见眩晕耳鸣、精神萎靡、性功能减退、遗精早泄、阳痿等证。

过度安逸，完全不参加劳动和体育锻炼，亦会使气血运行不畅，脾胃功能呆滞，机体抵抗力降低，可以导致食少乏力、肢体软弱、精神不振等证。

五、痰饮、瘀血

（一）痰饮

痰和饮都是由水液代谢障碍而产生的病理产物。一般来说，浓度较大的、较为黏稠的为痰；而浓度较小的、较为清稀的为饮。因痰饮所在的部位不同，所以临床表现也不同。如痰饮在肺，可见咳喘咯痰；若是痰迷心窍，则可见胸闷心悸，影响心主神明的功能时，就会出现神昏癫狂等证；痰停在胃，可见恶心呕吐，痞满不舒；痰在经络筋骨，可致瘰疬痰核，肢体麻木，或是半身不遂，或是阴疽；痰饮上犯于头，可使人眩晕昏冒；痰气郁结在咽喉，可致咽中梗阻，如有异物。饮泛肌肤，则成水肿；饮在胸胁，则见胸胁胀满引痛；饮停在膈上，常见咳喘不能平卧；饮在肠间，常常导致肠鸣沥沥有声，腹满食少。

（二）瘀血

瘀血主要是由于气虚、气滞、寒热等原因，使血液运行不畅而凝滞，或因外伤或是其他原因造成的内出血不能及时消散或排出所形成。无论是气滞或气虚推动血液运行的力量不足，还是寒入于经脉，血液凝涩不能畅行，以及热邪入营血，使血液因之蓄结，均可造成血液运行不畅而形成瘀血。瘀血常随着瘀阻的部位不同而产生不同的症状。如瘀阻于心，可见胸闷心痛，口唇青紫；瘀阻于肺，可见胸痛咳血；瘀阻于胃，可见呕血便血；瘀阻于肝，可见胁痛痞块；瘀血影响心主神明的功能，可致发狂；瘀阻于胞宫，可见少腹疼痛，月经不调，痛经，闭经或是经色紫黑有块，或见崩漏。瘀血的病症虽然繁多，但是临床表现有其共同特点，如刺痛、发绀、肿块、出血以及肌肤甲错、脉细涩等。

第五节　发病机理

发病机理，就是疾病发生、发展与变化的机理。疾病的发生、发展与变化，常常导致正邪斗争、阴阳失调、升降失常。

一、邪正斗争

邪正斗争，是指机体的抗病能力与致病因素的斗争。这种斗争不仅关系着疾病的发生，而且影响着疾病的发展与转归。所以，从一定意义上讲，疾病的过程也就是邪正斗争的过程。

（一）邪正斗争与虚实变化

一般地说，正气增长则邪气消退，而邪气增长则正气消减。随着邪正的消长，患病机体就要反映出两种不同的病机与证候，即实与虚。实，主要指邪气亢盛；虚，主要指正气不足。在某些长期的、复杂的疾病中，由于病邪久留，损伤正气，或正气本虚，无力驱邪而致虚实错杂的病变。

（二）邪正斗争与疾病转归

在疾病过程中，其结果或为正胜邪退，疾病趋于好转而痊愈，或为邪胜正衰，疾病趋于恶化或死亡。也就是说在疾病过程中，或由于正气之虚，或由于邪气之盛，均会促使病情发展，趋向恶化，甚至死亡。而正气充盛，或正气得以恢复，邪气退却，则病情多向好的方面转化，以至痊愈。

二、阴阳失调

阴阳失调，是指人体在疾病过程中，由于阴阳偏盛偏衰失去相对平衡，所出现的阴不制阳，阳不制阴的病理变化。所以，阴阳失调又是疾病发生、发展的内在根据。

三、升降失常

升降出入，是人体之气运动的基本形式，是脏腑经络、阴阳气血矛盾运动的基本过程。人体脏腑经络的功能活动，无不依赖于气机的升降出入。肺的宣发与肃降，脾主升清与胃主降浊，心肾的阴阳相交、水火既济，都是气机升降出入运动的具体体现。如果升降失常，可影响五脏六腑、表里内外、四肢九窍，而发生种种病理变化。

（王　琦）

第三章 病情观察与辨证施护

第一节 病情观察

望 诊

望诊是凭借医生的视觉，对人体神、色、形、态、五官、舌象等进行有目的地观察，以了解健康状况，测知病情的方法。

望诊时需注意，一要适宜的光线，二要充分地暴露受检查的部位。

望诊的内容，主要包括望神、望面色、望形态、望头颈五官、望皮肤、望二阴和望舌。

一、望全身情况

（一）望神

望神，即是观察神的得失有无，以了解五脏精气的盛衰，分析病情的轻重，推测预后的吉凶。神的得失具体反映在患者的目光、面色、表情、神志、言语、体态等方面。望神有以下五种情况。

1. 得神　常人或患者目光明亮灵活，精彩内含，面色荣润含蓄，神情自然，神志清楚，言语清晰，大肉未削，动作自如，反应灵敏者，称为“有神”或“得神”。表示精气充足，体健无病，或虽病但精气未衰，脏腑未伤，病轻易治，预后多良好。

2. 失神　患者表现为目光呆滞，面色晦暗，精神萎靡，表情呆板，意识朦胧，大肉已脱，体态异常，反应迟钝，呼吸气微，甚至神志昏迷，称为“失神”或“无神”。表示正气已伤，病情严重，预后不良。若见神志昏迷，语无伦次，循衣摸床，撮空理线，或卒倒而目闭口开、手撒、尿遗等，表示失神重证，提示精气已脱，病情更为严重。

3. 少神　患者表现为目光晦滞，面色少华，精神不振，动作迟缓，思维迟钝，肢体倦怠，动作迟缓，声低气怯，不欲言语者，称为“少神”或“神气不足”。少神介于得神和失神之间，为轻度失神的表现，表示正气亏虚，常见于一般虚证。

4. 假神　往往见于久病、重病、精气极度衰弱的患者。如原来不欲言语，语声低弱，时断时续，突然转为言语不休者；原来精神极度衰颓，意识不清，突然精神转“佳”者；原来面色十分晦暗，忽然两颧发红如妆者，都属于假神，人们通常把它比喻为“回光返照’或“残灯复明”，是垂危患者死亡的先兆。假神与病情好转应加以区别，假神都是突然在某些方面一时地异于原来病态，与疾病的本质不相符，应予以特别注意。

5. 神志错乱　常见于癫、狂、痫的患者。如表情淡漠、寡言少语、闷闷不乐，继则精神发呆、哭笑无常，多为痰气凝结，阻蔽心神的癫证；若烦躁不宁，登高而歌，弃衣而走，呼号怒骂，打人毁物，不避亲疏，多属痰火扰心的狂证；若突然跌倒，昏不知人，口吐涎沫，两目上视，四肢抽动，口中如做猪羊叫声，多属痰迷心窍、肝风内动的痫证。

（二）望面色

望面色，是观察面部皮肤颜色和光泽的变化，了解病情的一种诊法。色与泽两方面的异常变化，是人体不同病理反映的表现。皮肤的颜色主要分赤、白、青、黄、黑五种，称为五色；皮肤的光泽，即指肤色的荣润或枯槁，它是脏腑气血阴阳的外荣征象。荣润为有华，枯槁为无华。

1. 常色　人在正常生理状态时面部显示的色泽为常色，表示人体精神充沛，气血津液充盈及脏腑功能正常。常色的特征是光明润泽，含蓄不露。

2. 病色　人在疾病状态时面部显示的色泽为病色。病色的特征是色泽枯槁而晦暗，或色泽虽鲜明但暴露，或独呈一色，而无血色相间。

观察病色的关键，在于辨别五色善恶，五色主病。

（1）五色善恶：光明润泽者为“善色”，说明病变尚轻，脏腑气血阴阳未衰，胃气尚荣于面，其病易治，预后较好。枯槁晦暗者为“恶色”，说明病情深重，脏腑气血阴阳已衰，胃气已竭，治疗较难，预后不佳。

（2）五色主病：五色见于面部，青为肝，赤为心，白为肺，黄为脾，黑为肾。青黑为痛，黄赤为热，白为寒。

①白色主虚证、寒证、失血证。白为气血不荣之色，若白而虚浮，多属阳气不足；淡白而消瘦，多为营血亏损；若急性病患者突然面色苍白，常属阳气暴脱。②黄色主虚证、湿证。黄为脾虚、湿蕴的征象，面色淡黄，枯槁无泽，称为萎黄，多属脾胃气虚，营血不能上荣之故。如面、目、身俱黄，其中黄而鲜明如橘子色者，为阳黄，多属湿热；黄而晦暗如烟熏者，为阴黄，多属寒湿。③赤色主热证。赤为血色，热盛而致脉络血液充盈则面色红赤，故面赤多见于热证。若满面通红，多属于外感发热，或脏腑阳盛的实热证；若是仅见两颧潮红，则多属于阴虚而阳亢的虚热证；如久病或是重病而面色苍白却时而泛红如妆，多为戴阳证，是虚阳上越的危重证候。④青色主寒证、痛证、瘀血证和惊风证。青为寒凝气滞，经脉瘀阻的面色。若是阴寒内盛，心腹疼痛，可见面色苍白而青；若是心气不足，推动血液运行无力，使得血液运行不畅，可见面色青灰、口唇青紫，多为气虚血瘀所致。在小儿若见高热，同时伴有面部青紫，尤以鼻柱、两眉间及口唇四周最显著时，往往是惊风的先兆。⑤黑色主肾虚、水饮证、瘀血证。黑为阴寒水盛的病色，主要由于肾阳的虚衰。若是眼眶周围见黑色，多见于肾虚水泛的水饮病，或是寒湿下注的带下证。若是见到面色黑而干焦，则多为肾精久耗之证。

（三）望形体

主要是观察患者体形的壮、弱、肥、瘦等情况。凡是看到形体肥胖，精神不振者，这多为阳气不足之证；凡是形瘦肌削，面色苍黄，皮肤干焦无光泽，则常见于阴血不足之证；如见到“鸡胸”、“龟背”等畸形时，多属先天禀赋不足，往往是肺气耗散，脾胃虚弱，肾精亏损的病变。

（四）望姿态

主要是观察患者的动静姿态及与疾病有关的体位变化。患者的动静姿态和体位，都是病理变化的外在反映。一般说阳主动，阴主静，喜动者属阳证，喜静者属阴证。

二、望局部情况

（一）望头与发

1. 望头　主要观察头的形状及动态。如小儿头形过大或过小，伴有智力发育不全，多属肾精亏损；囟门下陷，多属虚证；囟门高突，多属热证；囟门迟闭，头项软弱不能竖立者，多为肾气不足，发育不良；无论大人、小儿，头摇不能自主，皆为风证。

2. 望发　主要望发的质、色和分布的变化。如发稀疏易落，或干枯不荣，多为精血不足之证；若是突然出现片状脱发，多属血虚受风；年少落发，常属于肾虚，或属于血热。青年白发，无其他病象者属正常。

（二）望目

望目除观察眼神外，还应注意外形、颜色及动态等方面的变化。如见眼胞红肿，多为肝经风热；如见眼窝下陷，多是津液亏耗；如见瞳孔散大，多为精气衰竭；若见两目上视或斜视、直视者，多为肝风或动风先兆。

（三）望耳

望耳应注意耳的色泽及耳内的情况。如耳轮干枯焦黑，多是肾精亏耗，精不上荣所致，属危证；耳背有红络，耳根发凉，多是麻疹先兆；耳内流脓水，称为脓耳，多为肝胆湿热所致。总之，耳轮总以红润为佳，或黄或白或黑或青，都属病象。

（四）望鼻

望鼻主要是望鼻内分泌物。鼻流清涕，多为外感风寒；鼻流浊涕，属于风热；鼻翼煽动，多见于肺热或肺肾精气衰竭而出现的喘息。

（五）望唇、齿龈、咽喉

1. 唇　望唇应观察其颜色、润燥和形态的变化。若唇色淡白，多属气血两亏；唇色青紫，常为寒凝血瘀；唇色深红，则为热在营血。口唇干枯皴裂，多见外感燥邪，亦见于热炽津伤；口角流涎，多属脾虚湿盛或胃中有热，或是见于虫积；若见口唇糜烂，多由脾胃蕴热上蒸所致；如见口眼歪斜，则为中风。

2. 齿、齿龈　望齿应注意色泽、润燥、形态几个方面。如牙齿干燥，多是胃热炽盛、津液大伤；干燥如枯骨，多为肾精枯竭，望齿龈应注意其色泽的变化。红肿者，多属胃火上炎；牙龈出血而红肿者为胃火伤络；不红而微肿者，或为气虚，或为虚火伤络。

3. 咽喉　望咽喉应注意观察其颜色及形态的异常改变，咽喉红肿而痛，多属肺胃积热；红肿溃烂，有黄白腐点，为肺胃热毒壅盛；若色鲜红娇嫩，疼痛不甚，多为阴虚火旺；色淡红不肿，久久不愈，是为虚火上浮。

（六）望皮肤

望皮肤，应注意肤色及外形的变化。如皮肤面目皆黄，是为黄疸；皮肤虚浮肿胀，多属水湿泛滥之证；皮肤干瘪枯槁，多由津伤液耗所致。此外更要注意斑疹、痈疽疔疖等证。

1. 斑疹　斑和疹都是全身性疾病反映于皮肤的一种证候表现。平铺于皮下，摸之不碍手者，谓之斑。色红，疹点小如粟，高出于皮肤，摸之碍手（亦有不高出皮肤）叫做疹。斑疹见于外感热病，内迫营血所致，其中从肌肉而出的就是斑，从皮肤血络而出的即为疹。望斑疹主要观察其色泽与形态。

斑疹的色泽，以鲜活润泽为顺。若深红如鸡冠色多为热毒炽盛；色紫暗者，多为热毒盛极，阴液大伤；色淡红或淡黄者，为气血不足，阳气衰微。

斑疹的形态，以分布均匀，疏密适中为顺。若稀疏松浮，为病邪轻浅，稠密紧束，压之不褪色，则为热毒深重；疹点疏密不匀，或先后不齐，或见而即陷者，多为正气不足，病邪内陷的危候。内伤杂病见斑疹，一般多属血热；若斑色暗紫，其形较大，时出时陷，则多为气虚不能摄血或是瘀血之证。

2. 痈疽疔疖　痈疽疔疖，都属于在皮肤体表部位有形证可见的疮疡一类的外科病证。病变部位范围较大，红、肿、热、痛，根盘紧束的为痈，属阳证；若漫肿无头，部位较深，皮色不变者为疽，属阴证；若范围较小，初起如粟，根角坚硬，或麻或痒或木，顶白而痛者为疔；起于浅表，形圆而红、肿、热、痛，化脓即软者为疖。

三、望舌

望舌，又称舌诊，主要是观察舌质与舌苔的状态，望舌是望诊的重要组成部分，也是中医诊断疾病的重要依据之一。

（一）舌与脏腑的关系

舌为心之苗，又为脾之外候。由于舌通过经络直接或间接地联系于许多脏腑，所以，脏腑的精气可上达于舌，同时脏腑的病变亦可从舌象变化反映出来，这就是望舌可以诊察内脏病理变化的依据。

望舌时患者取坐或卧位，面向光亮，张口伸舌，舌面舒展平坦，舌尖稍向下弯，然后方可进行细致的观察。一般顺序是先察舌质和舌苔，从舌尖至舌根。察舌质，了解神、色、形态的变化；察舌苔，了解苔质和苔色的改变。

望舌主要分望舌质和望舌苔两部分。舌质指全舌的肌肉脉络组织，又称舌体。正常舌象为淡红舌薄白苔。其特征是：舌质（舌体）柔软，活动自如，舌色淡红，荣润有神。舌苔薄白均匀，不干不湿，不滑不腻，紧贴舌面，中根部较多，边尖部较少。

1. 望舌质（体）

（1）望舌神：观察舌神主要是以“荣”、“枯”来辨别有神、无神。舌质荣润有血色，谓舌有神。舌质干枯无血色，谓舌无神。

（2）望舌色：主要是观察舌质颜色的异常变化。①淡白舌，舌色较淡红舌质浅，红色较少而白色偏多。主虚寒证，为阳气虚弱，气血不足之象。②红舌，舌色较淡红舌质鲜红，主热证。热盛则气血涌甚，可见于里实热证，也可见于阴虚内热。③绛舌，舌色较淡红舌质深红色。主内热深重。外感热病，表示邪热深入营血，多见于热性病极期。内伤杂病，常见于久病、重病之人，属于阴虚火旺。④青紫舌，绛紫色深，干枯少津，多系邪热炽盛，阴液两伤；淡紫或青紫湿润，多因阴寒内盛；上有紫色斑点，称为瘀斑或瘀点，多为血瘀之证。

（3）望舌形：①胖大舌，若舌体胖嫩，色淡，多属脾肾阳虚，津液不化、水饮痰湿阻滞；如舌体肿胀满口，色深红多属心脾热盛；若舌肿胖，色青而暗，多见于中毒。②瘦薄舌，瘦薄而色淡者多是气血两虚；瘦薄而色红绛且干者，多是阴虚火旺、津液耗伤。③裂纹舌，多由阴液亏损不能荣润舌面所致。若舌质红绛而有裂纹，多属热盛津伤，阴精亏损；舌色淡白而有裂纹，常是血虚不润；若正常人有裂纹舌者，在临床上无诊断意义。④齿痕舌，因舌体胖大而受齿缘压迫所致，故齿痕舌常与胖大舌同见，多属脾虚。若舌质淡白而湿润，多属脾虚而寒湿壅盛。⑤芒刺舌，若芒刺干燥，多属热邪亢盛，且热愈盛则芒刺愈多。

2. 望舌苔

（1）望苔色：①白苔：一般常见于表证、寒证。感受外邪，病犹在表，尚未传里，或见于里寒证。②黄苔：主热证、里证。淡黄为热轻，深黄为热重，焦黄为热结。黄苔又主里证，是表邪入里化热，黄苔又常与红绛舌并见。③灰苔：主里证，可见于里热证，也可见于寒湿证。若苔灰而润，则多为寒湿内阻，或痰饮内停；而苔灰干燥，多属热炽津伤，或阴虚火旺。④黑苔：主里证、主热证又主寒证。若焦黑而燥裂，甚则生芒刺，多为热极伤津；苔黑而润滑，则多属阳虚寒盛。

（2）望苔质：主要观察舌苔的厚薄、润燥、腻腐、剥脱、有根无根等变化。①厚薄：疾病初起，病邪在表，病情较轻者，舌苔多薄；而病邪传里，病情较重，或内有饮食痰湿积滞者，则舌苔多厚。舌苔由薄转厚，表示病情由轻转重，舌苔由厚变薄，病情由重变轻。②润燥：苔面干燥，是津液不能上承所致，多见于热盛津伤或阴液亏耗的病证。但也有因阳气虚不能化津液上润而苔燥者。苔面有过多水分，多是水湿内停之证。舌苔由燥转润，表示病情好转；由润变燥，则表明津液已伤，热邪加重，或是邪从热化。③腻腐：腻苔多见于湿浊、痰饮、食积等阳气被阴邪所抑的病变，如痰饮、湿温等病证。腐苔多由阳热有余，蒸腾胃中腐浊邪气上升而成。常见于食积、痰浊等证。④剥落：若舌苔骤然退去，不再复生，以致舌面光洁如镜，即为光剥舌，又叫镜面舌，是胃阴枯竭，胃气大伤的表现。若是舌苔剥落不全，剥脱处光滑无苔，称为花剥苔，也属胃的气阴两伤之证。若花剥而兼有腻苔者，说明痰浊未化，正气已伤，病情较为复杂。

（二）舌诊的临床意义

1. 判断正气的盛衰　脏腑气血之盛衰，可在舌上反映出来，如舌质红润，为气血旺盛；舌质淡白，为气血虚衰，苔薄白而润，是胃气旺盛，舌光而无苔，为胃气衰败，或是胃阴大伤。

2. 分辨病位的深浅　在外感病中，舌苔的厚薄，常可以反映病位的深浅。如舌苔薄，多为疾病的初期，病位尚浅；苔厚，则为病邪渐入里，表示病位较深。

3. 区别病邪的性质　不同性质的病邪，在舌象上能反映出不同的变化。如黄苔多是热；白苔多是寒；舌质有瘀点或瘀斑者，则是瘀血的表现。

4. 推断病势的进退　由于舌苔变化，反映着正邪的消长与病位的深浅，所以观察舌苔可以推断病势的进退。这在急性热病中尤有其特殊的意义。如舌苔由白转黄、变黑，多是病邪由表入里，由轻变重，由寒化热；舌苔由润转燥，多是热盛而津伤；若舌苔由燥转润，由厚变薄，往往是津液复生，病邪渐退的表现。

（三）望舌的注意事项

1. 光线　望舌时需要充足的自然光线，并且尽可能使光线直射于口内，如晚间望舌不太准，必要时还需白天复检。

2. 伸舌姿势　伸舌时要求自然地将舌伸出口外，充分暴露舌体，舌尖略向下，舌面向两侧展平，不要卷缩，也不要过分用力外伸，以免影响舌质的颜色。

3. 染苔　某些食物或药物，可使舌苔染上颜色，称之为“染苔”。如乌梅、橄榄等能使舌苔染黑；黄连、核黄素等药物可将舌苔染黄；吸烟可将舌苔染灰等。

四、望排出物

（一）痰涎

痰色白而清稀，多为寒证；痰色黄或白而黏稠者，多属热证；痰少而黏，难以排出者，多属燥痰；痰白易咳而量多者，为湿痰；咳吐脓血如米粥状，为热毒蕴肺，多是肺痈证；痰中带血，或咳吐鲜血，多为热伤肺络。

（二）呕吐物

呕吐是胃气上逆所致。呕吐痰涎，其质清稀者多属于寒饮；呕吐物清稀而挟有食物、无酸臭味者，多为胃气虚寒；呕吐物色黄味苦，多属肝胆有热，胃失和降；呕吐物秽浊酸臭，多因胃热或食积所致；吐血鲜红或暗红，挟有食物残渣，多因肝火犯胃或瘀血内停；呕吐脓血，味腥臭者，多为内痈。

（三）大便

大便稀溏如糜，色深黄而黏，多属肠中有湿热；便稀薄如水样，夹有不消化食物，多属寒湿；便如黏冻，夹有脓血，是为痢疾；如便色白者为病在气分，色赤者为病在血分，赤白相杂者多属气血俱病。先便后血，其色黑褐的是远血，先血后便，其色鲜红的是近血。

（四）小便

小便清澈而量多者，多属虚寒；量少而黄赤者，多属热证；小便混浊不清，多为湿浊下注；尿血者，多是热伤血络；尿有砂石者为石淋，尿如膏脂者为膏淋。

闻　诊

闻诊是通过听声音和嗅病气以测知患者病况的诊察方法。听声音是听患者的语言、呼吸、咳嗽、呕吐、呃逆、喷嚏、肠鸣等不同声响，以辨别病证的寒热虚实；嗅病气是嗅患者体内所发出的各种气味以及分泌物、排泄物和病室的气味，以辨别证候和诊断疾病。

一、听声音

（一）语声

1. 语声强弱　一般来说，语声高亢洪亮，多言而躁动的，属实证，热证；语声低微无力，少言而沉静，属虚证、寒证；若发不出音，称为“失音”；语音重浊，常见于外感，亦见于湿浊阻滞，为肺气不宣，气道不畅所致。其他如呻吟、惊呼等，常与痛、胀有关。

2. 语言错乱　“言为心声”，语言错乱多属于心的病变。若神志不清，胡言乱语，声高有力的是谵语，常见于热扰心神的实证；神志不清，语言重复，时断时续，声音低弱的是郑声，属于心气大伤，精神散乱的虚证。若是语言粗鲁，狂妄叫骂，丧失理智控制的狂言，常见于狂证，是痰火扰心所致；喃喃自语，讲话无对象，见人便停止的是独语，常见于癫证，多是心气虚，精不养神的表现。而语言謇涩，则多属于风痰上扰的病变。

（二）呼吸

1. 气微与气粗　呼吸微弱，多是肺肾之气不足，属于内伤虚损；呼吸有力，声高气粗，多是邪热内盛，气道不利，属于实热证。

2. 哮与喘　呼吸困难，短促急迫甚至鼻翼扇动，或张口抬肩不能平卧者称为喘。喘气时喉中有哮鸣音者称为哮。喘有虚实之分，若喘息气粗，声高息涌，以呼出为快，属实喘，常因肺有实邪，气机不利所致；若喘声低微息短，呼多吸少，气不得续，属虚喘，乃肺肾气虚，摄纳无力之故。

（三）咳嗽

咳嗽是肺失宣肃，气逆而上的反映。闻诊时应注意其声响，以及有无痰声的变化。咳声重浊，多属实证；咳声低微气弱，多属虚证；只是干咳无痰或是只有少量黏痰，属燥邪伤肺或是阴虚肺燥。咳嗽有痰则应分清痰色、痰量、痰质的变化，以辨别病证的性质。

二、嗅气味

口气臭秽，多属胃热，或是消化不良，也见于龋齿、口腔不洁等；口气酸馊则多是胃有宿食；口气腐臭，多是内痈。

嗅排泄物与分泌物，包括二便、痰液、脓液、带下等，有恶臭者多属实热证，略带腥味者多属虚寒证。如大便臭秽为热，有腥味的属寒。小便臊臭，多为湿热。矢气奇臭，多为消化不良，宿食停滞。咳吐浊痰脓血，腥臭异常，多为热毒炽盛，瘀结成脓的肺痈。

问　诊

问诊，是对患者或其陪诊者进行询问，以了解病情的一种诊疗方法。

问诊的主要内容包括：一般情况、主诉、现病史、个人生活史、家族史等。询问时应根据就诊对象，根据病情的实际情况，进行灵活而有主次的询问。陈修园总结前人问诊经验，作歌曰："一问寒热二问汗，三问头身四问便，五问饮食六胸腹，七聋八渴俱当辨，九问旧病十问因，再兼服药参机变，妇女尤必问经期，迟速闭崩皆可见，再添片语告儿科，天花麻疹全占验"。

一、一般问诊

首先询问患者的姓名、性别、年龄、职业、婚否、民族、籍贯等一般情况，以了解与疾病有关的一些资料，为诊断提供参考。

（一）主诉

主诉是患者就诊时最主要的症状或体征及持续时间。

询问主诉时应注意：一要抓住患者主诉中的主要症状；二要将症状和体征的部位、性质、程度、时间等询问清楚。

（二）现病史

现病史是指从起病到就诊时发生、发展和变化的过程，以及对疾病的诊治经过。询问时应注意询问起病情况、病情演变、诊治经过以及现在的症状。

（三）既往史

既往史也就是过去的病史，指患者过去曾患的主要疾病或健康情况。既往史应注意询问患者过去的一般健康状况，是否有传染病史和预防接种史，是否患有其他疾病。

（四）个人生活史

个人生活史，是指患者的日常生活、工作方面的有关情况，简称个人史。询问个人史，主要包括：出生地、居住地及经历地；工作性质、劳逸起居；性情、饮食习惯；婚姻生育史。

（五）家族史

家族史是指询问患者直系亲属的健康状况和患病情况。

二、问现症

问现症，是指对患者就诊时所自觉的主要症状（体征），以及其他对疾病、辨证有意义的全身情况，进行详细询问。它是问诊的重要内容，是诊病辨证的主要依据之一。

（一）问寒热

1. 恶寒发热　疾病初起即有恶寒发热，多见于外感表证，恶寒重发热轻，是外感风寒的特征；外感风热常表现为发热重恶寒轻，寒热的轻重与正气的盛衰有密切关系。如邪轻正衰则恶寒发热常较轻；邪正俱盛则恶寒发热多较重；邪盛正衰的，恶寒重而发热轻。

2. 但寒不热　在疾病过程中，患者唯感畏寒而不发热，多属虚寒证。寒邪直中脏腑，阳气被伤，也可见恶寒或病变部位冷痛。

3. 但热不寒

(1) 壮热：患者高热不退，不恶寒反恶热，称为壮热，多见于风寒入里化热，或风热内传的里实热证。正盛邪实，里热炽盛，故热势严重，常兼有多汗、烦渴等症。

(2) 潮热：发热如潮有定时，按时而发或按时而热更甚的（一般多在下午），即为潮热。临床常见有三种情况。一是阴虚潮热，每当午后或入夜即发热，且以五心烦热为特征，甚至有热自深层向外透发的感觉故又称为“骨蒸潮热”；二是湿温潮热，以午后热甚身热不扬为特征；三是阳明潮热，是由于胃肠燥热内结所致，因其常于日晡阳明旺时而热甚，故又称“日晡潮热”。

(3) 长期低热：指发热日期较长，而热度仅较正常体温稍高（一般不超过38℃），或仅患者自觉发热而体温并不高者。

4. 寒热往来　恶寒与发热交替而作，称为寒热往来，是半表半里证的特征。若寒战与壮热交替，发有定时，一日一次或二三日一次者，则为疟疾。

（二）问汗

1. 汗出有无　了解汗的有无，可以分辨表里寒热和正气的盛衰。

(1) 表证有无汗出：表证无汗，多属外感寒邪的表寒证（表实证）。表证有汗，多属外感风邪的太阳中风证（表虚证），外感风热的表热证。

(2) 里证有无汗出：里证无汗多见于津亏、失血、伤阴等病证。里证有汗，若因里热炽盛，蒸津外泄，则汗出量多，并有壮热、烦渴、脉洪大等症。

2. 汗出时间　根据汗出时间，可辨正气盛衰和疾病的预后。

(1) 自汗：经常汗出不止，活动后更甚的是自汗。多因气虚卫阳不固所致。

(2) 盗汗：入睡则汗出，醒后则汗止，谓之盗汗。多因阴虚所致。

(3) 大汗：汗出蒸蒸，并见高热不已，烦渴饮冷，是为阳热内盛迫汗外泄的实热证。若见大汗淋漓，伴有呼吸急促、神疲气弱、四肢厥冷、脉微欲绝等症，则为阳气将绝、元气欲脱，津随气泄的危候，被称为“绝汗”，又称“脱汗”。

(4) 战汗：先见全身战栗，几经挣扎，而继之汗出的为战汗。是正邪相争，病变发展的转折点。如汗出热退，脉静身凉，是邪去正安的好转现象；若汗出而烦躁不安，脉来疾急，为邪胜正衰的危候。

（三）问痛

1. 疼痛的部位

(1) 头痛：外感风、寒、暑、湿、火等邪气，以及痰浊、瘀血阻滞等引起的头痛多为实证；气血津液亏虚，不能上荣于头，导致脑海空虚，也可以发生头痛，多属于虚证。头痛可根据经络的分布，以确定其病位所在。头项痛属太阳经，前额痛属阳明经，头侧痛属少阳经，头顶痛属厥阴经。

(2) 胸痛：胸闷痛而痞满者，多为痰饮；胸胀痛而走串，嗳气后痛减者，多为气滞；胸痛而咳吐脓血者，多见于肺痈；胸痛喘促伴有发热，咳吐铁锈色痰者，多属肺热；如见到胸痛、潮热、盗汗者，多属肺痨；胸痛彻背，背痛彻心，多属胸痹；如有胸前憋闷，痛如针刺刀绞，甚则面色灰滞，冷汗淋漓，则为真心痛。

(3) 胁痛：胁为肝胆二经分布的部位。如肝气不疏，肝火郁滞，肝胆湿热，气滞血瘀以及悬饮等病变，都可以引起胁痛。

（4）脘痛：又称胃脘疼痛，可见于寒邪犯胃。食滞胃脘，肝气犯胃等病证。

（5）腹痛：寒凝、热结、气滞、食滞、虫积、血瘀等引起的腹痛多为实证，至于气虚、血虚、虚寒等引起的腹痛，概属虚证。

（6）腰痛：由于风、寒、湿阻塞经脉，或是瘀血阻络而导致的腰痛者多为实证；因于肾精不足，或是阴阳虚损不能温煦和滋养而导致腰痛者为虚证。

（7）四肢痛：四肢疼痛，或在关节，或在肌肉，或在经络，多由风寒湿邪侵袭，阻碍气血运行所引起。也有因于脾胃虚损、水谷精气不能运于四肢而发作。疼痛独见于足跟，甚则掣及腰背者，多属于肾虚。

2. 疼痛的性质

（1）胀痛：胀而且痛，是气滞作痛，有时发时止、气泄得缓的特点。胸胁胀痛，则为肝郁气滞。头部胀痛，则多见于肝阳上亢或肝火上炎的病证。

（2）刺痛：痛如针刺之状，是瘀血作痛，有痛处不移而拒按的特点。以胸胁、少腹、小腹、胃脘部出现为多。

（3）绞痛：痛势剧烈如刀绞割。心血瘀阻引起真心痛；蛔虫上窜引起脘腹绞痛；石淋引起小腹绞痛。

（4）灼痛：痛有灼热感而喜凉。两胁或脘部灼痛多由于火邪窜络，或阴虚阳热亢盛所致。

（5）隐痛：疼痛并不剧烈，可以忍耐，却绵绵不休。一般多是气血不足，阴寒内生，多见于头、脘、腹、腰部的虚性疼痛。

（四）问睡眠

1. 失眠　失眠又称“不寐”，是以经常不易入睡，或睡而易醒不能再睡，或时时惊醒睡不安稳，甚至彻夜不眠为特征的证候。常由于阴血不足、阳热亢盛及痰火食积等诸邪气干扰所致。

2. 嗜睡　嗜睡又称“多寐”，是指睡意很浓，经常不自主地入睡，多见于阳虚阴盛，痰湿困滞的病证。若昏睡见于急性热病者，多属于邪入心包、热盛神昏、中风等证。

（五）问饮食口味

1. 口渴与饮水　一般地说，口渴多饮，常见于热证；大渴喜冷饮，为热盛伤津；渴喜热饮，饮量不多或口渴欲饮，水入即吐，小便不利，多为痰饮内停；口渴而不多饮，多属热入营血；口干，但欲漱水不欲咽，可见于瘀血；多饮伴有小便量多，一般是消渴病。

2. 食欲与食量

（1）不欲食与厌食：食欲减退或不欲食，胃纳呆滞，多是脾胃功能失常的表现。不想进食，或食之无欣快感，食量减少，称为“不欲食”或“食欲不振”。若新病不欲食，伴有胸闷、腹胀、肢体困重、舌苔厚腻者，多是脾虚水湿不运；若久病不欲食，兼有面色萎黄、形体消瘦、神疲倦怠等症者，属脾胃虚弱。若厌恶食物，或恶闻食臭，称为厌食。妇女怀孕，亦可有厌食的反应，多因妊娠后冲脉之气上逆，胃失和降所致。厌油腻厚味，多见于肝胆脾胃湿热的病证。

（2）多食与偏食：多食易饥，又称“消谷善饥”，是因胃火炽盛，腐熟水谷太过所致。有饥饿感，但不想吃，或是进食不多，称为饥不欲食，多是由于胃阴不足，虚火上扰所致。若是易饥多食，但是大便溏泻，消化不好多属胃强脾弱。嗜食生米、泥土等异物，尤多见于小儿，往往是虫积的征象。妇女妊娠偏食某种食物，一般不属于疾病。

3. 口味　口苦，多见于热证，特别是常见于肝胆实热的病变；口甜而腻，多属脾胃湿热，口中泛酸，多为肝胃蕴热；口中酸馊，多为食积内停；口淡乏味常见于脾虚不运之证。

（六）问二便

1. 小便　健康成人一般情况下，日间排尿3～5次，夜间0～1次，每昼夜总尿量约1000～1800ml。

（1）尿量异常：尿量过多，其病在肾，多属虚寒，常见于消渴证。小便短少，既可由于热盛津伤，或汗、吐、下太过，津液损伤所致；也常见于肺、脾、肾功能失常，气化不利，水湿内停的病证。

（2）尿次异常：小便次数增多，为小便频数。尿短赤，急迫而频数多属下焦湿热；量清长而频数为肾气不固；夜间尿次增多，属肾阳虚。尿频而涩少，常是阴虚内热；小便次数减少，除属津液亏耗，化源不足外，还常见于气化不利，水湿内停的病证。小便不畅，点滴而出为癃；小便不通，点滴不出为闭，一般统称为"癃闭"，癃闭多属实证。若因肾阳不足，不能气化，或肾阴亏损，津液内虚多属虚证。

（3）排尿感异常：小便时尿道疼痛，并常伴有急迫、艰涩、灼热等感觉多是湿热下注的淋证；小便后自觉空痛，多属肾气虚衰；尿后余沥不尽，多属肾气不固。不自主的排尿，或不能控制的尿滴沥，称为"尿失禁"，多属肾气不固；若伴神志昏迷则多是危重证候。睡中不自主排尿，是为遗尿，多属肾气不足的虚证。

2. 大便　健康人每日大便一次，或每日两次，成形不干燥，或两日一次，排便通畅，均为正常次数。

（1）便次异常：有便秘和泄泻之分。

排便困难，排便间隔时间延长，甚至多日不便，称为便秘。便秘，多是热结肠道，或津亏液少，或气液两亏所致。

大便稀软不成形，甚至呈水样，便次增多，间隔时间相对缩短，称为溏泄或泄泻，常见于脾失健运，小肠不能分清别浊。大便先干后溏，多属脾胃虚弱；大便时干时稀，多为肝郁脾虚、肝脾不和；水粪夹杂，下利清谷或五更泄泻，多为脾肾阳虚、寒湿内盛；泻下黄糜，多属大肠湿热；大便夹有不消化食物，酸腐臭秽，多是伤食积滞。老年人大便不干不稀，而只是排便困难的，多属气虚。

（2）便质异常：大便中夹有未消化的食物，为"完谷不化"，是脾肾阳虚，不能腐谷消食的表现。

（七）问经带

1. 月经　正常情况下，月经周期一般为28天左右，行经天数为3～5天，经量中等，经色鲜红，经血的质不稀不稠，没有夹杂血块。

（1）经期：若是周期提前八九天以上者，为月经先期；若周期错后八九天以上者，为月经后期，若经期错乱，或前或后，为经行无定期。

（2）经量：若是经量超过了生理范围，称为月经过多；若经量少于正常量，称为月经过少；停经超过三个月而又未妊娠称为闭经。

（3）经质：正常月经的颜色是正红，质地不稀不稠，亦不夹杂血块。若经色淡红质稀，多为血少不足，属虚证；经色深红质稠，属血热内炽，为实证；若经色紫暗有块，乃寒凝血滞；暗红有块多为血瘀。

（4）行经腹痛：行经时腰腹作痛，甚至剧痛不能忍受，称为痛经。

2. 带下　正常情况下，妇女阴道内应有少量乳白色、无臭的分泌物，有濡润前阴的作用。若分泌物过多或绵绵不绝，即为病理性带下。其中色白、量多淋漓者，为白带；白带中混有血液，赤白分明为赤白带；带下淡红黏稠，似血非血，称为赤带；其色淡黄，黏稠臭秽为黄带。临床以白带、黄带较为多见。

（八）问小儿

问小儿病，除一般问诊有关内容外，还要询问出生前后的情况，是否患过麻疹、水痘，有无高热惊厥史，曾做过哪些预防接种，有无与传染病者的接触，采用何种喂养方法，走路、学语的迟早，以及父母健康情况，有无先天遗传的疾病等。关于发病的原因，如有无受惊、着凉、伤食等，都须根据病情逐一细问。

切　诊

切诊，是医生用手的触觉在患者体表的一定部位进行触、摸、按、压，以了解疾病内在变化和体表反应的一种诊察方法。

切诊一般分为脉诊和按诊两部分。

一、脉诊

脉诊，是医生用手指触按患者的动脉搏动，以探察脉象，了解病情变化的一种独特的诊病方法。

（一）脉诊的部位

历来普遍采用的切脉部位是“寸口”，即切按患者桡动脉腕后浅表部位。

“寸口”又称“气口”或“脉口”，分寸、关、尺三部，掌后高骨（桡骨茎突）的部位为“关”脉，关前（腕端）为“寸”，关后（肘端）为“尺”。两手各有寸、关、尺三部，共为六脉。

三部脉分候脏腑的问题，常用的划分方法是，右寸候肺，右关候脾胃，右尺候肾（命门）；左寸候心，左关候肝，左尺候肾。总的来说是体现了“上（寸脉）以候上（躯体上部），下（尺脉）以候下（躯体下部）的原则”。

（二）脉诊的方法

切脉的正确性，关键在于掌握诊脉的时间、姿势、布指和指力。

1. 时间　切诊时，应有一个安静的环境，若患者刚经过较大的活动，应先让其休息片刻，然后再切脉。切脉者应该呼吸均匀、平静、态度认真，每次诊脉的时间，应该不少于1分钟。

2. 姿势　切脉时让患者取坐位或仰卧位，手臂与心脏近于同一水平位，直腕仰掌，以使血流畅通。

3. 布指　对成人切脉，用三指定位，先用中指在掌后高骨定关，然后用食指按在关前定寸，用无名指按在关后定尺。布指的疏密要与患者的身长相适应，身材高大的布指宜疏，身材矮小的布指宜密。小儿寸口部位甚短，不容三指以候寸、关、尺，可以用一指定关法。

4. 指法　三指应呈弓形，指头齐平，以指腹按触脉体。

5. 指力　切脉时常运用三种不同的指力以体察脉象，轻用力按在皮肤上为轻取；重用力按至筋骨为沉取；不轻不重，中等用力按到肌肉，此为中取。寸、关、尺三部，每部都有浮、中、沉三候，合称“三部九候”。

（三）正常脉象

正常脉象，又称平脉或常脉。

1. 平脉的形象　脉位，不浮不沉，中取即得。速率，不快不慢，一息四至。强度，从容和缓，应指有力。形态，不大不小，不滑不涩。节律，均匀无歇止。

2. 平脉的特点　平脉具有胃、神、根三个特点。所谓脉有胃气，即脉来去从容而节律一致；所谓脉有神，即脉象柔和有力，形体指下分明；所谓脉有根，即指沉取尺部，脉应指有力。

（四）病脉与主病

疾病反应于脉象的变化，即为病脉。一般来说，除了正常生理变化范围以及个体生理特异之外的脉象，均属病脉。

1. 浮脉

脉象：轻取即得，重取稍弱。特点是脉搏显现部位表浅。

主病：表证。浮而有力为表实，浮而无力为表虚。

2. 沉脉

脉象：轻取不应，重按始得。特点是脉象部位深在。

主病：里证。有力为里实，无力为里虚。

3. 迟脉

脉象：脉来迟慢，一息不足四至（相当于每分钟脉搏在 60 次以下）。

主病：寒证。有力为寒实，无力为阳虚。

4. 数脉

脉象：一息脉来五至以上（相当于每分钟脉搏在 90 次以上）。

主病：热证。有力为实热，无力为虚热。

5. 虚脉

脉象：三部脉举按皆无力，隐隐蠕动于指下，令人有一种软而空豁的感觉，又是无力脉的总称。

主病：气血两虚，尤多见于气虚。

6. 实脉

实脉：三部脉举按皆较大而坚实有力。又是有力脉的总称。

主病：实证。

7. 滑脉

脉象：“往来流利，如盘走珠”，指下有一种圆滑感。

主病：痰饮、食滞、实热等。

8. 涩脉

脉象：往来艰涩不畅，有如轻刀刮竹。

主病：气滞、血瘀、精伤、血少。

9. 代脉

脉象：脉来缓弱而有规则的歇止，间歇时间较长。

主病：主脏气衰微。

10. 相似脉

（1）促脉：脉来急数而有不规则的间歇。主阳热亢盛、气滞血瘀或痰食停积等病证。阳盛热实，阴不和阳，故脉来愈数而时有歇止。凡血气、痰食、肿痛诸实热证，均可见此脉，但促而有力。若促而细小无力，多是虚脱之象，应加注意。

（2）结脉：脉来缓慢而有不规则的间歇。主阴盛气结，寒痰瘀血、阴盛而阳不和，故脉来缓慢而时有歇止。寒痰瘀血，气结不疏，脉气阻滞，故也见结脉。

二、按诊

按诊，是对患者的肌肤、手足、脘腹及其他病变部位施行触摸按压，以测知局部冷热、软硬、压痛、痞块或其他异常变化，从而推断疾病的部位和性质的一种诊病方法。

（一）按肌表

1. 辨寒热　按肌表不仅能从冷暖以知寒热，还可以从热的微重、浅深而辨明表里虚实。一般认为，热邪盛的身多热，阳气衰的身多寒。凡身热，按其皮肤，初按热甚，久按热反转轻的，是热在表；若久按其热更甚，热自内向外蒸发是热在里。

2. 察润燥　轻触肌表，可以察皮肤的润燥，了解患者有汗无汗和津液是否损伤。如皮肤润泽多属津液未伤；干燥或甲错多属津液已伤，或内有干血。

3. 诊肿胀　重手扪按，审察肿胀，可以辨别水肿和气肿。重手按之不能即起，凹陷成坑的是水肿，按之凹陷手举而即起的是气肿。

4. 审痈疡　在外科方面，触按病变部位，可辨别病证的阴阳属性以及是否成脓。如疮疡按之肿硬而不热，根盘平塌漫肿多属阴证；按之高肿灼手，根盘紧束多属阳证。按之固定，坚硬而热不甚，是未成脓；按之边硬顶软而热甚是已成脓。轻按即痛为脓在浅表，重按方痛脓在深部。按之陷而不起为脓未成，按之有波动感为脓已成。

（二）按手足

按手足，主要是察寒热。诊手足温凉，可判断阳气的盛衰。手足俱冷，多是阳虚寒盛；手足俱热，多为阳盛热炽。按掌心与掌背温凉，可测知病属外感或内伤。手心热盛，多为内伤；手背热盛，多属外感。

（三）按脘腹

1. 按脘部　脘部指胸骨以下部位，又称“心下”，按心下的软硬和有否压痛，可鉴别痞与结胸。心下按之硬而痛是结胸，属实证。心下按之濡软而不痛多是痞证。心下坚硬，大如盘，边如旋杯，为水饮。

2. 按腹部　腹痛喜按为虚，拒按为实。腹胀满，叩之如鼓，小便自利属气胀；按之如囊裹水，小便不利是水臌。腹内有肿块，按之坚硬，推之不移且痛有定处为癥为积，多属血瘀；肿块时聚时散，或按之无形，痛无定处为瘕为聚，多属气滞。若腹痛绕脐，左下腹部按之有块累累，当考虑燥屎内结。腹有结聚，按之硬，且可移动聚散多为虫积。右侧少腹部按之疼痛，尤以重按后突然放手而疼痛更为剧烈的多是肠痈。

第二节　辨证与施护要点

辨证是指运用中医学理论和四诊的方法，收集患者的有关资料（包括病史、症状、体征等），通过分析、综合、概括、判断，辨别疾病发生的原因、性质、部位以及邪正之间的关系，进行证候定性，以确立相应的施护原则和方法。故临床诊断要先辨证再辨病，辨病之后再进一步辨证，说明辨证的重要性。辨证方法有八纲辨证、卫气营血辨证、脏腑辨证、病因辨证、经络辨证等；在此仅介绍以下两种：

一、八纲辨证与施护要点

八纲，即阴、阳、表、里、寒、热、虚、实，是辨证施护的理论基础。将通过四诊所得的辨证资料，根据病位的深浅、病邪的性质及盛衰、人体正气的强弱等，加以综合分析，归纳为八类证候，称为八纲辨证。如从疾病的类别，可分阴证与阳证；从病位的深浅，可分表证与里证；从疾病的性质，可分寒证与热证；从邪正的盛衰，邪盛为实证，正虚为虚证。

（一）阴阳

阴阳是八纲辨证的总纲。在诊断上，可根据临床证候的病理性质，将一切疾病分为阴阳两个主要方面。临床寒证、里证、虚证多属于阴；热证、表证、实证多属于阳。

1. 阴证　凡符合“阴”的一般属性的证候，称为阴证；如里证、寒证、虚证；多因体内阳气虚衰或寒邪凝滞所致；临床可见面色暗淡，精神萎靡，形寒肢冷，倦怠无力，语声低怯，纳差，便溏，尿清，舌淡胖嫩，苔白，脉沉迟或微弱等。

2. 阳证　凡符合“阳”的一般属性的证候，称为阳证；如表证、热证、实证；多因体内热邪炽盛或阳气亢盛所致；可见面赤身热，神烦，躁动不安，声高气粗，口干渴喜冷饮，大便秘结，小便短赤，舌质红绛，苔黄黑起芒刺，脉象浮数、洪大等。

3. 亡阴亡阳证　多因高热大汗、吐泻过度；或失血过多引起。是疾病发展过程中的危险证候，应立即救治，不可忽视。

亡阴证是指由于体内阴液大量消耗所表现出阴液衰竭的证候。临床可见神志昏迷或烦躁不安，面红身热，呼吸短促，手足温，口渴喜凉饮，舌红而干，脉洪实，按之无力。

亡阳证是指由于体内阳气严重耗散而表现出阳气虚脱的证候。临床可见神昏不知人，手撒肢冷，大汗淋漓，面色苍白，气息微弱，手足厥逆，身蜷畏寒，口不渴或渴喜热饮，舌淡，脉微欲绝。

总之，亡阴亡阳为临床危候，应积极救护，立即让患者平卧，就地抢救，尽量不要搬动，并严密观察患者生命体征、神志、脉象等变化，加强护理，以挽救患者生命。

（二）表里

表里是辨别疾病病位内外和病势深浅的两个纲领。外有病属表，内有病属里。表里辨证，适用于外感病，可察知病情的轻重深浅及病理变化的趋势。表证病浅而轻，里证病深而重，表邪入里为病进，里邪出表为病退。

1. 表证　指六淫邪气经皮毛、口鼻侵入时所产生的证候；多见于外感病的初级阶段，起病急，病程短；临床可见发热恶寒（恶风），头身重，舌苔薄白，脉浮，兼见鼻塞流涕，咽喉痒痛，咳嗽等症。护理时应注意保持病室适宜的温湿度，空气新鲜。嘱咐患者服解表药后宜喝热稀粥或热饮料以助药力，并加衣盖被以助汗出，以微微有汗为佳，不可大汗淋漓，以防汗出过多耗伤正气，切忌汗出当风，防止复感外邪，同时应密切观察汗出情况及病情变化。

2. 里证　指疾病深入于里（脏腑、气血、骨髓）的一类证候。多见于外感病的中、后期或内伤病；多因外邪不解，内传入里，侵犯脏腑；或外邪直接侵犯脏腑；或由情志内伤，饮食劳倦等因素，直接损伤脏腑，使脏腑功能失调。其临床表现复杂多变，病程较长。表现为壮热，不恶风寒，口渴，大便干，小便短赤，舌苔黄，脉沉等。因其病因复杂，病位广泛，护理时应根据不同的证候进行护理。

3. 半表半里证　指表邪内传，尚未入于里，或里邪透表，尚未至于表，正邪相搏于表里之间；临床可见寒热往来，胸胁苦满，心烦喜呕，口苦咽干，不欲饮食，目眩，脉弦等证候。护理上应做好情志护理，使患者心情舒畅。饮食宜清淡，忌食生冷油腻之品。

（三）寒热

寒热两证与机体阴阳的偏盛、偏衰有关；阴盛或阳虚则表现为寒证；阳盛或阴虚则表现为热证。

1. 寒证　指感受寒邪或阴盛阳虚所表现的证候；多因外感阴寒邪气；或久病内伤，阳气耗伤；或过食生冷寒凉，阴寒内盛所致。临床可见：畏寒喜暖，面色苍白，肢冷踡卧，口淡不渴，痰、涕清稀，小便清长，大便稀溏，舌淡苔白而润滑，脉迟或紧等。护理时以保暖驱寒为原则，病室温度应稍高，可保持在22～24℃为宜；外出时注意防寒；饮食应以温热性食物、热饮料为宜，忌食生冷、油腻之品。

2. 热证　指感受热邪或阳盛阴虚，人体功能活动亢进所表现的证候；多因外感火热之邪；或寒邪入里化热；或七情过激，郁而化热；或饮食不节，积蓄为热；或房劳过度，劫夺阴精，阴虚阳亢所致。临床可见：畏热喜冷，口渴喜冷饮，面红目赤，烦躁不宁，痰、涕黄稠，小便短赤，大便干结，舌红苔黄而干燥，脉数等。护理时应以清热为原则，病室宜凉爽通风，空气新鲜；饮食以清淡、易消化的食物为佳，如新鲜水果、蔬菜等；高热患者尚可给予清凉饮料；并可视病情予以冷敷降温。

寒证和热证辨证关系较为复杂，常同时并存，称寒热错杂，临床有上寒下热、上热下寒、表寒里热、表热里寒之分。应认真观察，根据其本质，去伪存真，辨证施护。

（四）虚实

虚实是辨别邪正盛衰的两个纲领；虚指正气不足，实指邪气盛实。

1. 虚证　是对人体以正气虚弱为主的各种临床表现的病理概括；多由先天不足或后天失养引起；可有气、血、阴、阳之虚。

表3-1　虚证鉴别表

	病因	临床表现
气虚	脏腑功能减退	面白无华，少气懒言，语声低微，倦怠乏力，自汗，动则诸证加剧，舌淡，脉虚弱
血虚	血液不足，不能濡养脏腑经脉	面色苍白或萎黄，头晕眼花，心悸失眠，手足麻木，经闭或量少，舌淡，脉细无力
阴虚	机体阴液亏损	午后潮热，盗汗，颧红，咽干，手足心热，小便短赤，舌红少苔，脉细数
阳虚	机体阳气不足	形寒肢冷，面色㿠白，神疲乏力，自汗，口淡不渴，小便清长，大便稀溏，舌淡苔白，脉弱

临床虚证的常见症状可概括为：久病体虚，精神萎靡，少气懒言，食少消瘦，自汗乏力，心烦心悸，五心烦热或形寒肢冷，盗汗，耳鸣耳聋，舌质胖嫩色淡，脉沉细弱。护理时应以扶正补虚为原则，患者宜静卧休养与适当活动相结合，避免过逸或过度疲劳，宜进食富有营养的滋补食品，预防感冒，防止感受外邪。

2. 实证　指邪气过盛或脏腑功能活动亢盛所表现的证候。多因外邪侵入人体或内脏功能失调，致痰饮、水湿、瘀血等病理产物停留在体内所致。临床可因病邪的性质及所在部位的不同，表现亦不相同。但常见的有发热、腹胀痛拒按，胸闷烦躁，甚至神昏谵语，呼吸气粗，痰涎壅盛，大便秘结或下利，里急后重，小便不利或淋漓涩痛，苔厚腻，脉实有力。护理时应以祛邪为原则，根据病邪的性质选择具体方法；饮食上痰饮、水湿患者应以清淡为主，忌食生冷、甜黏油炸等生痰助湿之品；瘀血者应以温热、活血之品为佳。

另外，在一定条件下，虚证可以转化为实证，实证可以转化为虚证；临床护理治疗应区别对待。

二、脏腑辨证与施护要点

脏腑辨证是临床治疗护理的基础；是根据脏腑的生理功能和病理表现，对疾病证候进行分析归纳，推究病机，以判断病变的部位、性质、正邪盛衰情况的一种辨证方法。

（一）心与小肠病辨证护理

心病的常见症状有：心悸怔忡，心烦，心痛，失眠多梦，健忘，谵语等。

1. 心气虚、心阳虚　是指心气不足或心阳虚衰等功能减退所表现的证候。多因禀赋不足，久病体虚或年老脏气亏虚等因素引起；共同临床表现有：心悸怔忡，胸闷气短，活动后加重，自汗；若兼见面白无华，倦怠乏力，舌淡苔白，脉虚，为心气虚；若兼见畏寒肢冷，面色晦暗，心痛，舌淡胖，苔白滑，脉微细，为心阳虚。

2. 心血虚、心阴虚　是指心血不足或心阴亏虚，心失濡养所表现的证候。多因阴血生成不足，或失血过多，或情志不遂，郁而化火，暗耗阴血等引起。共同临床表现为：心悸怔忡，失眠多梦。若兼见眩晕，健忘，面白无华或萎黄，舌淡，脉细弱，为心血虚。若兼见五心烦热，潮热盗汗，颧红，舌红少津，脉细数，为心阴虚。

3. 心火亢盛　是心火炽盛，灼伤阴血所表现的证候。多因火热之邪内侵，或七情郁而化火，或恣食肥甘厚味，久而化火所致。临床可见：心胸烦热，夜不能寐，面赤口渴，小便黄，大便干，舌尖红；或口舌生疮，糜烂疼痛，脉数有力；或狂躁，谵语等。

4. 心脉痹阻　是指各种原因导致的心脏络脉痹阻不通所表现的证候。多因心阳不足，血行迟缓，瘀血内阻，致心脉痹阻。临床可见心悸怔忡，心胸憋闷刺痛，痛彻肩背，时发时止，舌质紫暗或有瘀点，脉结代或细涩。

5. 小肠实热　是指小肠里热炽盛所表现出的证候。多由心热下移小肠所致。临床可见：心烦口渴，口舌生疮，小便短赤，尿道灼痛，尿血，舌红苔黄，脉数。

心系病应重视情志护理，避免不良刺激，多关心体贴患者，密切观察七情变化情况，及时消除其恐惧紧张心理；病室环境应整洁安静，禁止喧哗，急性期应劝慰患者安心休养；恢复期应鼓励患者适当活动；饮食宜清淡、营养丰富、易于消化的食物，多食新鲜蔬菜、水果、豆类、鱼类、瘦肉等；应少食多餐，勿过饥过饱；忌食辛辣肥甘醇酒，戒烟等。

（二）肺与大肠病辨证护理

肺病的常见症状有：咳嗽、气喘、胸痛、咯血等；大肠病则见便秘与泄泻。

1. 肺气虚　是指肺气不足，肺脏功能活动减弱所表现的证候。多因气的生化不足；或久病喘咳所致。临床可见：咳喘无力，气短，动则加重，痰液清稀，面色淡白，神疲体倦，或自汗畏风，舌淡苔白，脉虚。

2. 肺阴虚　是指肺阴不足，内生虚热所表现的证候。多因热病后期，阴津损伤；或久咳伤阴所致。临床可见：咳嗽无痰或痰少而黏，口干咽燥，形体消瘦，颧红，五心烦热，潮热盗汗，甚则痰中带血，声音嘶哑，舌红少津，脉细数。

3. 风寒束肺　是指感受风寒，肺气被束所表现的证候。临床可见：咳嗽，鼻塞流清涕，微恶风寒，发热轻，无汗，痰稀色白，苔白，脉浮紧。

4. 风热犯肺　是指风热侵犯肺系，卫气受损所表现的证候。临床可见：咳嗽，鼻塞流黄浊涕，微恶风寒，身热，口干咽痛，痰稠色黄，舌尖红，苔薄黄，脉浮数。

5. 燥邪犯肺　是指秋令燥邪侵犯肺卫所表现的证候。临床可见：干咳无痰或痰少而黏，不易咳出，唇、舌、咽、鼻干燥欠润，或身热畏寒，或胸痛咯血，舌红苔白或黄，脉数。

6. 痰湿阻肺　是指痰湿阻滞肺系所表现的证候。常因脾气亏虚，久咳伤肺，或感受寒湿等病邪引起。临床可见：咳嗽痰多色白易咳，胸闷、甚则气喘痰鸣，舌淡苔白腻，脉滑。

7. 大肠液亏　是指津液不足，大肠失去濡养所致的证候。多因素体阴亏；或热病后津伤未复；或妇女产后出血过多引起。临床可见：大便秘结干燥，难以排出，常数日一行，口干咽燥，或头晕口臭，舌红少津，脉细涩。

肺系患者的护理应重视四时气候变化，适时加减衣物，以防复感外邪；病室温湿度适宜，空气新鲜，但避免直接吹风；饮食宜清淡，忌辛辣肥甘厚腻之品，并应禁烟、酒。

（三）脾与胃病辨证护理

脾病的常见症状：腹胀腹痛，泄泻便溏，浮肿，出血等。胃病则见：脘痛，呕吐，嗳气，呃逆等症状。

1. 脾气虚　是指脾气不足，运化失常所表现的证候。多由劳累过度，饮食不节，或一些急慢性疾病耗伤脾气所致。临床可见：纳少，腹胀，便溏，倦怠无力，少气懒言，面色萎黄，舌淡苔白，脉缓弱。

2. 脾阳虚　是指脾阳不足，阴寒内盛所表现的证候。多因恣食生冷；或肾阳不足；或由脾气虚发展而来。临床可见：纳少腹胀，腹痛喜温喜按，形寒肢冷，小便不利，大便溏薄清稀；或周身浮肿；或白带量多质稀；舌淡胖，苔白滑，脉沉迟无力。

3. 食滞胃脘　是指所食之物不能腐熟，停滞于胃脘所表现的证候。多因脾胃素弱，运化失健；或暴饮暴食，饮食不节等引起。临床可见：脘腹胀痛，嗳气吞酸或呕吐酸腐食物，吐后痛减；或矢气、便溏，泻下物酸腐臭秽，苔厚腻，脉滑等。

4. 胃热　是指火热炽盛于胃所表现的证候。多因恣食肥甘辛辣，化热生火；或热邪内犯；或情志不畅，郁而化火等引起。临床可见：胃脘灼痛，吞酸嘈杂，或食入即吐；或渴喜冷饮，消谷善饥；或牙龈溃烂肿痛，口臭，齿衄，大便秘结，小便短赤，舌红苔黄，脉滑数。

脾胃之病的护理应以调理饮食为原则，应定时定量，温度适宜，不过食生冷，不暴饮暴食，宜食有营养、易消化的食物。一般胃病及消化不良者应少食多餐，食物宜热、软、烂，忌食硬固、肥甘厚味、黏腻类食品。

（四）肝与胆病辨证护理

肝病的常见症状：胸胁少腹胀痛窜痛，烦躁易怒，头晕胀痛，肢体震颤，手足抽搐及月经不调，睾丸胀痛等；胆病常见：口苦发黄，惊悸失眠等症。

1. 肝气郁结　是指肝失疏泄，气机郁滞所表现的证候；多因突然的精神刺激；或情志不畅，抑郁成疾。临床可见：胸胁或少腹胀闷窜痛，情志抑郁易怒，善太息；或咽部梅核气，妇女尚有乳房胀痛，月经不调，痛经，甚或闭经。

2. 肝阳上亢　是指水不涵木，肝阳偏亢所表现的证候。多因恼怒焦虑，气火内郁，暗耗阴血，阴不制阳；或肝肾阴虚，肝阳失潜所致。临床可见：头目胀痛，面红目赤，急躁易怒，眩晕耳鸣，心悸健忘，失眠多梦，腰膝酸软，头重足轻，舌红，脉弦细数。

3. 肝血虚　是指肝脏血液不足所表现的证候。多因脾肾亏虚，生化之源匮乏；或慢性病耗伤肝阴；或失血过多引起。临床可见：眩晕耳鸣，面白无华，爪甲不荣，两目昏花或成雀盲；或见肢体麻木，筋脉拘挛，手足震颤，妇女月经量少色淡，舌淡苔白，脉弦细。

4. 肝风内动　是指患者突然眩晕欲仆、抽搐、震颤等具有“动摇”特点的症状，为肝风内动；临床常见肝阳化风、热极生风、阴虚动风、血虚生风等四种。

表 3-2　肝风内动四证鉴别表

证型	性质	主症	兼症	舌苔	脉象
肝阳化风	上实下虚证	眩晕欲仆，头摇肢颤，语言謇涩，或舌强不语，猝然倒地，不省人事，偏瘫	头痛项强、手足麻木、步履不正	舌红苔白或腻	弦而有力
热极生风	热证	手足抽搐，颈项强直，角弓反张，两目上视，牙关紧闭	高热神昏、躁热如狂	舌红绛	弦数有力
阴虚动风	虚证	手足蠕动	形体消瘦、口干咽燥、五心烦热、午后潮热	舌红少津	弦细数
血虚生风	虚证	肢体麻木，手足震颤，肌肉瞤动，关节拘急不利	眩晕耳鸣、面白无华、爪甲不荣	舌淡苔白	细

5. 肝胆湿热　是指湿热蕴结肝胆所表现的证候；多因平素嗜食肥甘厚腻，酿湿生热；或脾胃失运，湿邪内生，郁而化热；或湿热之邪内侵所致。临床可见：胁肋灼热胀痛，腹胀口苦厌食，二便不调，舌红苔黄腻，脉弦数。或寒热往来，或身目俱黄，或阴囊湿疹，瘙痒难忍，或睾丸肿胀热痛，或外阴瘙痒，带下黄臭。

肝胆病的护理应以调理情志为原则；饮食上以清淡为主，定时定量，合理营养，谨和五味，宜进食动物肝脏、瘦肉、鱼类、乳类、豆制品等，勿多食酸味，少食辛辣油腻之品，少饮酒等；中年以上形体偏胖，经常眩晕，手足发麻者，应注意调畅情志，祛除诱发中风的因素。

（五）肾与膀胱病辨证护理

肾病的常见症状：腰膝痠软而痛，耳鸣耳聋，发白早脱，牙齿动摇，遗精阳痿，男子精少不育，女子经少经闭，水肿，二便不调。膀胱病则常见：尿频、尿急、尿痛、遗尿及小便失禁等。

1. 肾阳虚　是指肾脏阳气不足所表现的证候；多因素体阳虚，或年老肾虚；或久病伤肾；或房劳过度所引起。临床可见：腰膝痠软而痛，畏寒肢冷，以下肢为甚，头目眩晕，精神萎靡，面色㿠白或黎黑；或阳痿，妇女宫寒不孕；或大便久泄不止，完谷不化，五更泄泻；或浮肿，腰以下为甚，按之凹陷不起；甚则全身浮肿，心悸咳喘。

2. 肾阴虚　是指肾脏阴液不足所表现的证候；多因禀赋不足，房劳过度；或久病伤肾；或过服温燥劫阴之品所致。临床可见：腰膝痠痛，眩晕耳鸣，失眠多梦，遗精，女子经少经闭，甚或崩漏；形体消瘦，咽干颧红，五心烦热，潮热盗汗，大便干，小便黄，舌红少津，脉细数等。

3. 肾精不足　是指肾精亏虚所表现的证候；多因先天禀赋不足，发育不良；或后天失养；或久病伤肾；或房劳过度所致。临床可见：小儿发育迟缓，囟门迟闭，身材矮小，智力和动作迟钝，骨骼萎软；男子精少不育，女子经闭不孕，性功能减退；成人早衰，精神呆钝，足软无力，动作迟缓，耳鸣耳聋，健忘，发脱齿摇等。

4. 膀胱湿热　是指湿热蕴结膀胱所表现的证候；多因感受湿热，或饮食不节，湿热内生，下注膀胱所致。临床可见：尿频，尿急，尿道灼痛，小便黄赤，短少浑浊，或尿血，或尿有砂石，或伴有发热腰痛，舌红苔黄腻，脉数。

肾及膀胱病者，护理时应以强肾保精为原则，平素注意休息，避免疲劳及房劳过度；病室应整洁安静；阳虚者应保暖防寒，室温宜偏高，阳光充足；阴虚者宜凉爽通风，室温可偏低；饮食要以清淡为主，不可过咸伤肾，应少食多餐，不可过量，以防食复；可进食滋阴补肾食品，如甲鱼、黑木耳、脊髓、猪羊肾脏等。

（六）脏腑兼证辨证护理

1. 心脾两虚　是指心血不足，脾气虚弱所表现的证候。多因思虑劳倦，或慢性失血，或久病失调所致。临床可见：心悸怔忡，神疲乏力，眩晕健忘，失眠多梦，面色萎黄，纳呆腹胀便溏，或月经量少色淡，淋漓不尽，或皮下出血，舌质淡嫩，脉细弱。

2. 心肾不交　是指心火肾水不能相交，既济失调所表现的证候。多因外感热病心火亢盛，或久病伤阴，或房劳过度，或情志不畅，郁而化火所致。临床可见：心悸健忘，心烦失眠，头晕耳鸣，咽干口燥，五心烦热，腰膝痠软，盗汗遗精，小便短赤，舌红少苔，脉细数。

3. 脾肾阳虚　是指脾肾两脏阳气不足所表现的证候。多因脾、肾久病耗气伤阳所致。临床可见：面色㿠白，畏寒肢冷，腰膝或下腹冷痛，久泻不止，或下利清谷，或五更泄泻，或小便不利，面浮肢肿，舌淡胖，苔白滑，脉沉细。

4. 肝肾阴虚　是指肝肾两脏阴液亏虚所表现出的证候。多因久病失调，情志内伤，房事过度等引起。临床可见：头晕目眩，耳鸣，胁痛，腰膝酸软，颧红，咽干，五心烦热，盗汗，遗精，舌红少苔，脉细数。

5. 肝脾不调　是指肝失疏泄，脾失健运所表现的证候。多因情志不遂，郁怒伤肝，或饮食不节，劳倦伤脾所致。临床可见：胸胁胀闷窜痛，抑郁或急躁易怒，善太息，纳呆腹胀便溏，或腹痛欲泻，泻后痛减，苔白或腻，脉弦。

6. 肝胃不和　是指肝失疏泄，胃失和降所表现的证候。多因情志不遂，郁而化火，或寒邪内犯肝胃所致。临床可见：脘胁胀痛，嗳气吞酸，嘈杂呃逆，烦躁易怒，舌红苔薄黄，脉弦。

脏腑兼证在护理时应根据两脏的病变特点灵活运用，辨证施护。

第三节　护理总则

护理总则是中医临床护理疾病总的原则，主要包括：预防为主、扶正祛邪、标本缓急和三因制宜等内容。

一、预防为主的护理原则

中医历来十分重视预防疾病，认为预防是积极的、主要的，相比之下，治疗则是被动的措施。

预防为主包括两个方面：未病先防和既病防变。未病先防，是在疾病发生之前的预防；既病防变，是在疾病发生以后要积极进行治疗，使疾病早日痊愈。而护理工作在预防中占有重要的地位。

（一）未病先防

预防疾病的发生，其护理内容包括养生、情志调理、饮食调理、起居调理及药物调理等。

1. 调摄精神、锻炼身体　中医护理学认为情志活动与人体的生理、病理变化有密切关系，突然、强烈的或反复、持续的精神刺激可使人体气机逆乱，气血阴阳失调、抗病能力降低而发病，提出七情为致病的重要因素之一。因此保持心情愉快，神志安宁，可少生疾病，维持健康；即使有病，亦能很快恢复。

调摄精神的同时，还强调要加强体育锻炼。所谓“一身动则一身强”，“常亲小劳则体健”。说明古人早就认识到体育锻炼的重要性。常用的方法有“导引”、“吐纳”、“五禽戏”、“八段锦”、“太极拳”等，以提高人体防御疾病保持健康的能力。

2. 调理饮食、适时起居　饮食有节，起居有常，劳逸适度，积极休息是保持身心健康的重要护理措施。生活起居无规律，饮食劳逸无节制，就会削弱机体的抗病能力。

3. 劳逸适度、充足睡眠　劳逸适度可调节气血运行，益智防衰，而疲劳则降低身体的抗病能力，易于受到病菌的侵袭。

4. 药物预防，保精抗衰　中医运用药物调养以强身防病，是养生法的内容之一。主张不盲目进补，补勿过偏，辨证进补，用药缓图等。

（二）既病防变

既病防变是在发生疾病以后要早期诊断、早期治疗，防止疾病的发展与传变。护理工作的重点是观察病情变化，给予适宜的护理。《素问·阴阳应象大论》：“故邪风之至，疾如风雨，故善治者治皮毛，其次治肌肤，其次治筋脉，其次治六腑，其次治五脏，治五脏者，半生半死也”。说明外邪侵入人体，如果不作及时处理，病邪就步步深入，侵犯内脏，病情愈来愈重，治疗就愈困难。所以，在护理和防治疾病过程中，一定要掌握疾病发生发展的规律及其传变的途径，做到早期预防，早期准备。争取在疾病变化之前采取措施，避免病情向严重或恶化的方向发展，提出“务必先安未受邪之地”的原则。

二、扶正祛邪的护理原则

疾病发生发展的全过程，从邪正关系来说是正气与邪气矛盾双方互相斗争的过程。邪正斗争的胜负决定着疾病的进退，邪胜于正则病进，正胜于邪则病退。《素问·遗篇刺法论》：“正气存内，邪不可干”。《素问·评热论》：“邪之所凑，其气必虚”。所以，护理的根本目的就是要扶助正气，祛除邪气，改变邪正双方的力量对比，使其向有利于疾病好的方向转化。

1. 扶正法　适用于单纯正气虚而无外邪者，或邪气不盛的虚证。如阳虚患者多怕冷，护理时应加衣、避风寒，尽量安排在阳面病房等。

2. 祛邪法　适用于以邪实为主而正气未衰的实性病证，邪去则正安。如寒证患者宜温中祛寒，护理上应注意增加衣物，调节室温，必要时给热水袋，饮食、汤药应温热服。

3. 扶正与祛邪兼用　是既扶正又祛邪，根据患者的病情确定扶正与祛邪的比重。适用于正虚邪实的病证。护理时应分清病情虚实，抓住补泻时机。如肿瘤患者，早期邪气重正气未虚，以祛邪为主；后期正气虚时，则以扶正为主。

4. 先扶正后祛邪法　适用于以正虚邪实，正虚为主的病证。由于正气过于虚弱，若兼以攻邪，则反而更伤正气，故应先扶正而后祛邪。如某些肿瘤患者后期，体质虚弱，应先扶正补虚，再祛邪攻克毒瘤。护理上应注意饮食营养的补充，体育、心理疗法的应用，以及补虚药膳的使用等以增强体质。

5. 先祛邪后扶正法　适用于虽然邪盛正虚，但正气尚能耐攻，或同时兼顾扶正反会助邪的病证，应先祛邪后扶正。如瘀血所致的崩漏证，瘀血不去则崩漏难止，故应先用活血祛瘀法以祛邪，后以补血法以扶正。护理上饮食宜清淡易消化，富有营养，并注意保暖等。

总之，扶正祛邪的护理原则就是在掌握以上五种方法后，决定采取相应护理原则和措施。

三、护病求本的护理原则

护病求本就是在护理患者时必须先抓住疾病的本质，针对疾病的本质进行护理，这是辨证施护的根本原则。《素问·阴阳应象大论》："治病必求于本"。在一般情况下，多数疾病的临床表现与它的本质是一致的，但也有些疾病出现某些和本质相矛盾，甚至根本相反的临床表现，即在证候上出现假象，因此要掌握正治和正护法，反治和反护法。

（一）正护法

正护法又称"逆治逆护法"，是逆其证候性质进行护理的方法。护理原则为"热者寒之，寒者热之"，"虚则补之，实则泻之"。护理时应根据护理原则采取相应的方法。如发热患者，可给予清凉饮料、物理降温（冰袋），病室温度要偏低，饮食要清淡，汤药可温服或凉饮等护理方法。

（二）反护法

反护法又称从治从护法，即顺从疾病假象而护理的一种方法。但是实质上，还是在护病求本原则的指导下，对假象去伪存真，求得假象后面的真相，针对疾病本质而进行护理的方法。主要包括四个方面："热因热用"、"寒因寒用"、"塞因塞用"、"通因通用"等。

热因热用，是用热药、热护法治疗和护理具有假热症状表现的病证；适用于阴寒内盛，格阳于外，反见热象的真寒假热证。寒因寒用，指用寒性药物及寒凉法治疗和护理具有假寒症状的病证；适用于里热极盛、阳盛格阴，反见寒象的真热假寒证。塞因塞用，以补开塞，指用补益法治疗和护理具有闭塞不通症状的病证，适用于因虚而闭阻的真虚假实证。通因通用，以通治通，以通护通，即用通利的方法治疗和护理具有实性通泄症状的病证；适用于食积腹痛，泻下不畅，热结旁流，瘀血所致的崩漏证等。护理时应根据患者病情辨证施护。

四、标本缓急的护理原则

标和本是相对的概念，一般标指现象，本指本质。护理时应辨别标与本，采用急则护标，缓则护本，标本同护的方法；对需要紧急处理的标证应采取紧急措施，以挽救患者生命。

（一）急则护其标法

指标病甚急，如不先治护标病，即将危及生命或影响本病的总体治疗的一种方法。如患者痰涎壅盛，无法咳出，阻塞于喉咙部，致使呼吸困难、窒息，应立即吸痰，打开呼吸通道，解决标证，等病情缓解以后，再健脾治本。

（二）缓则护其本法

在标证不急的情况下，或对标证已进行妥善处理，病情稳定后，护理的重点应依据病因而护本。如虚劳内伤的阴虚发热，发热是标，阴虚是本，在发热不甚，症状不急时，治疗和护理上采用滋阴治本法，当阴虚平复后发热症状即可缓解。再配合饮食护理、服药护理、情志护理、体育锻炼等，即可恢复。

（三）标本同护法

在标病、本病同时处于较急重的状态下，而时间、条件又不允许单一护理标病或本病时，应采取标本同护法，以提高疗效，缩短病程。如原患水肿，又复感风寒，出现恶寒无汗，咳嗽胸满，腰痛尿少，全身浮肿时，病之本在肾虚水泛，病之标在风寒束肺，两者俱急，应采取解表与温阳化水同时并举的护理方法。

五、三因制宜的护理原则

三因制宜护理是指在护理工作中，要注意因时、因地、因人制宜调节机体同外界环境的统一。疾病的发生发展由多方面因素决定，尤其因人体禀赋不同，对疾病的反应、变化和预后都不同，所以，在临证护理时要根据季节气候、地区方域、人体素质（禀赋）等条件的不同，灵活运用。

（一）因时制宜护理

就是要根据四时气候变化，随时调护。因为春、夏、秋、冬四时气候变化，对人体生理、病理有一定影响。如气候反常，是诱发疾病的重要条件。根据不同季节气候特点来确定保健、养生、用药、护理的原则称为因时制宜护理。如冬季感冒，风寒者多，风热者少，宜用辛温解表药，由于天气寒冷，腠理致密，在服药后须嘱咐患者多饮热饮料或热粥，并加盖衣被以助发汗祛邪。而夏季感冒，风热者多，风寒者少，宜辛凉解表，由于天气炎热，腠理开泄，故服药后不必加盖衣被，并给清凉饮料以补充津液、祛暑。

因时制宜除了对季节不同的护理外，还要注意患者昼夜间的不同变化而给予不同的护理。一般疾病都是昼轻夜重，如哮喘、真心痛、痹证、脉管炎等常在夜间加重，这与夜间阴盛阳衰，病邪乘机侵犯有关。因此，夜班护士应加强巡视，注意病情变化。

（二）因人制宜护理

就是要根据患者的个体差异，如年龄、性别、体质、生活习惯、精神状态、家庭经济状况、文化程度的不同，应采取不同的方法进行护理。如同样是感冒，对老年人、青年人和小儿要采取相应的护理措施，不可千篇一律，老人和小儿要顾护阳气，药量要比青年人轻，同时饮食清淡，注意休息。

（三）因地制宜护理

是根据地理环境的特点，制定相适宜的护理措施。如南方夏季时间较长，天气炎热，小儿易患暑热证，护理时应注意室内通风，保持凉爽，宜多给西瓜、甘蔗、荸荠、绿豆汤、酸梅汤、各种果汁等清凉饮料。而北方冬季较长，天气寒冷干燥，小儿易患肺炎喘嗽，故须注意小儿的衣着要寒温适宜，保持室内空气新鲜、温暖、湿润，避免汗出当风等。

综上所述，因时、因人、因地制宜是密切相关、不可分割的三个环节，治疗和护理时要全面考虑，不应孤立地只看病证或某一方面，这样，才能更好地护理患者。

（王琦　李艳琳）

第四章 中医药物疗法与护理

中药是以中医理论为基础，用于防治疾病的植物、动物、矿物及其加工品，其中绝大多数取材于植物，故有“中草药”之称。中药是中华民族几千年来防治疾病理论和实践经验的总结，对保障人民健康和民族繁衍起着重要的作用。

第一节 中药方剂基本知识

一、中药的性能

（一）四气五味

1. 四气　即指药物具有寒、热、温、凉四种不同的药性。药物是通过调节机体寒热变化来纠正人体阴阳盛衰。一般来讲，寒凉药具有清热泻火、凉血解毒等作用；温热药具有温里散寒、补火助阳、温经通络、回阳救逆等作用。

四气中温热与寒凉属于两种不同的性质。温热属阳，寒凉属阴。温次于热，凉次于寒，即在共同性质中又有程度上的差异。

2. 五味　是指药物有辛、甘、酸、苦、咸五种不同的味道，因而具有不同的作用及主治病证。

（1）辛：具有发散、行气、行血的作用。多用于治表证及气血阻滞之证。

（2）甘：具有补益、和中、调和药性和缓急止痛的作用。多用于治正气虚弱、身体诸痛及调和药性、中毒解救等几个方面。

（3）酸：具有收敛、固涩的作用。多用于虚汗外泄、久泻不止、遗精带下等症。

（4）苦：具有清泄火热、通泄大便、燥湿等作用。多用于治热证、便秘、湿证等。

（5）咸：具有泻下通便、软坚散结的作用。多用于治大便燥结、瘰疬痰核、癥瘕痞块等证。

另外，有些中药具有淡味或涩味。淡具有渗湿利水的作用，一般甘淡并称，涩与酸味药的作用相似。所以习惯上仍称五味。

中药的气和味是论述和运用中药的主要依据。每一种药物都具有气和味两个方面，应用时必须综合考虑。如黄连性味苦寒，苦能燥湿，寒能清热，因此黄连的作用是清热燥湿。

一般来讲，气味相同，作用相近，如辛温的药物多具有发散风寒的作用。气味不同，作用有别，如黄柏苦寒，功能清热燥湿；党参甘温，则补中益气。而气同味异，味同气异者其作用则各有不同。如同属温性药，麻黄辛温，功效为散寒解表，大枣甘温，功效则为补脾益气；再如桂枝、薄荷均为辛味，桂枝辛温，功效解表散寒，薄荷辛凉，功效则为疏散风热。

（二）升降浮沉

升降浮沉是指药物作用于人体的四种趋向。升是上升，降是下降，浮是发散，沉是清利。凡升浮的药物，都主上行而向外，有升阳、解表、散寒等作用；凡沉降的药物，都主下行而向内，有潜阳、降逆、收敛、清热、渗湿、泻下等作用。

1. 升降浮沉与药物气味的关系

凡味属辛甘、性属温热的一类中药，大多数能升，比如麻黄、桂枝；味属苦咸、性属寒凉一类的药物，大多数沉降，比如牡蛎、大黄。

2. 升降浮沉与药物质地轻重的关系

花、叶及质量轻的中药，大多能升浮，比如辛荑花、升麻；果实种子及质量重的中药，大都能沉降，如枳实、熟地、磁石。但也不是绝对的，比如花类药皆升，旋覆花独降；石类药皆降，海浮石独升。

3. 升降浮沉的临床应用原则

人体发生病变的部位，有上下表里、上逆、下陷的差别。在上、在表宜用升浮药，比如伤寒表证，应用麻黄、薄荷等；在下、在里宜用沉降药，比如实热便秘之证，应用大黄、枳实攻下。病势上逆者，宜降不宜升，比如肝阳上亢之头痛，应当用石决明、牡蛎；病势下陷者，宜升不宜降，比如久泻脱肛及妇女子宫下垂，应当用人参、黄芪、升麻、柴胡。

二、方剂制方理论

方剂是在辨证立法的基础上，针对病因病机，选择合适的中药，酌情定量，按照组成原则配伍而成，是辨证论治的主要工具之一。

（一）方剂的组成原则

方剂的组成，按照各药在方中所起的作用，分为主、辅、佐、使四部分。即所谓“君、臣、佐、使”原则。

主药：针对主病、主证或主要病因起主要治疗作用的药物。

辅药：其作用有二：①辅助主药加强治疗主病、主证或主要病因；②针对兼病、兼证或次要病因起主要治疗作用。

佐药：作用有三：①协助主、辅药发挥治疗作用，或直接治疗次要症状；②消除或减弱方中某些药物的毒性，或能制约方中某些药物峻烈之性；③在病重邪甚拒药时，配用与主药性味相反而又能在治疗中起相成作用的药物。

使药：作用有三：①引方中诸药至病所；②协调方中诸药作用；③矫正药物味道。

通过上述配伍原则，可将各具特性的药物主次分明地加以组合，且可减轻毒副作用，使方剂符合病情而产生理想疗效。在具体应用中，应根据辨证立法之需求，以精简有效为原则，灵活应用。

（二）药物的配伍规律

配伍是根据病情需要和药物性能，选择两种或两种以上的药物合用。前人把单味药的应用以及药与药之间的配伍关系称为药物的“七情”。除单行外，其余六个方面都是讲配伍关系。

1. 单行　只用一种药物治疗。

2. 相须　指两种以上功效相同的药物同用以增强疗效。

3. 相使　指以一种药物为主，另外一种或几种药物为辅，用以提高主药的疗效。

4. 相畏　指一种药物的毒性或副作用能被另一种药物减轻或消除。

5. 相杀　指一种药物能减轻或消除另一种药物的毒性或副作用。

6. 相恶　指一种药物可使另一种药物的功效减低或消除。

7. 相反　指两药合用后产生毒性反应或副作用。

临床上根据趋利避害的原则，来考虑中药之间的配合使用。

（三）药物禁忌

为保证用药安全，在配伍时要注意用药的禁忌。

1. 配伍禁忌　相恶和相反的配伍形式，属禁忌范围。

2. 妊娠禁忌　凡可引起流产的药物，均属禁忌。按药性和毒性的强弱一般分禁用和慎用。禁用药一般毒性强、药性猛，属于绝对禁用，如巴豆、牵牛子、水蛭、虻虫、麝香、三棱、莪术、大戟、甘遂、芫花、商陆、水银、雄黄等。慎用药要根据病情慎重选择，注意用量和时间，一般包括活血祛瘀、行气破滞及辛热滑利等药，如桃仁、红花、乳香、没药、王不留行、大黄、枳实、附子等。

三、方剂剂型

方剂组成之后，根据病证的需要和药物的特性制成一定的形态，称为剂型。中医临床常用的剂型有：

1. 汤剂　将药物饮片加水浸泡后，煎煮一定的时间去渣取汁，即为汤剂。多作内服，亦可外用敷洗。适用于各种急慢性疾病。特点是吸收快，药效迅速，便于加减。

2. 散剂　将药物研细混合成干燥粉末，称为散剂。有内服与外用两种。适用于各种急慢性疾病。特点是制作简便，吸收较快，节省药材，便于服用携带。

3. 丸剂　将药物研成细末，以赋形剂黏合制成的圆形固体剂型。吸收缓慢，药力持久，体积小，服用携带贮存方便。常用的丸剂有蜜丸、水丸、糊丸、浓缩丸、蜡丸、滴丸等。

4. 丹剂　用某些矿物药经过加热升华而成的一种化合制剂，如汞、硫黄等。分内服、外用两种。特点是剂量小，作用大，多供疮疡痈疽外用。但个别由名贵药物组成的丸剂或疗效显著的丸剂亦称之为丹，如至宝丹等。

5. 膏剂　将药物用溶剂煎熬浓缩而成的一种剂型，分内服、外用两种。内服膏有流浸膏、浸膏、煎膏三种，适用于慢性病和病后调理，特点是使用方便，可供长时间服用。外用膏有软膏和硬膏两种，适用于疮疡肿毒、跌打损伤、烧伤、风湿疼痛等。其特点是使用方便，药效较快。

6. 酒剂　以酒（白酒或黄酒）为溶媒，浸制或同煎药物，去渣取液，称为酒剂。特点是服用方便，节约药材。分内服、外用两种。内服适用于祛风通络和补益剂中使用，如风湿药酒；外用酒剂尚可祛风活血、止痛消肿。

7. 糖浆剂　将药物煎煮去渣取汁煎熬成浓缩液，再加适量蔗糖溶解，称为糖浆剂。特点是口感好，尤其宜于儿童。

8. 片剂　将药物加工提炼后与辅料混合，压制成片状的一种剂型。特点是用量准确、服用方便，适用于各种疾病。

9. 冲剂　将药材提取物加适量糖粉或其他辅料制成的干燥颗粒。用时以开水冲服。特点是易吸收，作用快，贮存携带服用方便。

10. 针剂　将中药经过提取、精制而成的灭菌溶液，供肌肉、静脉、穴位注射用的一种剂型。特点是剂量准确，给药方便，作用迅速。

除上述常见剂型外，临床尚有茶剂、饼剂、锭剂、条剂、线剂、灸剂等传统剂型和海绵剂、油剂、气雾剂、栓剂、霜剂、胶囊剂、五官外科用制剂等新剂型，各具特点。

四、中药煎服法

（一）煎药方法

煎药法是指汤剂的煎煮方法。煎法是否适宜，对疗效有一定的影响。煎药器具以砂罐、瓷罐为佳。忌用铁锅、铝锅。煎药用水必须洁净、含矿物质及杂质少。煎药前应先用冷水将药物浸泡 30～40 分钟。加水量应根据药物的量及煎药时间长短而定。煎煮时一般药宜先武火后文火，每剂药煎取液量，成人 200～300ml，小儿减半。解表药及其他芳香性药物宜轻煎，一般用武火迅速煮沸，改用文火煎煮 10～15 分钟左右即可。有效成分不易煎出的矿物类、骨角类、贝壳类、甲壳类药及补益药宜文火久煎，使有效成分充分溶出。一剂药可煎三次，最少应煎两次。

有些药物煎煮时比较特殊，需要另行处理。

1. 先煎　磁石、牡蛎等矿物、贝壳类药物，先煎煮 15～30 分钟，再放入其他药物同煎。另外一些毒性较大的药物，如生附子、生半夏、生乌头、马钱子等，先煎可以减少其毒性。

2. 后下　芳香类的薄荷、藿香、白豆蔻、佩兰、砂仁等药宜后下，在其他药物即将煎好前 4～5 分钟放入与其他药物同煎。

3. 包煎　绒毛类药物如辛夷、旋覆花或粉末类药物如车前子、青黛、葶苈子等入药时，宜用纱布包裹入煎，以免绒毛黏附于消化道黏膜引起不适或药汁不容易滤除。

4. 另煎　如人参等贵重药物不宜与它药混合，需要另煎。

5. 烊化　如阿胶等胶质类药，宜另行溶化，再与其他药汁兑服。

6. 冲服　如芒硝等，宜用煎好的其他药液或开水冲服。

（二）服药方法

汤剂口服，是临床使用中药的主要给药途径。一般汤药宜温服。无论饭前或饭后服，服药与进食都应间隔半小时左右，以免影响消化吸收和药效的发挥。某些药物还应在特定的时间服用：对胃肠道有刺激性的药宜饭后服；消食药宜饭后服用；安神药用于治失眠，宜在睡前 30 分钟至 1 小时服用；缓下剂宜睡前服用。截疟药应在疟疾发作前两小时服药，急性病则不拘时限。

一般疾病服药，多采用每日一剂，每剂分两次或三次服。剂量大小除与药物本身的性能、质地、配伍和剂型有关外，还与患者的病情、年龄、体质有关，应综合考虑，适当增减。就年龄而言，5 岁以下的儿童，用成人量的 1/4；6～10 岁可用成人量的 1/2。

第二节　临床常用中药

一、解表药

凡以发散表邪、解除表证为主要作用的药物，称解表药。

解表药主要具有发汗解表作用。根据解表药药性及临床应用不同，可分为发散风寒药及发散风热药两类。解表药多含挥发油，不宜久煎，要温服。表寒证服药后要保暖发汗，汗后不可再受寒。

（一）发散风寒药

本类药性味多属辛温，辛以发散，温可祛寒，故以发散风寒为主要作用，用于外感风寒表证。

麻黄

功效：发汗解表，宣肺平喘，利水消肿。

主治：

(1) 风寒感冒。为辛温解表要药，多用于风寒表实证。

(2) 咳嗽气喘。适用于风寒外束，肺气壅遏的喘咳实证。

(3) 风水水肿。

本品味辛、微苦，性温。归肺、膀胱经。煎服，3～10g。发汗解表宜生用，止咳平喘多炙用。表虚自汗、阴虚盗汗及虚喘慎用。

桂枝

功效：发汗解肌，温通经脉，助阳化气。

主治：

(1) 风寒感冒。

(2) 寒凝血滞诸痛证。治胸痹心痛、中焦虚寒、脘腹冷痛、经闭腹痛、风寒湿痹等。

(3) 痰饮、蓄水证。

(4) 心悸。

本品味辛、甘，性温。归心、肺、膀胱经。煎服，3～10g。外感热病、阴虚火旺、血热妄行等证，均当忌用。孕妇及月经过多者慎用。

荆芥

功效：发表散风，透疹消疮，止血。

主治：

(1) 外感表证。表寒表热皆可用。

(2) 麻疹不透、风疹瘙痒。

(3) 疮疡初起兼有表证。

(4) 吐衄下血等多种出血证。

本品味辛，性微温。归肺、肝经。煎服，3～10g，不宜久煎。

防风

功效：发表散风，胜湿止痛，止痉，止泻。

主治：

(1) 感冒头痛，风疹瘙痒。

(2) 风湿痹痛。

(3) 破伤风证。

(4) 腹痛泄泻。

本品味辛、甘，性微温。归膀胱、肝、脾经。煎服，3～10g。

(二) 发散风热药

本类药性多辛凉，以发散风热为主要作用，发汗解表作用比较缓和。

薄荷

功效：疏散风热，清利头目，利咽，透疹，疏肝解郁。

主治：

(1) 风热感冒，温病初起。
(2) 头痛目赤，咽喉肿痛。
(3) 麻疹不透，风疹瘙痒。
(4) 肝郁气滞，胸闷胁痛。
本品味辛，性凉。归肺、肝经。煎服，3～6g，宜后下。

牛蒡子

功效：疏散风热，透疹利咽，解毒消肿。
主治：
(1) 风热感冒，咽喉肿痛。
(2) 麻疹不透。
(3) 痈肿疮毒，痄腮喉痹。
本品味辛、苦，性寒。归肺、胃经。煎服，3～10g。气虚便溏者慎用。

桑叶

功效：疏散风热，清肺润燥，平肝明目。
主治：
(1) 风热感冒，头痛咳嗽。
(2) 肺热燥咳。
(3) 肝阳眩晕，目赤昏花。
本品味苦、甘，性寒。归肺、肝经。煎服，5～10g。外用煎水洗眼。

柴胡

功效：疏散退热，疏肝解郁，升阳举陷。
主治：
(1) 寒热往来，感冒发热。是治疗寒热往来、胸胁苦满、口苦咽干等少阳证的要药；用于治疗感冒发热，本品也有良好的疏散退热作用，现有用柴胡制成的单味或复方注射液，对于外感发热有较好的解热作用。
(2) 肝郁气滞，月经不调，胸胁疼痛。
(3) 气虚下陷，久泻脱肛。
本品味苦、辛，性微寒。归肝、胆经。煎服，8～10g。

二、清热药

凡以清除里热为主要功效的药物，称为清热药。清热药主要适用于热病、温疫、痈肿疮毒、痢疾等各种里热证。

(一) 清热泻火药

以清除气分实热为主要作用的药物，称为清热泻火药。适用于急性热病，热在气分的实热证和肺、胃、心、肝的实火证。

石膏

功效：清热泻火，除烦止渴，收敛生肌。
主治：
(1) 壮热烦渴。适用于温热病邪在气分，壮热、烦渴、汗出、脉洪大等实热证。
(2) 肺热喘咳。用于邪热壅肺的气急喘促、咳嗽痰稠、发热口渴等症。

(3) 胃火牙痛。

(4) 疮疡不敛。

本品味辛、甘，性大寒。归肺、胃经。煎服，15～60g，宜打碎先煎。脾胃虚寒及阴虚内热者忌用。

知母

功效：清热泻火，滋阴润燥。

主治：

(1) 热病烦渴。

(2) 肺热咳嗽，阴虚燥咳。

(3) 骨蒸潮热。用于阴虚火旺，骨蒸潮热、盗汗、心烦等症。

(4) 阴虚消渴，肠燥便秘。

本品味苦、甘，性寒。归肺、胃、肾经。煎服，6～12g。脾虚者不宜用。

(二) 清热燥湿药

凡以清热燥湿为主要作用，能清除湿热内蕴或湿邪化热之证的药物称为清热燥湿药。本类药物性味苦寒，苦能燥湿，寒能清热，故有清热燥湿的功效，并能清热泻火。主要用于湿热证及火热证。

黄芩

功效：清热燥湿，泻火解毒，凉血止血，除热安胎。

主治：

(1) 湿温暑温，湿热痞闷，黄疸泻痢等。

(2) 肺热咳嗽，热病烦渴。

(3) 痈肿疮毒，咽喉肿痛。

(4) 血热吐衄。

(5) 胎热不安。

本品味苦，性寒。归肺、胃、胆、大肠经。煎服，3～10g。

黄连

功效：清热燥湿，泻火解毒。

主治：

(1) 胃肠湿热，泻痢呕吐。本药是治湿热泻痢的要药。

(2) 热盛火炽、高热烦躁。

(3) 痈疽疔毒，皮肤湿疮，耳目肿痛。

本品味苦、性寒。归心、肝、胃、大肠经。煎服，2～10g；研末吞服 1～1.5g，一日三次。外用适量。易伤脾胃，脾胃虚寒者忌用。阴虚津伤者慎用。

黄柏

功效：清热燥湿，泻火解毒，退热除蒸。

主治：

(1) 湿热带下，热淋脚气，泻痢黄疸。

(2) 疮疡肿痛，湿疹湿疮。

(3) 阴虚发热，盗汗遗精。

本品味苦，性寒。归肾、膀胱、大肠经。煎服，5～10g，或入丸散。外用适量。脾胃虚寒者忌用。

（三）清热解毒药

凡以清热解毒为主要作用，能解除各种热毒、火毒证的药物，称为清热解毒药。用于治疗各种火热毒盛引起的红、肿、热、痛等。

金银花

功效：清热解毒，疏散风热。

主治：

（1）痈肿疔疮。本品为治疗一切痈肿疔疮阳证的要药。

（2）外感风热，温病初起。

（3）热毒血痢。

本品味甘，性寒。归肺、心、胃经。煎服，10～15g。脾胃虚寒及气虚疮疡脓清者忌用。

连翘

功效：清热解毒，消痈散结，疏散风热。

主治：

（1）痈肿疮毒，瘰疬痰核。治痈肿疮毒，本品有“疮家圣药”之称。

（2）外感风热，温病初起。

本品味苦，性微寒。归肺、心、胆经。煎服，6～15g。脾胃虚寒及气虚脓清者不宜用。

蒲公英

功效：清热解毒，消痈散结，利湿通淋。

主治：

（1）痈肿疔毒，乳痈内痈。

（2）热淋涩痛，湿热黄疸。

本品味苦、甘，性寒。归肝、胃经。煎服，10～30g。外用适量。用量过大，可致缓泻。

板蓝根

功效：清热解毒，凉血利咽。

主治：温热病发热、头痛、喉痛，或温毒发斑、痄腮、痈肿疮毒、丹毒、大头瘟疫等多种热毒炽盛之证。

本品味苦，性寒。归心、胃经。煎服，10～15g。脾胃虚寒者忌用。

（四）清热凉血药

凡以清热凉血为主要作用，能清营分、血分实热的药物，称为清热凉血药。用于热入营血所致身热、心烦不眠、神昏谵语、吐血衄血、发斑、舌红绛、脉数等。

生地黄

功效：清热凉血，养阴生津。

主治：

（1）热入营血，口干舌绛。本药是清热凉血养阴生津之要药。

（2）血热妄行，斑疹吐衄。

（3）津伤口渴，内热消渴。

本品味甘、苦，性寒。归心、肝、肺经。煎服，10～30g，鲜品用量加倍，或以鲜品捣汁入药。脾虚湿滞腹满便溏者，不宜使用。

玄参

功效：清热凉血，滋阴解毒。

主治：

(1) 温邪入营，内陷心包，温毒发斑，津伤便秘。

(2) 咽喉肿痛，瘰疬痰核，痈肿疮毒。

本品味苦、甘、咸，性寒。归肺、胃、肾经。煎服，10～15g。脾胃虚寒、食少便溏者不宜服用。反藜芦。

(五) 清虚热药

凡以清虚热、退骨蒸为主要功效的药物，称为清虚热药。用于阴虚所致低热、烦渴、或潮热骨蒸、手足心热、舌红少苔、脉细数等虚热证。

青蒿

功效：清虚热，除骨蒸，解暑，截疟。

主治：

(1) 温邪伤阴，夜热早凉。

(2) 阴虚发热，劳热骨蒸。

(3) 感受暑邪，发热头痛口渴。

(4) 疟疾寒热。

本品味苦、辛，性寒。归肝、胆、肾经。煎服，3～10g，不宜久煎；或鲜用绞汁。脾胃虚弱，肠滑泄泻者忌服。

地骨皮

功效：凉血退蒸，清肺降火。

主治：

(1) 阴虚发热，盗汗骨蒸。

(2) 肺热咳嗽。

(3) 血热妄行的吐血、衄血、尿血等血热出血症。

本品味甘、淡，性寒。归肺、肝、肾经。煎服，6～15g。外感风寒发热及脾虚便溏者不宜用。

三、泻下药

凡能引起腹泻，或润滑大肠，促进排便的药物，称为泻下药。本类药物主要作用是泻下通便，以排除胃肠积滞、燥屎及有害物质；或清热泻火；或逐水消肿。

大黄

功效：泻下攻积，清热泻火，止血，解毒，活血祛瘀。

主治：

(1) 大便秘结，胃肠积滞。

(2) 血热妄行之吐血、衄血、咯血，以及火邪上炎所致的目赤、咽喉肿痛、牙龈肿痛等证。

本品味苦，性寒。归脾、胃、大肠、肝、心经。煎服，5～10g。外用适量。脾胃虚弱者慎用；孕期、月经期、哺乳期应忌用。

番泻叶

功效：泻下导滞。

主治：便秘。本品适用于热结便秘，习惯性便秘及老年便秘。大多单味泡服，小剂量可起缓泻作用，大剂量则可攻下。

本品味甘、苦，性寒。归大肠经。温开水泡服，1.5～3g；煎服，5～9g，宜后下。妇女哺乳期、月经期及孕妇忌用。剂量过大，有恶心、呕吐、腹痛等副作用。

四、祛风湿药

凡以祛除风寒湿邪，解除痹痛为主要作用的药物，称祛风湿药。适用于风寒湿邪所致的肌肉、经络、筋骨、关节等处疼痛、重着、麻木和关节肿大、活动不利等证。

独活

功效：祛风湿，止痹痛，解表。

主治：

(1) 风寒湿痹痛。以腰膝、腿足关节疼痛属下部寒湿重者为宜。

(2) 外感风寒挟湿表证。

本品味辛、苦，性微温。归肝、膀胱经。煎服，5～15g。

五、化湿药

凡气味芳香，性偏温燥，具有化湿健脾作用的药物，称为化湿药。适用于湿浊内阻，湿困脾阳，运化失职而引起的脘腹胀满，吐泻泛酸，少食体倦，大便稀溏，舌苔白腻等。因气味芳香，多含挥发油，不宜久煎。

藿香

功效：化湿，解暑，止呕。

主治：

(1) 湿滞中焦证。

(2) 暑湿证及湿温证初起。

(3) 呕吐。

本品味辛，性微温，归脾、胃、肺经。煎服，5～10g。鲜品加倍。

苍术

功效：燥湿健脾，祛风湿。

主治：

(1) 湿滞中焦证。

(2) 风湿痹证，湿胜者尤宜。

(3) 外感风寒挟湿之表证。

本品味辛、苦，性温。归脾、胃经。煎服，5～10g。

厚朴

功效：行气，燥湿，消积，平喘。

主治：

(1) 湿阻中焦，气滞不利所致的脘闷腹胀，腹痛，或呕逆等证。

(2) 肠胃积滞，脘腹胀满，大便秘结。

(3) 痰饮喘咳。

本品味苦、辛，性温。归脾、胃、肺、大肠经。煎服，3～10g。

六、利水渗湿药

凡能通利水道，渗泄水湿，治疗水湿内停病证为主要作用的药物，称利水渗湿药。适用于小便不利、水肿、淋证、黄疸、湿疮、泄泻、带下、湿温、湿痹等水湿所致的各种病证。

茯苓

功效：利水渗湿，健脾安神。

主治：

(1) 多种水肿。寒热虚实均可用。

(2) 脾虚诸证。

(3) 心悸，失眠。

本品味甘、淡，性平。归心、脾、肾经。煎服。10～15g。

薏苡仁

功效：利水渗湿，健脾，除痹，清热排脓。

主治：

(1) 小便不利，水肿，脚气及脾虚泄泻等。对于脾虚湿滞者尤为适用。

(2) 湿痹拘挛。

(3) 肺痈，肠痈。

本品味甘、淡，性微寒。归脾、胃、肺经。煎服。10～30g。

车前子

功效：利尿通淋，渗湿止泻，清肝明目，清肺化痰。

主治：

(1) 小便淋涩。对湿热下注于膀胱而致小便淋漓涩痛者尤为适宜。

(2) 暑湿泄泻。

(3) 目赤涩痛，目暗昏花，翳障等。

(4) 痰热咳嗽。

本品味甘、性寒。归肾、肝、肺经。煎服，10～15g。宜布包煎。

茵陈蒿

功效：清利湿热，利胆退黄。

主治：

(1) 黄疸。

(2) 湿温，湿疹，湿疮。

本品味苦，性微寒。归脾、胃、肝、胆经。煎服，10～30g。外用适量。

七、温里药

凡以温里祛寒、治疗里寒证为主要作用的药物，称为温里药。适用于寒邪内侵，阳气受困；或阳气衰微，阴寒内盛引起面色苍白，畏寒肢冷，脘腹冷痛，呕吐呃逆，泄泻下痢，小便清长，舌淡苔白等，也用于阳脱证。

附子

功效：回阳救逆，助阳补火，散寒止痛。

主治：

(1) 亡阳证。

(2) 虚寒性的阳痿宫冷，脘腹冷痛，泄泻，水肿等证。

(3) 寒痹证，尤善治寒痹痛剧者。

本品味辛、甘，性热。有毒。归心、肾、脾经。煎服，3～15g，宜先煎0.5～1小时，至口尝无麻辣感为度。本品辛热燥烈，凡阴虚阳亢者及孕妇忌用。反半夏、瓜蒌、贝母、白蔹、白及。因本品有毒，内服须经炮制。若内服过量，或炮制、煎煮方法不当，皆可引起中毒。

干姜

功效：温中散寒，回阳通脉，温肺化饮。

主治：

(1) 脘腹冷痛，寒呕，冷泻。

(2) 亡阳证。

(3) 寒饮咳喘，形寒背冷，痰多清稀之证。

本品味辛，性热。归脾、胃、心、肺经。煎服，3～10g。

八、理气药

凡以疏理气机、治疗气滞或气逆证为主要作用的药物，称为理气药。适用于脾胃气滞所致脘腹胀痛、嗳气吞酸、恶心呕吐、腹泻或便秘等；肝气郁滞所致胁肋胀痛、抑郁不乐、疝气疼痛、乳房胀痛、月经不调等；肺气壅滞所致胸闷胸痛、咳嗽气喘等。

橘皮

功效：理气健脾，燥湿化痰。

主治：

(1) 脾胃气滞证。

(2) 湿痰、寒痰咳嗽。为治痰之要药。

本品味辛、苦，性温。归脾、肺经。煎服，3～10g。

枳实

功效：破气除痞，化痰消积。

主治：

(1) 食积证、胃肠热结气滞证。

(2) 痰滞胸脘痞满，胸痹结胸。

本品味苦、辛，性微寒。归脾、胃、大肠经。煎服，3～10g。孕妇慎用。

九、消食药

凡以消积导滞、促进消化、治疗饮食积滞为主要作用的药物，称为消食药，适用于饮食积滞，脘腹胀满、嗳腐吞酸、恶心呕吐、不思饮食、大便失常等脾胃虚弱的消化不良证。

山楂

功效：消食化积，行气散瘀。

主治：
(1) 食积证。为消化油腻肉食积滞之要药。
(2) 泻痢腹痛，疝气痛。
(3) 瘀阻胸腹痛、痛经。
本品味酸、甘，性微温。归脾、胃、肝经。煎服 10～15g，大剂量 30g。

神曲

功效：消食和胃。
主治：饮食积滞证。本品略兼解表之功，故外感食滞者用之尤宜。
本品味甘、辛，性温。归脾、胃经。煎服，6～15g。

麦芽

功效：消食健胃，回乳消胀。
主治：
(1) 食积证。本品能促进淀粉性食物的消化。
(2) 断乳、乳房胀痛。
本品味甘，性平。归脾、胃、肝经。煎服，10～15g，大剂量 30～120g。哺乳期妇女不宜使用。

十、止血药

凡以制止体内外出血为主要作用的药物，称为止血药。适用于内外出血病证，如咯血、咳血、衄血、吐血、便血、尿血、崩漏、紫癜以及外伤出血等。

大蓟

功效：凉血止血，散瘀解毒消痈。
主治：
(1) 血热所致的出血证。用于吐血、咯血、衄血、崩漏、尿血等证，以吐血、咯血及崩漏多用。
(2) 热毒痈肿。
本品味苦、甘，性凉。归心、肝经。煎服，10～15g，鲜品可 30～60g。外用适量，捣敷患处。

三七

功效：化瘀止血，活血定痛。
主治：
(1) 各种内外出血证。尤以有瘀者为宜，既能止血，又能散瘀，为血证良药。
(2) 跌打损伤，瘀滞疼痛。为伤科要药，可单味内服或外敷。
(3) 冠心病心绞痛、缺血性脑血管病、脑出血后遗症等。
本品味甘、微苦，性温。归肝、胃经。多研末服，每次 1～1.5g，亦可入煎剂，3～10g，外用适量，研末外掺或调敷。

十一、活血化瘀药

凡以通畅血行，消散瘀血为主要作用的药物，称为活血化瘀药。适用于血行不畅，瘀血阻滞诸证。如创伤、癥瘕、闭经、痛经、产后瘀痛、痈肿、痹痛、胸痹等证。

川芎

功效：活血行气，祛风止痛。

主治：

（1）血瘀气滞的痛证。本品为妇科活血调经之要药，能治妇女月经不调、经闭、痛经、产后瘀滞腹痛等。

（2）头痛，风湿痹痛。治头痛，无论风寒、风热、风湿、血虚、血瘀，均可随证配伍使用。

本品味辛，性温。归肝、胆、心包经。煎服，3～10g。凡阴虚火旺、多汗及月经过多者，应慎用。

丹参

功效：活血调经，凉血消痈，安神。

主治：

（1）妇女月经不调，产后瘀滞腹痛。

（2）血瘀之心胸、脘腹疼痛及风湿痹痛等。

（3）疮疡痈肿。

（4）热病烦躁神昏及心悸失眠等。

本品味苦，性微寒。归心、肝经。煎服，5～15g。反黎芦。

红花

功效：活血通经，祛瘀止痛。

主治：

（1）血滞经闭，痛经，产后瘀滞腹痛等。

（2）癥瘕积聚，心腹瘀痛及跌打损伤，血脉闭塞紫肿疼痛等。

本品味辛，性温。归心、肝经。煎服，3～9g；外用适量。孕妇忌服，有出血倾向者不宜多用。

益母草

功效：活血调经；利水消肿。

主治：

（1）血滞经闭，痛经，经行不畅，产后瘀滞腹痛、恶露不尽等。

（2）水肿，小便不利。

本品味苦、辛，性微寒。归肝、心、膀胱经。煎服，10～30g，或熬膏，入丸剂。外用适量。孕妇忌服，血虚无瘀者慎用。

十二、化痰止咳平喘药

凡能消除痰涎的药物，称为化痰药；能减轻或制止咳嗽和喘息的药物，称为止咳平喘药。化痰药适用于痰证，如痰阻于肺的咳喘痰多；痰蒙心窍的晕厥、癫痫；以及头晕、中风、瘰疬、痰核等病证。止咳平喘药适用于多种原因引起的咳嗽、气喘。

半夏

功效：燥湿化痰，降逆止呕，消痞散结；外用消肿止痛。

主治：

（1）湿痰、寒痰证。

（2）呕吐。

（3）心下痞，结胸，梅核气等。

（4）瘿瘤痰核，痈疽肿毒及毒蛇咬伤等。

本品味辛，性温。有毒。归脾、胃、肺经。煎服，3～10g，一般内服宜炮制后用。外用适量。反乌头。其性温燥，一般而言阴虚燥咳，血证，热痰，燥痰应慎用。

桔梗

功效：宣肺祛痰，利咽，排脓。

主治：

（1）肺气不宣的咳嗽痰多，胸闷不畅。

（2）咽喉肿痛，失音。

（3）肺痈咳吐脓痰。

本品味苦、辛，性平。归肺经。煎服，3～10g。用量过大易致恶心呕吐。

川贝母

功效：清热化痰，润肺止咳，散结消肿。

主治：

（1）虚劳咳嗽，肺热燥咳。尤宜于内伤久咳，燥痰，热痰之证。

（2）瘰疬疮肿，乳痈及肺痈。

本品味苦、甘，性微寒。归肺、心经。煎服，3～10g；研末服1～2g。反乌头。

十三、安神药

凡以安定神志为主要作用，用来治疗心神不安病证的药物，称为安神药。适用于心神不宁、惊悸、失眠、健忘、多梦及惊风、癫狂、癫痫等。

酸枣仁

功效：养心益肝，安神，敛汗。

主治：

（1）心悸失眠。多用于阴血虚，心失所养之心悸、怔忡、失眠、健忘等症。

（2）体虚多汗。

本品味甘、酸，性平。归心、肝、胆经。煎服，10～20g。研末吞服，每次1.5～3g。

远志

功效：宁心安神，祛痰开窍，消散痈肿。

主治：

（1）惊悸，失眠健忘。

（2）痰阻心窍，癫痫发狂。

（3）咳嗽痰多。

（4）痈疽疮毒，乳房肿痛。

本品味苦、辛，性微温。归心、肾、肺经。煎服，5～10g。外用适量。有胃炎及胃溃疡者慎用。

十四、平肝熄风药

凡以平肝潜阳，熄风止痉为主要作用的药物，称为平肝熄风药。适用于肝阳上亢或肝风内动诸证，如头晕目眩、头痛、耳鸣、面红目赤、烦躁易怒等，以及项强肢颤、痉挛抽搐、癫痫、惊风抽搐等。还用于风毒侵袭引动内风之破伤风痉挛抽搐、角弓反张等症。

羚羊角

功效：平肝熄风，清肝明目，清热解毒。

主治：

（1）肝风内动，惊痫抽搐。

（2）肝阳上亢，头晕目眩。

（3）肝火上炎，目赤头痛。

（4）温热病壮热神昏，热毒发斑。

本品味咸，性寒。归肝、心经。煎服，1～3g。单煎2小时以上，取汁服。磨汁或研粉服，每次0.3～0.6g。

牛黄

功效：熄风止痉，化痰开窍，清热解毒。

主治：

（1）温热病及小儿惊风之壮热神昏，惊厥抽搐等症。

（2）温热病热入心包，中风，惊风，癫痫等痰热蒙蔽心窍所致之神昏、口噤、痰鸣等症。

（3）咽喉肿痛，溃烂及痈疽疔毒等热毒壅滞郁结之证。

本品味苦，性凉。归肝、心经。入丸散，每次0.2～0.5g。外用适量，研细末敷患处。孕妇慎用。

钩藤

功效：熄风止痉，清热平肝。

主治：

（1）肝风内动，惊痫抽搐。本品为治疗肝风内动，惊痫抽搐之常用药。

（2）头痛，眩晕。

本品味甘，性微寒。归肝、心包经。煎服，10～15g。不宜久煎。

天麻

功效：熄风止痉，平抑肝阳，祛风通络。

主治：

（1）肝风内动，惊痫抽搐。

（2）眩晕，头痛。天麻为止眩晕之良药。

（3）肢麻痉挛抽搐，风湿痹痛。

本品味甘，性平。归肝经。煎服，3～10g。研末冲服，每次1～1.5g。

十五、补虚药

凡能补益正气，增强体质，以提高抗病能力，治疗虚证为主要功效的药物，称为补虚药。

补虚药分为补气药、补阳药、补血药和补阴药四类。

（一）补气药

以补益脾气、肺气为主要作用，能消除或改善气虚证的药物，称为补气药。补气药适用于脾肺气虚诸证。

人参

功效：大补元气，补脾益肺，生津，安神。

主治：

(1) 气虚欲脱，脉微欲绝的重危证候。

(2) 肺气虚弱的短气喘促，懒言声微，脉虚自汗等证。

(3) 脾气不足的倦怠乏力，食少便溏等证。

(4) 热病气津两伤，身热口渴及消渴等证。

(5) 气血亏虚的心悸，失眠，健忘等证。

本品味甘、微苦，性微温。归心、肺、脾经。煎服，5～10g；用于急重证，剂量可酌增为5～30g。宜文火另煎兑服；研末吞服，每次1.5～2g。反藜芦。畏五灵脂。

西洋参

功效：补气养阴，清火生津。

主治：

(1) 阴虚火旺的喘咳痰血证。

(2) 热病气阴两伤，烦倦，口渴。

本品味甘、微苦，性寒。归心、肺、肾经。另煎兑服，3～6g。

黄芪

功效：补气升阳，益卫固表，利水消肿，托疮生肌。

主治：

(1) 脾胃气虚及中气下陷诸证。

(2) 肺气虚及表虚自汗，气虚外感诸证。

(3) 浮肿，小便不利。

(4) 疮疡脓成不溃或溃久不敛。

本品味甘，性微温。归脾、肺经。煎服，10～15g，大剂量30～60g。凡表实邪盛，内有积滞，阴虚阳亢，疮疡阳证实证等，均不宜用。

白术

功效：补气健脾，燥湿利水，止汗，安胎。

主治：

(1) 脾胃气虚，运化无力，食少便溏，脘腹胀满，肢软神疲等证。

(2) 痰饮，水肿，小便不利。

(3) 表虚多汗、自汗。

(4) 胎动不安。

本品味苦、甘，性温。归脾、胃经。煎服，10～15g。

山药

功效：益气养阴，补脾肺肾，固精止带。

主治：

(1) 脾胃虚弱证。

(2) 肺肾虚弱证。

(3) 消渴证。

本品味甘，性平。归脾、肺、肾经。煎服，10～30g，大量60～250g；研末吞服，每次6～10g。

甘草

功效：益气补中，清热解毒，祛痰止咳，缓急止痛，调和药性。

主治：

(1) 心悸，倦怠乏力，食少便溏。

(2) 痰多咳嗽。

(3) 脘腹及四肢挛急作痛。

(4) 用于药性峻猛的方剂中。能缓和药性或减轻毒副作用，又可调和脾胃。

(5) 热毒疮疡，咽喉肿痛及药物、食物中毒等。

本品味甘，性平。归心、肺、脾、胃经。煎服，3～10g。湿盛胀满、浮肿者不宜用。反大戟、芫花、甘遂、海藻。久服较大剂量的生甘草，可引起浮肿等。

(二) 补阳药

以补肾壮阳，强筋健骨为主要作用的药物，称为补阳药。适用于肾虚肢冷，腰膝酸软，阳痿遗精，不育不孕，性欲减退，尿频遗尿，崩漏带下，五更泻等。

鹿茸

功效：壮肾阳，益精血，强筋骨，调冲任，托疮毒。

主治：

(1) 阳痿早泄，宫寒不孕，尿频不禁，头晕耳鸣，腰膝酸痛，肢冷神疲等证。

(2) 小儿发育不良，囟门过期不合，齿迟，行迟等。

(3) 崩漏，带下。

(4) 用治疮疡久溃不敛，或阴疽内陷不起。

本品味甘、咸，性温。归肾、肝经。研细末，一日三次分服，1～3g。服用本品宜从小量开始，缓缓增加。凡阴虚阳亢，血分有热，胃火盛或肺有痰热，以及外感热病者，均应忌服。

杜仲

功效：补肝肾，强筋骨，安胎。

主治：

(1) 腰膝酸痛，下肢痿软及阳痿，尿频等症。

(2) 胎动不安，或习惯性流产等。

本品味甘，性温。归肝、肾经。煎服，10～15g。

冬虫夏草

功效：益肾壮阳，补肺平喘，止血化痰。

主治：

(1) 肾虚腰痛，阳痿遗精。

(2) 久咳虚喘，劳嗽痰血。

本品味甘，性平。归肺、肾经。煎汤或炖服，5～10g。

(三) 补血药

以补益血虚为主要作用的药物，称为补血药。主要适用于心肝血虚所致的面色萎黄，唇爪苍白，眩晕耳鸣，心悸怔忡，失眠健忘，或月经短期，量少色淡，甚至经闭，脉细弱等证。

当归

功效：补血，活血，调经，止痛，润肠。

主治：

(1) 心肝血虚，面色萎黄，眩晕心悸等。为补血要药。

(2) 血虚或血虚而兼有瘀滞的月经不调，痛经，经闭等症。

(3) 多种疼痛证。

(4) 痈疽疮疡。

(5) 血虚肠燥便秘。

本品味甘、辛，性温。归肝、心、脾经。煎服，5～15g。

熟地黄

功效：补血滋阴，益精填髓。

主治：

(1) 血虚萎黄，眩晕，心悸失眠，月经不调，崩漏等症。

(2) 潮热骨蒸、盗汗、遗精、消渴等。

(3) 腰膝酸软，眩晕耳鸣，须发早白等。

本品味甘，性微温。归肝、肾经。煎服，10～30g。

白芍

功效：养血调经，平肝止痛，敛阴止汗。

主治：

(1) 月经不调，崩漏等证。

(2) 用于肝阴不足，肝气不舒或肝阳偏亢的头痛、眩晕、胁肋疼痛、脘腹作痛等证。

(3) 阴虚盗汗，表虚自汗证。

本品味苦、酸、甘，性微寒。归肝、脾经。煎服，10～15g。反藜芦。

何首乌

功效：制首乌补益精血，固肾乌须；生首乌截疟解毒，润肠通便。

主治：

(1) 血虚的头昏目眩、心悸失眠、萎黄乏力；肝肾精血亏虚的眩晕耳鸣、腰膝酸软、遗精崩带、须发早白等证。

(2) 体虚久疟，肠燥便秘及痈疽、瘰疬等证。

制首乌味甘、涩，性微温，归肝、肾经；生首乌味甘、苦，性平；归心、肝、大肠经。煎服，10～30g。

阿胶

功效：补血，止血，滋阴润燥。

主治：

(1) 血虚萎黄，眩晕，心悸等。

(2) 多种出血证。对出血而兼见阴虚、血虚证者，尤为适宜。

(3) 阴虚证及燥证。

本品味甘，性平。归肺、肝、肾经。入汤剂，5～15g，烊化兑服。性滋腻，有碍消化，胃弱便溏者慎用。

（四）补阴药

以养阴清热，润燥生津为主要作用的药物，称为补阴药。适用于热病后期及若干慢性疾病。最常见的证候为肺、胃及肝、肾阴虚。补阴药各有其长，可根据阴虚的主要证候，选择应用。

北沙参

功效：养阴清肺，益胃生津。

主治：

(1) 肺热燥咳，干咳少痰，或痨嗽久咳，咽干音哑等。

(2) 胃阴虚所致的口渴咽干，舌质红绛，胃脘隐痛、嘈杂、干呕等。

本品味甘、微苦，性微寒。归肺、胃经。煎服，10～15g。反藜芦。

百合

功效：养阴润肺止咳，清心安神。

主治：

(1) 燥热咳嗽及劳嗽久咳，痰中带血等。

(2) 热病余热未清，虚烦惊悸，失眠多梦等。

本品味甘，性微寒。归肺、心经。煎服，10～30g。

麦冬

功效：养阴润肺、益胃生津、清心除烦。

主治：

(1) 燥热干咳痰黏、劳热咳嗽等。

(2) 口渴咽干，大便燥结等。

(3) 心阴虚及温病热扰心营，心烦不眠，舌绛而干等。

本品味甘、微苦，性微寒。归心、肺、胃经。煎服，10～15g。

枸杞子

功效：补肝肾，明目。

主治：肝肾不足，腰酸遗精，头晕目眩，视力减退，内障目昏，消渴等。

本品味甘，性平。归肝、肾经。煎服，10～15g。

龟甲

功效：滋阴潜阳，益肾健骨，固经止血，养血补心。

主治：

(1) 阴虚内热，阴虚阳亢及热病阴虚风动等证。

(2) 肾虚骨痿，小儿囟门不合等证。

(3) 阴虚血热的崩漏、月经过多等。

(4) 心虚惊悸，失眠，健忘。

本品味甘、咸，性寒。归肝、肾、心经。煎服，15～30g，宜先煎。

十六、收涩药

凡以收敛固涩为主要作用的药物，称为收涩药，又称固涩药。适用于久病体虚、正气不固、脏腑功能衰退所致的自汗、盗汗、久咳虚喘、久泻久痢、遗精、滑精、遗尿、尿频、崩漏带下不止等滑脱不禁的病证。

五味子

功效：敛肺滋肾，生津敛汗，涩精止泻，宁心安神。

主治：

(1) 久咳虚喘。

(2) 津伤口渴及消渴。

(3) 自汗，盗汗。

(4) 遗精、滑精。

(5) 久泻不止。

(6) 心悸，失眠，多梦。

本品味酸、甘，性温。归肺、心、肾经。煎服，3～6g；研末服，每次1～3g。凡表邪未解，内有实热，咳嗽初起，麻疹初期，均不宜用。

乌梅

功效：敛肺止咳，涩肠止泻，安蛔止痛，生津止渴。

主治：

(1) 肺虚久咳痰少。

(2) 久泻，久痢。

(3) 蛔厥腹痛，呕吐。

(4) 消渴证。

本品味酸、涩，性平。归肝、脾、肺、大肠经。煎服，3～10g。外有表邪或内有实热积滞者均不宜服。

第三节　临床常用方剂

桂枝汤

功用：解肌发表，调和营卫。

主治：外感风寒表虚证。

常用于治疗普通感冒、流行性感冒等属于外感风寒表虚者。

荆防败毒散

功用：发汗解表，散风祛寒。

主治：外感风寒挟湿，以及时疫疟疾、痢疾、疮疡具有风寒湿表证者。

常用于治疗普通感冒、流行性感冒、支气管炎、过敏性皮炎、荨麻疹、湿疹及皮肤瘙痒等属于外感风寒挟湿者。

水煎服。

小青龙汤

功用：解表散寒，温肺化饮。

主治：外感风寒，内停水饮。

常用于治疗慢性支气管炎或急性发作、支气管哮喘、老年性肺气肿等属于外寒内饮者。

水煎服。先煎麻黄。

银翘散

功用：辛凉透表，清热解毒。

主治：温病初起，风热表证。

常用于治疗流行性感冒、急性扁桃体炎、呼吸道感染、麻疹初起、肺炎、流行性脑膜炎、乙型脑炎、腮腺炎、丹毒等多种传染性疾病之初期属于风热表证者。

水煎服，勿过煮，薄荷后入，每日1～2剂。

大承气汤

功用：峻下热结。

主治：阳明腑实证及里热实证。大便不通或热结旁流。

常用于治疗急性单纯性肠梗阻、粘连性肠梗阻、蛔虫性肠梗阻、急性胆囊炎、急性水肿性胰腺炎以及某些热性疾病过程中出现高热、谵语、神昏、惊厥、发狂而见大便不通、苔黄脉实者。

先煎枳实、厚朴，后入大黄，芒硝冲服。如大便得下，余药勿服。孕妇禁用。

小柴胡汤

功用：和解少阳。

主治：伤寒少阳证。妇人热入血室。

常用于感冒、流行性感冒、疟疾、慢性肝炎、肝硬化、急慢性胆囊炎、胆结石、急性胰腺炎、胸膜炎、淋巴结炎、中耳炎、产褥热、急性乳腺炎、睾丸炎、胆汁反流性胃炎、胃溃疡以及妇女产后或经期感冒等属于少阳证者。

水煎服。

逍遥散

功用：疏肝解郁，养血健脾。

主治：肝郁血虚，脾失健运证。

常用于治疗慢性肝炎、肝硬化、胆石症、胃及十二指肠溃疡、慢性胃炎、月经不调、乳腺小叶增生、更年期综合征等属于肝郁血虚脾弱者。

水煎服。或为丸剂，每服9g，日服2～3次。

白虎汤

功用：清热生津。

主治：阳明气分热盛证。壮热面赤，烦渴引饮，汗出恶热，脉洪大有力。

常用于治疗大叶性肺炎、流行性乙型脑炎、流行性脑膜炎、流行性出血热、风湿性关节炎、产后发热、急性牙龈炎、急性口腔炎、败血症等属于气分热盛者。

水煎服，煎至米熟或糜烂为度，去米，入其余之药同煎，分3次服。

龙胆泻肝汤

功用：泻肝胆实火，清下焦湿热。

主治：肝胆实火之头痛，胁痛，口苦，目赤，耳聋，耳肿等，以及湿热下注所致的小便淋浊，阴痒阴肿，妇女带下黄臭等，舌红苔黄，脉数有力。

常用于治疗顽固性偏头痛、高血压、急性结膜炎、急性胆囊炎、急性湿疹、带状疱疹以及泌尿生殖系统炎症，急性肾盂肾炎、急性膀胱炎、尿道炎、外阴炎、睾丸炎、急性盆腔炎等属于肝胆实火或肝经湿热者。

水煎服。

理中丸

功用：温中散寒，补气健脾。

主治：脾胃虚寒证。

常用于治疗急慢性胃炎、胃及十二指肠溃疡、胃下垂、胃扩张、慢性肠炎、慢性结肠炎、妇女功能性子宫出血等属于脾胃虚寒者。

蜜丸，每服 9g，1 日 2～3 次。或作汤剂，水煎服。

四君子汤

功用：益气健脾。

主治：脾胃气虚证。

常用于治疗慢性肠炎、胃及十二指肠溃疡、胃功能紊乱、慢性胃肠炎、慢性肝炎、消化不良以及其他疾病属于脾胃气虚者。

水煎服。

补中益气汤

功用：补中益气，升阳举陷。

主治：脾胃气虚证，气虚下陷证，气虚发热证。

常用于治疗内脏下垂、久泻、久痢、脱肛、重症肌无力、乳糜尿、慢性肝炎、子宫脱垂、月经过多、眼睑下垂等属于脾胃气虚或中气下陷者。

水煎服。食远稍热服。

四物汤

功用：补血调血。

主治：血虚血滞及月经不调证。

常用于治疗贫血、过敏性紫癜、神经性头痛、荨麻疹、慢性皮肤病、月经不调、痛经、功能性子宫出血、产后出血等属于血虚血滞者。

水煎服。

归脾汤

功用：益气补血，健脾养心。

主治：心脾两虚，气血不足证。

常用于治疗神经衰弱、血小板减少性紫癜、再生障碍性贫血、功能性子宫出血、胃及十二指肠溃疡出血、脑外伤后遗症、心脏病等属于气血两虚及脾不统血者。

水煎服。丸剂，每服 6～9g，1 日 2～3 次。

六味地黄丸

功用：滋补肾阴。

主治：肾阴虚。

常用于治疗慢性肾炎、高血压病、糖尿病、肺结核、肾结核、甲状腺功能亢进、神经衰弱、中心性视网膜炎、更年期综合征等属于以肾阴虚弱为主之证。

水煎服。或作蜜丸，每服 6～9g，1 日 2～3 次，温开水或淡盐汤送服。

金匮肾气丸

功效：补肾助阳。

主治：肾阳不足证。

常用于糖尿病、慢性肾炎、甲状腺功能低下、慢性气管炎等。

藿香正气散

功用：解表化湿，理气和中。

主治：外感风寒，内伤湿滞。

常用于治疗胃肠型感冒、急性胃肠炎、消化不良等属于外寒内湿之证者。

水煎服。成药丸剂，每服6～9g，1日2～3次。

血府逐瘀汤

功用：活血祛瘀，行气止痛。

主治：胸中血瘀，血行不畅证。

常用于治疗冠心病心绞痛、风湿性心脏病、胸部挫伤、肋软骨炎、肝硬化、痛经、闭经、血栓闭塞性脉管炎、脑震荡后遗症、精神抑郁属等属于血瘀气滞者。

水煎服。孕妇忌服。

天麻钩藤饮

功用：平肝熄风，清热活血，补益肝肾。

主治：肝阳偏亢，肝风上扰所致眩晕耳鸣，头胀痛，失眠多梦，腰膝酸软，或颜面潮红，舌红，脉弦数。

常用于治疗高血压病、缺血性脑血管意外、更年期综合征等属于肝阳上亢、肝风上扰以头痛、眩晕、失眠为主证者。

水煎服。

二陈汤

功用：燥湿化痰，理气和中。

主治：湿痰咳嗽。

常用于治疗慢性支气管炎、肺气肿、慢性胃炎、消化性溃疡、神经性呕吐、耳源性眩晕、妊娠呕吐、小儿流涎等属湿痰为患或湿阻气机者。

酸枣仁汤

功用：养血安神，清热除烦。

主治：肝血不足所致的虚烦不眠证。

常用于治疗神经衰弱、心脏神经官能症、更年期综合征等属于肝血不足，虚热内扰所致心神不安，失眠等症。

水煎服。

保和丸

功用：消食和胃。

主治：各种食积。

常用于治疗消化不良、小儿腹泻、急慢性胃肠炎、急性胆囊炎、肝炎等。

丸剂，每服6～9克，1日2～3次，温开水或麦芽汤送下。

第四节　中药常用内治八法及护理

中药是通过组成方剂来应用的，指导方剂如何使用的方法称为治法，它是中医治疗过程的一个重要环节。最常见的治法有八种，称“八法”，即汗、吐、下、和、温、清、消、补。为了取得更好的疗效，保证用药的有效、安全，监测用药过程中病情的变化，中药的应用需要一定的护理措施来支持。

中药在使用过程中除要求护理人员掌握必备的基础护理和临床护理知识外，还要根据中药使用的特点了解一些专门知识。首先，要对患者的基本状态作出明确全面的判断，了解辨证的要领，给予整体的综合的护理照顾。其次，现代中药的给药途径越来越多，因此给药前需作必要的指导。中药还有许多独到的使用方法，在具体应用时要作必要的解释，争取患者的配合。最后，对药后的反应要认真观察及时处理。如服药后产生呕吐、腹泻、出汗等症状，有的是用药的正常结果，有的则为毒性反应，要加以区别。

一、汗法

汗法是通过发汗解表，宣肺散邪的方法，使在表的六淫之邪随汗而解的一种治法。适用于外感表证、疹出不透、疮疡初起以及水肿、泄泻、咳嗽、疟疾等有表证者。代表方剂如麻黄汤等。

护理重点要求针对患者发热、出汗、保温、脱水、用药以及用药后的反应认真观察，制订相应的护理措施。

使用汗法的许多疾病是传染病，要注意消毒隔离，减少传染。

二、吐法

吐法是通过涌吐的方法，使停留在咽喉、胸膈、胃脘的痰涎、宿食以及毒物等从口中吐出的一种治法。适用于中风痰壅，饮食积滞以及尚停留在上消化道的毒物等。代表方剂如瓜蒂散等。此法在现代临床上已很少使用。

护理时主要针对患者的神志、消化道的阻塞和创伤、呼吸道的通畅等情况作出判断，提出相应的护理措施。

要细心观察呕吐物的性状、呕吐的强度以及持续的时间。确保呼吸道的通畅，及时清理口腔咽喉部的食物残渣和痰涎，防止吸入。

三、下法

下法是通过排出粪便的方法，使停留在肠胃的有形积滞从大便排出的一种治法。适用于大便干结，瘀血内停，宿食不消，痰饮停结等。代表方剂如大承气汤等。

护理时主要针对患者腹痛、腹泻、排泄物性状等进行观察，提出相应的护理措施。

临床上急腹症（如不完全性肠梗阻等）常用下法，要及时了解病情的变化，为下一步的治疗提供依据。各种原因引起的胸水、腹水也有用下法的，要认真记录出入量，根据患者体质的好坏、水和电解质丢失的情况及时调整护理措施。

四、和法

和法是通过和解与调和的方法，使半表半里之邪，或脏腑、阴阳、表里失和之证得以解除的一种治法。适用于少阳病、肝脾不和、寒热错杂、表里同病等。代表方剂如小柴胡汤等。

护理时主要针对患者情志波动、发热、食欲不振、疲乏、头晕等提出相应的护理措施。

现代很多精神情志改变的疾病常使用该法治疗，除一般生活护理外，还要针对心理健康问题进行辅导，并注意营造轻松愉悦的治疗环境。

五、温法

温法是通过温里祛寒的方法，使在里之寒邪得以消散的一种治疗方法。适用于脏腑的寒证、寒湿内停、阳气不足等证。代表方剂如理中丸、四逆汤等。

温法和清法是一对相反的治法，使用范围十分广泛，几乎涉及人体的各个脏腑，要针对寒热侵害脏腑产生的不同病证，制订相应的护理措施。

六、清法

清法是通过清热、泻火、凉血等方法，使在里之热邪得以解除的一种治疗方法。适用于热证、火证、热毒以及虚热等。代表方剂如导赤散等。

热证比寒证要更常见一些，清热药种类繁多，临床上产生了很多新剂型，要充分利用。

七、消法

消法是通过消食导滞、行气活血、化痰利水，以及驱虫的方法，使气、血、痰、食、水、虫等所结成的有形之邪渐消缓散的一种治法。适用于饮食停滞，气滞血瘀，癥瘕积聚，水湿内停，痰饮不化，疳积虫积等。代表方剂如保和丸等。

消法是要清除人体内的一些有形的致病因素或病理产物，主要针对这些情况加以观察，提出相应的护理措施。

八、补法

补法是通过补养的方法，恢复人体正气的一种治法。适用于各种虚证。代表方剂如四君子汤、四物汤等。

补法使用的时间可能较长，涉及范围较广，同时患者体质较差，精神萎靡。因此，要了解不同脏腑虚证的表现，从而制订相应的护理措施。

第五节　中药外治法的护理

中药外治法是祖国医学的传统疗法之一。是将药物制成不同剂型，施用于患处，并依赖药物的性能，使其直达病所，产生作用，从而达到治疗目的。外治法手段多样，方式灵活，有膏药疗法、熏蒸疗法、熨敷疗法、洗浴疗法等。

一、膏药疗法的护理

膏药疗法是利用药物，施于患者体表或患部，借助体表对药物的吸收作用和经络的通路，发挥药物活血化瘀、生肌止痛、温经通络、开窍透骨、祛风散寒的功能，从而达到各种治疗作用的一种疗法。

1. 适应证　适用于外科疮疡的初起、脓成、溃后各个阶段。

2. 护理及注意事项

(1) 在贴膏药之前，先用热毛巾或生姜片将患处或穴位处的皮肤擦净，待干后再贴。

(2) 气候寒冷时，可将膏药贴好后再用热水袋热敷一下，以便粘贴牢靠，增加治疗效果。使用黑膏药类膏药，应先将膏药放在热水壶或酒精灯、蜡烛的微火上烘烤化开，等烘烤后的膏药不烫皮肤时再贴于患处。

(3) 一般一张的药效可维持 1～2 天，黑膏药药效较长，一般可连续贴用 1 周以上再揭下。

（4）局部有破损者，不可直接贴在破损处，以免发生化脓性感染。

（5）凡是含有麝香、乳香、红花、没药、桃仁等活血化瘀成分的，孕妇均应禁用。

（6）如果贴后局部皮肤出现丘疹、水疱，自觉瘙痒剧烈等过敏症状，应立即停止贴敷，给予抗过敏治疗。

二、熏蒸疗法的护理

熏蒸疗法是利用中药煎液趁热在皮肤或患处进行熏蒸，借助药力和热力通过皮肤作用于机体，起到活血化瘀、疏通络脉、祛风除痹之功用，从而达到治疗目的的一种疗法。

1. 适应证　熏蒸疗法主要用于治疗手足扭挫伤、痔疮、风湿性关节炎、急性上颌窦炎、荨麻疹等病证。

2. 护理及注意事项

（1）严格掌握药浴的温度，避免烫伤。

（2）熏蒸后注意保暖，避免着凉受风。

（3）空腹与饱食后均不宜熏蒸，以防止汗出过多而出现虚脱。

（4）治疗期间注意休息，切忌过劳。

（5）小儿、孕妇及年老体弱者不宜用本疗法。

三、熨敷疗法的护理

熨敷疗法是将一定的中草药加热后，直接敷于患部或某些穴位上，以治疗某些疾病的方法。该法综合了药物、穴位以及温热的治疗作用，可温经祛寒、行气活血止痛、通阳利尿。

1. 适应证　适用于各种风寒湿型筋骨痹痛、脘腹胀痛及尿潴留等证。

2. 护理及注意事项

（1）熨敷疗法应以患处仅感微热为宜，要防止局部烫伤。注意避风，防止着凉。

（2）有出血性疾病，如血小板减少性紫癜、过敏性血小板减少性紫癜、月经过多、崩漏等，不宜用本法。

（3）凡热性病、高热、神昏、谵语、神经分裂症患者，均不可用本法。

四、洗浴疗法的护理

洗浴疗法也称药浴，是在中医理论指导下，选用中草药加工制成浴液，通过洗浴人体外表，来达到养生治病的目的。

1. 适应证　临床多用于外感发热、皮肤疮癣、坐骨神经痛、跌打损伤、尿闭、关节炎、痛风、瘙痒等。

2. 护理及注意事项

（1）准备药液时，先将药材用纱布包好，加清水约10倍，浸泡20分钟，再煎煮30分钟，将药液倒入浴盆内即可。

（2）一剂药可用2～3次，每次浸浴15～30分钟，水温控制在37～42℃，每日一次。浴后宜以温水冲身，用毛巾擦干穿衣后，再休息30分钟左右。

（3）凡小儿、老人、病情较重者，沐浴时应注意看护，加强病情观察。

（于春光　杨桢）

第五章　针灸疗法与护理

针灸疗法源远流长，属中医传统疗法。是以中医理论为指导，运用针刺及艾灸作用于人体经络腧穴，起到疏通经络、调节脏腑功能、行气活血的作用，从而达到扶正祛邪、治疗疾病的目的。

第一节　针灸学基础理论

一、腧穴概论

腧穴是人体脏腑经络之气输注于体表的特殊部位。“腧”有输注、转输的含义；“穴”即孔、隙之意。在历史文献中有“砭灸处”、“孔穴”等不同的名称，人们常称之为穴位。既是疾病的反应点，又是针灸施治的部位。

（一）腧穴的作用

中医理论认为，腧穴是脏腑经气汇聚之所，当人体各组织脏器或经络功能失调时，可在相应的腧穴上有所反应。通过按压或针刺腧穴可以刺激经络、调动经气，促进脏腑气血运行，以提高机体抗病能力，起到预防和治疗疾病的目的。

（二）腧穴的分类

人体的腧穴大致可分为十四经穴、奇穴及阿是穴三类。

1. 十四经穴　简称“经穴”，是在十二经脉、任脉和督脉循行线上的腧穴，有固定的名称、位置和归经，能够主治本经病证，是腧穴的主要部分。

2. 奇穴　又称“经外奇穴”，有一定的名称和明确的位置，但不属于十四经范围的腧穴，对某些病证有特殊的疗效。

3. “阿是穴”　又称“不定穴”、“天应穴”及“压痛点”等，无固定的名称和位置，以压痛点明显处为针灸施治部位。

（三）腧穴的定位方法

1. 体表解剖标志定位法　又称为自然标志定位法，是以人体解剖学各种体表标志作为腧穴定位的依据。常用的方法有以下两种。

（1）固定标志：指定位标志不受活动影响者。如发际、五官轮廓、乳头、肚脐以及由骨节和肌肉形成的突起、凹陷等。如两眉之间取印堂，两乳之间取膻中等。

（2）活动标志：是指需采取相应的动作或姿势才能出现的标志。因机体皮肤、肌肉、筋腱、关节等随着活动会出现皱褶、凹陷、显露以及某些关节间隙等。如张口可于耳屏前方凹陷处取听宫，屈肘在纹头与肱骨外上髁内缘之间定曲池等。

2. 骨度分寸定位法　有些腧穴距离明显的解剖标志较远，必须在两个明显解剖标志之间，拟定出一个假定的长度，这个长度叫做“骨度”，也叫“尺度”，单位是“寸”，即“等份”。如膝中至外踝尖为16寸，取穴时根据该患者的高矮分成16等份，每一份为一寸。如取三阴交，在小腿内侧，足内踝尖上3寸处。

一般临床取穴常按治疗部位骨度的全长，用手指划分为若干等份，适用于任何年龄及体型的人。目前常用的人体各部骨度分寸列表如下：

表 5－1　各部位“骨度分寸”折量法

部位	起止点	量法	常用骨度（寸）
头部	前发际至后发际	直量	12
胸腹部	两乳头或两侧锁骨中点之间	横量	8
	胸剑联合至脐中	直量	8
	脐中至耻骨联合上缘	直量	5
背部	两肩胛骨内缘之间	横量	6
上肢	腋前横纹至肘横纹	直量	9
	肘横纹至腕横纹	直量	12
下肢	股骨大转子至膝中	直量	19
	膝中至外踝尖	直量	16
	耻骨联合上缘至股骨内上髁上缘	直量	18
	胫骨内侧髁下缘至内踝尖	直量	13

3. 指寸定位法　指寸定位法是指以患者手指所规定的分寸为标准，来定取腧穴的方法，又称“手指同身寸取穴法”。取穴时用患者本人的手指测量定穴。

（1）拇指同身寸：是以患者拇指指间关节的横度作为 1 寸。

（2）中指同身寸：是以患者的中指中节屈曲时，内侧两端纹头之间的距离作为 1 寸。

（3）横指同身寸：又称“一夫法”，是让患者将食指、中指、无名指及小指并拢，以中指中节横纹处为标准，四指横量的宽度作为 3 寸。

4. 简便定位法　临床上某些腧穴可以采用一种简便易行的方法进行定位。如两耳尖直上连线中点定百会；直立垂手时中指的尖端所指处定风市等。

临床使用时，应在掌握解剖标志及骨度分寸的基础上，根据各部位腧穴的具体情况，配合使用上述方法。

（四）临床常用腧穴的定位、主治及刺灸宜忌

表 5-2 临床常用腧穴的定位、主治及刺灸宜忌

归经	穴名	定位	主治	刺灸宜忌
手太阴肺经	尺泽	屈肘，肘横纹上，肱二头肌腱桡侧缘	咳嗽，肺热咯血，手臂拘挛疼痛	直刺 0.5～0.8 寸，可用灸法
	列缺	前臂桡侧缘，桡骨茎突上方，腕横纹上 1.5 寸。在肱桡肌与拇长展肌腱之间。或用简易取穴法，患者两手虎口自然平直交叉于食指指间所达处取列缺	咳嗽、咽喉痛、牙痛、偏正头痛，手腕无力，半身不遂	向肘尖方向平刺或斜刺 0.3～0.5 寸。临床可以用灸法
手阳明大肠经	合谷	手背第一、二掌骨间，近第二掌骨桡侧中点处。或四指并拢，拇指与食指间肌肉隆起最高处	头痛、牙痛、咽喉肿痛；面瘫、上肢不遂	直刺 0.5～1 寸，可以使用灸法
	曲池	屈肘，肘横纹外侧端与肱骨外上髁连线的中点	咽喉肿痛、牙痛，感冒、发热，上肢不遂	直刺 1～1.5 寸；可用灸法
	肩髃	在上臂三角肌上，当肩峰与肱骨大结节之间，上臂外展或平举时，肩峰前下方凹陷处	肩臂疼痛，肩周炎，上肢举动不便	直刺或向下斜刺 1～1.5 寸；临床可以用灸法
	迎香	鼻翼外侧缘中点旁，鼻唇沟中	感冒、鼻塞不通、口歪	直刺或向上斜刺 0.2～0.5 寸，不宜使用灸法；可以使用按摩法
足阳明胃经	地仓	瞳孔直下，口角旁 0.4 寸	面瘫，牙痛	斜刺或横刺 0.5～1 寸。可用灸法
	颊车	位于面颊部，在下颌角前上方约一横指，当咬紧牙齿时，咬肌隆起处	面瘫、三叉神经痛、牙痛、下颌疼痛；耳鸣、耳聋	直刺 0.5 寸或向地仓透刺 1 寸；可用灸法或指掐法
	天枢	位于腹中部，脐旁 2 寸	腹胀、腹痛、泄泻、便秘及月经不调	直刺 1～1.5 寸；可用灸法或热熨法
	足三里	在小腿外侧，外膝眼下 3 寸，胫骨前嵴外一横指处	胃痛、呕吐、腹泻、消化不良；疳积、虚劳羸瘦；下肢不遂。本穴为保健要穴，有强壮作用	直刺 1～1.5 寸；临床可用灸法或按摩法
	丰隆	位于小腿前外侧，外踝高点上 8 寸，胫骨前嵴外二横指处	咳嗽、痰多；胸痛、头痛、咽喉肿痛；下肢不遂	直刺 1～1.5 寸，本穴可以用灸法
足太阴脾经	三阴交	位于小腿内侧，足内踝高点上 3 寸，胫骨内侧缘后方	痛经，月经不调，遗精，带下；下肢不遂；失眠，高血压	直刺 1～1.5 寸，可用灸法；孕妇不宜采用针刺，以免造成流产
	阴陵泉	位于小腿内侧，胫骨内侧髁后下方凹陷处	泄泻，水肿，遗尿，小便不利，月经不调	直刺 1～1.5 寸；可灸
	血海	屈膝，在大腿内侧，髌骨内侧端上 2 寸，股四头肌内侧头的隆起处	月经不调，荨麻疹，下肢湿疹，高血压	直刺 1～1.2 寸；可灸

续表

归经	穴名	定位	主治	刺灸宜忌
手少阴心经	通里	在前臂掌侧，尺侧腕屈肌腱桡侧缘腕横纹上1寸	暴喑，头晕，心悸，腕臂疼痛	直刺0.5寸；可灸
	神门	掌腕横纹尺侧端，尺侧腕屈肌腱的桡侧凹陷处	心痛，心烦，健忘，失眠	直刺0.2～0.5寸；可用灸法
手太阳小肠经	后溪	在手掌尺侧，握拳，第5指掌关节尺侧后方横纹头赤白肉际处	头颈强痛，耳鸣，咽喉肿痛，牙痛，肩背痛，癫痫	直刺0.5～1寸；可用灸法
	肩贞	位于肩关节后下方，上臂内收时，腋后纹头上2寸	手臂麻木疼痛，举动不便，肩胛痛	直刺1～1.5寸，可用灸法和按摩法
	天宗	在肩胛部，肩胛冈下窝的中央	肩胛痛，项背痛，咳喘	直刺0.5～1寸；可用灸法
足太阳膀胱经	睛明	位于面部，目内眦上方凹陷处	目赤肿痛，视物不清，近视	直刺0.5寸，嘱咐患者闭眼，操作者左手轻轻将患者眼球推向外侧并固定，右手缓慢进针，不做手法，出针后压迫针孔。本穴不宜采用灸法
	脾俞	在背部，第11胸椎棘突下，旁开1.5寸	脾胃虚弱，腹胀，泄泻，胃痛，消化不良，背痛	向脊椎方向斜刺0.5～0.8寸，勿深刺，严防气胸。可用灸法
	肾俞	在腰部，第2腰椎棘突下，旁开1.5寸	腰痛，耳鸣，遗精，月经不调	直刺0.5～1.5寸；可用灸法
	委中	位于腘横纹中央，在股二头肌腱与半腱肌腱中间	腰痛，下肢不遂，中风昏迷	直刺1～1.5寸，或三棱针点刺腘静脉放血
	承山	位于小腿后面正中，当伸直小腿时或足跟上提时，在腓肠肌肌腹下人字沟凹隙处	腰背疼痛，小腿转筋，便秘	直刺1～1.5寸；可用灸法
足少阴肾经	涌泉	位于足底部，卷足时足前部凹陷处，在足掌心前1/3与后2/3交界处	头痛，头晕，耳鸣，昏迷，肾虚腰痛	直刺0.5～1寸；可用灸法
	太溪	在足内侧，内踝高点与跟腱之间的凹陷处	眩晕，耳鸣，失眠，遗精，腰痛，月经不调	直刺0.5～1寸；可用灸法
手厥阴心包经	间使	腕横纹上3寸，桡侧腕屈肌腱与掌长肌腱之间	心痛，心悸，胃痛，呕吐，热病，烦躁，癫痫	直刺0.5～1寸；可用灸法
	内关	位于前臂掌侧，腕横纹上2寸，桡侧腕屈肌腱与掌长肌腱之间	心痛、胃痛、呕吐；发热；半身不遂	直刺0.5～1寸；可以用灸法

续表

归经	穴名	定位	主治	刺灸宜忌
手少阳三焦经	外关	位于前臂外侧，腕背横纹上2寸，在尺骨和桡骨之间	外感风寒头痛、发热；手臂挛痛	直刺0.5～1寸；可用灸法
	肩髎	肩峰后下方，肩髃穴后1寸，上臂平举时肩后呈凹陷处	肩周炎，上肢不遂	直刺或斜刺1～1.5寸；可用灸法
	翳风	耳垂后方，下颌角与乳突之间的凹陷处	耳鸣，耳聋，头痛，齿痛，牙关紧闭，面瘫	直刺1～1.5寸；可用灸法
足少阳胆经	风池	位于项部，在枕骨粗隆与乳突之间，斜方肌上端和胸锁乳突肌之间的凹陷处	头痛、头晕、目赤肿痛；颈项强痛及外感发热	向鼻尖方向斜刺0.8～1.2寸，严格掌握针刺的角度与深度。可用灸法
	环跳	位于股外侧，嘱患者侧卧屈髋，在股骨大转子高点与骶骨裂孔联线的外1/3与内2/3的交接处	腰腿疼痛，下肢瘫痪	直刺1.5～3寸，并可用灸法
	阳陵泉	位于小腿外侧，在腓骨小头前下方的凹陷处	下肢痿痹、麻木；胁痛，遗尿	直刺1～1.5寸或透刺阴陵泉；可用灸法
足厥阴肝经	太冲	位于足背第1、2跖趾关节凹陷处	头痛、眩晕、高血压；目赤肿痛；下肢不遂	直刺0.5～1寸，可用灸法
	期门	在胸部，乳头直下，第6肋间隙，前正中线旁开4寸	胁痛，腹胀，呕吐，更年期	平刺0.5～0.8寸，勿直刺，以防刺破胸膜腔造成气胸；可用灸法
任脉	关元	位于下腹部，患者仰卧，前正中线上，脐下3寸	虚脱休克，形寒肢冷，月经不调，遗精，遗尿	直刺0.5～1寸；常用灸法
	气海	位于下腹部，患者仰卧，前正中线上，脐下1.5寸	腹胀、泄泻；遗精、遗尿、月经不调	直刺0.5～1寸，可用灸法。但孕妇慎用，以防引起流产
	神阙	位于腹中部，在脐中央	腹痛、泄泻；脱肛	禁用针刺，可用艾条灸或艾炷隔盐灸
	中脘	位于上腹部，患者仰卧，前正中线上，脐上4寸	胃痛、呕吐、腹胀、呃逆	直刺1～1.5寸；可用灸法
	膻中	位于胸部，患者仰卧，前正中线上，平第4肋间，两乳头连线的中点	哮喘、乳少、呃逆	向下或左右平刺0.5～1寸，可用灸法
	天突	在颈部，前正中线上，胸骨上窝正中	咳嗽，气喘，咽喉肿痛，暴喑，胸痛	先直刺0.2～0.3寸，然后将针尖转向下方，紧贴胸骨后壁刺0.5～1.5寸；可用灸法
督脉	命门	在腰部，后正中线上，第2腰椎棘突下凹陷处	腰痛，遗精，带下，月经不调，泄泻	直刺1～1.5寸；可用灸法
	大椎	位于后正中线上，在第7颈椎与第1胸椎棘突之间	发热、外感咳喘；头痛项强，脊背强痛	直刺或稍向上斜刺0.8～1.2寸；可用灸法或点刺放血
	风府	位于项部，在后正中线上发际直上1寸	头痛、项强；中风后遗症	直刺或向下斜刺0.5～1寸，不可深刺，以免伤及深部延髓
	百会	位于头部，在后发际上7寸；或两耳尖连线的中点处	头痛、眩晕、癫痫；失眠、健忘；泄泻、脱肛	平刺0.5～0.8寸；脱肛者可用灸法
	人中	在面部，人中沟上1/3与下2/3的交点处	昏迷，癫痫，腰脊强痛	向上斜刺0.5寸；或用指甲按掐

续表

归经	穴名	定位	主治	刺灸宜忌
常用奇穴	太阳	位于颞部，在眉梢与目外眦连线的交点向后约1寸的凹陷处	偏正头痛、面瘫、目赤肿痛	直刺0.3～0.5寸或点刺放血
	印堂	位于额部，在两眉头的中间	头痛、眩晕、鼻衄	提捏局部皮肤，平刺0.3～0.5寸，或用三棱针点刺放血
	四神聪	位于头顶部，百会穴前后左右各1寸，共4个穴位	头痛、眩晕、失眠、健忘	平刺0.2～0.3寸或用灸法
	十宣	在两手十指尖端，距指甲游离缘0.1寸处，左右手共10个穴位	高热昏迷、癔病、咽喉肿痛	浅刺0.1～0.2寸或三棱针点刺放血
	四缝	手第2、3、4、5指掌面，第1、2指关节的横纹中点	小儿疳积，小儿腹泻，手指屈挛不伸	三棱针点刺出血或挤出少许黄白色透明黏液
	八邪	微握拳，手背各指缝间，指蹼缘上0.5寸赤白肉际处，左右手共八穴	指掌关节红肿，手指麻木，半身不遂，烦热，目痛	斜刺0.5～0.8寸，或点刺出血
	膝眼	髌骨下缘，髌韧带两旁凹陷中，分别命名为内、外膝眼	膝痛、膝关节炎、下肢瘫痪	向膝中斜刺1～1.5寸，或透刺对侧膝眼；可用灸法
	八风	足背五趾趾缝间凹陷处，左右脚共八穴	足背红肿，趾痛，头痛，脚气	向上斜刺0.5～1寸或点刺放血

二、刺灸法概论

刺灸法包括各种刺法和灸法，主要讲述针刺和艾灸等传统疗法的基本理论及实施方法，是针灸临床必须掌握的知识和技能。

（一）刺灸法的定义

刺法，古代又称“砭刺”，是指使用不同的针具或其他物品通过一定的手法，刺激人体的一定部位，以调整机体功能，达到防治疾病的目的。灸法，古称“灸焫”，又称“艾灸”，是指采用艾绒为燃料，烧灼或熏熨人体一定的部位，利用药物作用和温热刺激达到治疗疾病的目的。

（二）刺灸法的作用

刺法和灸法均是利用一定的器具，通过刺激人体病变的相应部位或腧穴，起到疏通经络、调节脏腑功能、行气活血的作用，从而达到治疗疾病的目的。

三、针灸治疗概论

针灸治疗学是根据中医理论和脏腑经络学说，运用“四诊”方法收集患者资料，进行辨证，利用针刺与艾灸对腧穴的刺激，疏通经络，调整气血，使阴阳恢复平衡，最终达到防治疾病的目的。

（一）针灸治疗原则

针灸治疗原则是根据中医治疗学的基本思想，结合针灸治疗疾病的具体实践归纳为三个方面，即标本缓急、补虚泻实和三因制宜。

（二）针灸配穴原则

根据患者病情选取适当的腧穴是针灸配穴处方的主要内容之一。取穴原则主要包括近部取穴、远部取穴和随证取穴三种。近部取穴和远部取穴适用于病痛部位明显或局限者，对于难以明确其病变部位的，可采取随证取穴的原则选取适当的穴位。

第二节 毫针刺法的护理

毫针刺法是临床应用最广泛的一种针刺技术，是指操作者按照无菌技术将金属制成的毫针，运用各种手法刺入人体腧穴的一种治疗方法。

一、临床应用

由于针刺腧穴可以达到疏通经络、行气活血、扶正祛邪、调整阴阳的作用。因此，被广泛应用于临床各科，尤其对痛证疗效显著。

二、针刺前的练习和准备

（一）针刺前的练习

毫针针体细软，若没有一定的指力和熟练的手法，很难随意进针，甚至会造成弯针或断针，不仅给患者带来痛苦，而且也会影响疗效。作为初学针刺者，应首先进行手法和指力的练习。

一般情况下想要进行针刺，其手指应有一定的力度，才能将毫针刺入穴内。为了保证进针顺利，需进行指力的练习；练习前可将几张松软的纸折叠成小四方形，再用线捆扎成纸垫（或用一小块布将棉花包裹成棉团），在纸垫或棉团上进行练习。练习时，左手握住纸垫或棉团，右手拇、食、中三指如持笔状挟持针柄，使针垂直于纸垫或棉团，手指渐渐用力，待针刺透纸垫或棉团后，再换一处进行练习。直至毫针能迅速灵活刺入为佳。

（二）针刺前的准备

1. 选择针具

目前临床所使用的毫针多数由不锈钢丝制成。其构造共有五部分，即针尖、针身、针根、针柄和针尾。使用时，应根据待刺穴位深浅选择长短、粗细适宜的毫针，针尖应圆而不钝，不宜过于锐利，亦不可有钩曲。针身宜坚韧而富有弹性，上下匀称，光滑挺直，无弯曲、锈痕及剥脱。针根连接须牢固，无松动和生锈腐蚀现象。针柄长短适中，金属丝缠绕紧密均匀，如有异常，应弃之不用。

如家庭使用或使用数量不多时，最好选用一次性的毫针，以防止交叉感染。用过的针具经高压蒸汽灭菌处理或放入利器盒内，集中销毁。

2. 选择体位

针刺时协助患者选择正确的体位。以操作者能正确取穴，操作方便，患者舒适，便于留针为原则。临床针刺常用的体位有以下几种：

（1）仰卧位：适用于前身部的腧穴。如取头面、胸、腹部的腧穴及四肢的部分腧穴，对初次针刺、精神紧张、体虚病重者尤为适宜。

（2）俯卧位：适用于后身部的腧穴。如取头、项、背、腰、臀部及下肢后面的腧穴。

（3）侧卧位：适用于侧身部的腧穴。如取身体侧面的腧穴和上下肢部分腧穴。

（4）仰靠坐位：适用于头面部、颈前部、胸部、肩部以及上肢部位的腧穴。

3. 消毒

（1）针具消毒：临床多用高压蒸气灭菌。操作时应做到一穴一针，有条件者，可采用一次性无菌毫针。

（2）操作者手指消毒：用肥皂水洗净双手，再用75%酒精棉球擦拭。操作时尽量避免手指接触针身，需要接触时可用无菌干棉球或无菌纱布作间隔物，以保持针身无菌，防止针刺局部感染。

（3）腧穴部位消毒：腧穴部位可用安尔碘或75%酒精棉球由中心向周围擦拭消毒。穴位皮肤消毒后，应防止污染。

三、针刺方法

（一）进针方法

进针法是指操作者将针刺入皮下的操作方法。临床一般以右手持针，主要以右手拇、食、中三指挟持针柄，拇指指腹与食指、中指相对，如持毛笔一样，故称右手为“刺手”。左手按压所刺部位或辅助针身协助操作，故称“押手”。两手需紧密配合，共同操作。临床进针法主要包括单手进针法和双手进针法。

1. 单手进针法　是指只用右手拇、食指捏住针体，中指紧靠针尖与表皮，对准腧穴快速刺入穴位的方法，仅适用于1.5寸以内的短针。

2. 双手进针法　常用方法有以下四种：

（1）指切进针法：用左手拇指或食指端切按在腧穴旁边，右手持针，紧贴左手指甲面快速刺入腧穴内，此法适用于短针的进针。

（2）挟持进针法：用左手拇、食两指持捏消毒干棉球，夹住针身下端，将针尖固定在所刺腧穴的皮肤表面，使针体保持垂直，右手握持针柄，两手同时用力将针刺入。此法适用于长针的进针，如环跳穴。

（3）提捏进针法：用左手拇、食两指将针刺部位的皮肤捏起，右手持针，从捏起的皮肤上端迅速刺入。此法适用于皮肉浅薄部位腧穴的进针，如印堂穴等。

（4）舒张进针法：左手拇、食两指将针刺腧穴部位的皮肤向两侧撑开，使之绷紧（如肌肉注射法），右手持针快速刺入。此法用于皮肤松弛或皱褶较多的部位，如腹部穴位。

3. 针管进针法　目前临床有用塑料、玻璃或不锈钢材料等制成套管，针管一般较毫针短5mm，穿刺时将毫针装入针管中，使针不弯曲，待针刺入穴位后，将针管退出。临床使用既方便，又避免污染毫针。

（二）进针的角度与深度

1. 进针的角度　是指进针时针身与皮肤表面所构成的夹角。包括以下三种：

（1）直刺：针身与皮肤呈90°角垂直刺入。适用于人体肌肉丰厚和距离实体性器官较远的部位，如四肢、腹部、腰部的腧穴。

（2）斜刺：针身与皮肤表面呈45°角倾斜刺入。适用于接近重要脏器和骨骼边缘部位的穴位，如胸、背部的穴位。

（3）平刺：又称沿皮刺或横刺，即针身与皮肤表面大约呈15°角左右横向刺入。适用于皮薄肉少的部位，如头面部腧穴。

2. 针刺的深度　是指针身刺入体内深浅的程度。一般根据腧穴所在部位、患者体质和年龄来决定进针的深度，以既有针感又不损伤内脏器官为原则。如头面及背部宜浅刺，腹部、臀部及四肢宜深刺；年老体弱及小儿宜浅刺，年轻体壮者宜深刺；瘦小者宜浅刺，肥胖者可深刺等。

四、刺激强度与留针时间

（一）行针与得气

1. 行针　又称“运针”，是指进针后为了寻求或加强针感而采取的各种操作手法。包括基本手法和辅助手法两类。

（1）基本手法：是针刺过程中普遍使用的手法，包括提插法和捻转法两种。①提插法，针刺达到一定深度后，用右手拇、食、中指持针身，用无名指抵住穴位表面，将针上下反复提插，以增加刺激量。②捻转法，进针后，右手拇指与食、中指握持针柄并将针身一前一后来回捻动，以增加刺激量。在具体操作过程中，应根据患者的体质、腧穴的部位、病情的轻重，决定提插捻转幅度的大小、频率的快慢以及操作时间的长短等。

（2）辅助手法：为了增加针刺的作用和治疗效果，临床亦采用一些其他辅助方法。如①刮柄法，以左手拇、食两指挟持针身，右手拇指从上面抵住针尾，用食指指甲由下而上地刮动针柄。②弹柄法，以手指轻弹针柄，使针身震动。③震颤法，以拇、食、中三指挟持针柄，以小幅度、高频率作提插捻转运动，使针身发生轻微震颤。

2. 得气　又称“针感”，是指针刺入腧穴，在到达一定深度后，所产生的酸、麻、胀、重的感觉，并可沿经络循行方向传导，操作者手下亦有沉、紧、涩、重的感觉。

（二）针刺补泻

针刺补泻是指通过针刺腧穴，采取一定的手法激发人体正气、祛除病邪，调节脏腑经络功能，促使阴阳平衡而恢复健康。

1. 补法　泛指能鼓舞人体正气，使低下的功能恢复旺盛的方法。操作时可采取进针慢而浅，提插轻，捻转幅度小，留针后不捻转，出针后多按揉针孔等手法。一般适用于虚证患者及重要脏器的部位。

2. 泻法　泛指能疏泄病邪，使亢进的功能恢复正常的方法。具体操作要求进针快且深，提插重，捻转幅度大，频率快，留针期间多次捻转，出针时不按揉针孔。一般适用于实证患者。

3. 平补平泻法　指补泻力度适中。要求进针深浅、刺激强度适中，得气后中等幅度提插捻转。适用于一般病证患者。

（三）留针与出针

1. 留针　进针得气后将针留置于穴内一定的时间，称为留针。目的是加强针刺的作用和便于继续施行手法。一般病证可留针 10～20 分钟；对一些慢性、顽固性、疼痛性或痉挛性等疾病，可延长留针时间，甚至长达数小时，如痛经、三叉神经痛等。

2. 出针　待留针达到一定时间后，先以左手持无菌干棉球压住针孔一侧皮肤，右手持针轻微捻转，将针提至皮下，迅速拔出，同时用干棉球揉按针孔片刻，以防出血。最后清点针数，防止遗漏。

五、针刺意外的处理与预防

（一）晕针

晕针是针刺治疗过程中最常见的意外反应。应及时发现，妥善处理。

1. 临床表现　针刺过程中，患者突然出现头晕目眩、面色苍白、胸闷心慌、恶心，甚则四肢厥冷、出冷汗、脉搏微弱或神志昏迷、血压下降等现象。

2. 发生原因

（1）第一次接受针刺治疗，精神高度紧张。

（2）患者体质虚弱或疲劳、饥饿，大汗、泄泻及大出血之后。

（3）患者体位安置不当或操作时手法过重。

3. 处理措施

（1）应立即停止针刺，将针全部起出，让患者平卧，注意保暖。

（2）清醒者给喝一杯温开水或糖水。轻者休息片刻即可恢复正常，重者在上述处理后，可刺人中、内关、足三里，灸百会、关元、气海等穴。

（3）仍不苏醒者，应配合医师进行抢救。

4. 预防方法

（1）对于初次接受治疗、精神紧张的患者，要做好解释，消除其顾虑。在针刺过程中手法宜轻，刺激量宜小。

（2）饥饿、疲劳和大汗后的患者，应先进食、饮水、休息后再行针刺。

（3）针刺和留针过程中，要随时观察患者的神色，有头晕心慌时，立即停止操作或起针，让患者平卧休息。

（二）滞针

在行针时，操作者感觉针下涩滞，捻转、提插、出针均感困难，且患者感觉疼痛剧烈时，称为滞针。

1. 临床表现　针刺入腧穴后，提插捻转涩滞、困难，甚则既不能提插捻转，也不能将针拔出，且局部疼痛。

2. 发生原因

（1）患者精神紧张，进针后局部肌肉痉挛、强烈收缩，使针不能拔出。

（2）行针手法不当，捻转时向单一方向捻转太过，使肌纤维缠绕针身所致。

（3）留针时间太长，局部肌肉痉挛发生滞针。

3. 处理措施

（1）由于精神紧张和留针时间过长引起的滞针，应消除患者的思想顾虑，嘱患者放松，同时轻轻按摩腧穴四周；或弹动针柄；或在腧穴附近再刺一针，以缓解痉挛。

（2）因行针不当或单向捻针而导致的滞针，向相反方向将针捻回，即可消除滞针。

4. 预防方法

（1）对精神紧张的患者，应先做好解释，解除其顾虑。

（2）操作方法要正确，防止针身缠绕肌肉纤维。

（三）弯针

针刺过程中，针身在体内形成弯曲，称为弯针。

1. 临床表现　针柄改变了进针时或留针时的角度和方向，患者感到局部疼痛，同时伴有提插、捻转、出针困难等。

2. 发生原因

(1) 操作者进针时用力过猛、过快，或选穴不准，针尖碰到坚硬组织。

(2) 留针过程中患者移动体位或受到意外碰撞、压迫。

(3) 滞针时处理不当。

3. 处理措施

(1) 出现弯针后，避免再继续施行提插、捻转等手法。注意顺着弯曲方向将针起出。

(2) 患者因移动体位而引起者，应协助其慢慢恢复原来体位，待局部肌肉放松后，再将针缓缓起出，切忌强行拔针，以免造成断针。

4. 预防方法

(1) 操作者用力要适宜，技术要熟练，避免进针过快、过猛。

(2) 针刺前要选择舒适的体位，留针过程中嘱咐患者不要随意更换体位。

(3) 避免碰压针刺部位或针柄。如冬天需要保暖时，可用支架支起衣被。

(四) 断针

又称"折针"，是指针体在患者体内折断的现象。

1. 临床表现　针身折断，部分针体浮露于皮肤之外或全部没于表皮之下，不能取出，甚至可随肌肉活动移动位置。

2. 发生原因

(1) 毫针质量差，针身或针根有断裂剥蚀，针刺前未检出。

(2) 针刺时针身全部刺入腧穴；或行针时用力过猛使肌肉强烈收缩。

(3) 留针时患者随意改变体位或外物碰压所致。

(4) 出现弯针、滞针时，处理不当，由于强行抽拔引起。

3. 处理措施

(1) 发现断针时操作者要保持冷静，嘱咐患者不要移动体位，以防针身继续下陷或移动位置，导致取针困难。

(2) 如断端尚有部分外露，可用镊子或止血钳夹住外露部分取出。如断端与皮肤相平，可轻轻下压断针周围组织，使断端暴露体外，再用镊子取出。如断端完全陷入皮下或肌肉深层，应在X线下定位，手术取出。

4. 预防方法

(1) 检查针具时要认真，质量差的针应丢弃，拒绝使用。

(2) 留针期间嘱咐患者尽量不要移动体位。

(3) 操作时不可将针身全部刺入体内，行针时用力不可过猛。

(4) 发生滞针、弯针时，要正确对待，认真处理，以防引起断针。

(五) 血肿

是指出针后针刺部位皮下出现青紫或伴有肿胀疼痛的现象，称为血肿。

1. 临床表现　起针后，针刺局部出现肿胀、疼痛，随即皮肤呈现青紫色。

2. 发生原因

(1) 针刺时，刺中血管引起。

(2) 针尖弯曲有钩，使皮下组织受到损伤。

3. 处理措施

（1）出针后用干棉球压迫针孔处片刻，尤其是头面部血管比较丰富的穴位。

（2）如皮下出血较少，青紫面积小者，可不必处理，任其自行消退。如青紫面积较大，局部疼痛肿胀剧烈者，24 小时内可做冷敷止血；24 小时后再做热敷或轻轻按揉，以助局部瘀血消散吸收。

4. 预防方法

（1）仔细检查针具，若有生锈和带钩的针，切勿使用。

（2）熟悉人体解剖部位，避开血管针刺。

（3）出针时用无菌干棉球按压片刻。

六、针刺注意事项

1. 患者在饥饿、疲劳、汗出过多及大出血后不宜针刺。

2. 针刺前，告知患者可能会出现疼痛、晕针、血肿等情况；对精神紧张患者做好解释工作，以解除其顾虑。

3. 为患者安排舒适的体位，尽量采取卧位，避免在留针期间变换体位。

4. 不宜将针身全部刺入皮内，以防断针。

5. 留针期间注意保暖，如需要盖被，应用支架支起被子，以防压弯针柄。

6. 患者的胸、背部不宜直刺或深刺，以免损伤心肺。小儿囟门未闭合者，头部腧穴不宜针刺。局部皮肤有感染、溃疡、瘢痕、肿瘤者不宜针刺；有出血倾向及高度水肿者不宜针刺。

7. 严格执行无菌操作，一个穴位使用一支无菌毫针，以防交叉感染。

8. 针刺过程中，应密切观察患者的反应，出现问题及时处理。

第三节　电针和穴位注射的护理

一、电针法

电针是在针刺得气后，在针上通以接近人体生物电的微量电流，利用针和电两种刺激相结合，以防治疾病的一种方法。其优点是能代替人做长时间的持续运针，节省人力，控制刺激量。

（一）适应证

电针的适应证基本同毫针刺法，临床常用于治疗各种痛证、痹证；心、胃、肠、膀胱、子宫等器官的功能失调；癫狂和肌肉、韧带、关节的损伤性疾病及针刺麻醉等。

（二）用物准备

治疗盘：电针仪、毫针盒、无菌持物镊、棉签、棉球、皮肤消毒液、弯盘、浴巾、屏风。

（三）操作方法

核对医嘱，选好穴位，消毒皮肤，按毫针刺法进针 → 得气后，将电针仪输出电位器调至“0”，再将电针仪的两根导线分别连接在两根针柄上。打开电源开关，选择适当波型，慢慢调至所需电流量（有酸麻感，局部肌肉抽动）→ 通电时间一般为 5～20 分钟 → 需强刺激时，应由小到大调节电流量，切勿突然增强 →电针完毕，将电位器拨至“0”位，关闭电源，拆除输出导线，将针慢慢提至皮下，迅速拔出，用无菌干棉球按压针孔片刻 → 协助患者穿衣，取舒适卧位，整理用物。

（四）注意事项

1. 体质虚弱、精神紧张者，刺激量不宜过大，以防晕针。

2. 毫针的针柄经温针火烧以后，表面氧化不导电，不宜使用。

3. 心脏病患者，应避免电流回路通过心脏；颈项、脊柱两侧使用电针时，电流输出量宜小，以免发生意外。孕妇慎用电针。

二、穴位注射

穴位注射是将水剂药物注入穴位，用以防治疾病的一种方法，将针刺和药物结合起来，利用穴位的刺激作用和药物的药理作用，发挥综合效能，达到治疗疾病的目的。

（一）适应证

适应范围很广，临床常用于关节痛、胃痛、高热、小儿麻痹后遗症、慢性鼻炎、斑秃等。

（二）用物准备

治疗盘：遵医嘱备药、注射器（套）、皮肤消毒液、无菌棉签和棉球。

（三）常用药物和剂量

1. 常用药物　凡肌内注射用的药物，均可供穴位注射用。常用的注射液有：复方丹参、川芎、柴胡、维生素 B_1、维生素 C、0.25%～2%盐酸普鲁卡因等。

2. 注射剂量　一般以穴位部位来分，四肢部：1～2ml，胸背部：0.5～1ml，腰臀部：2～5ml。

3. 疗程　急症患者 1～2 次/日，慢性病一般每日或隔日一次，6～10 次为一个疗程。反应强烈者，可隔 2～3 日一次，穴位可左右交替使用。每个疗程间可休息 3～5 日。

（四）操作方法

根据给药原则核对药物，确定注射穴位，常规消毒局部皮肤 → 左手绷紧皮肤，右手持注射器，针尖对准穴位迅速刺入皮下，然后将针缓慢推进，达一定深度后产生得气感应，如无回血，推注药物 → 后同肌内注射进行处理。

（五）注意事项

1. 严格无菌操作，防止感染。

2. 执行给药原则，副作用大或刺激性较强的药物不宜做穴位注射。

3. 选穴要准确、深浅要适宜，药液不可注入血管、关节腔、脊髓腔，以免造成不良后果。

4. 孕妇尽量不使用水针；年老体弱者选穴宜少，药液剂量应酌减。

5. 选穴宜少而精，一般以 2～4 穴为宜，选择肌肉丰满的穴位或阿是穴，腧穴应交替轮换，一穴不宜连续使用。

第四节 皮肤针法和刺络法的护理

一、皮肤针法

皮肤针即“梅花针”，又称“七星针”。是用5～7枚不锈钢针排列成梅花或七星形状固定在针杆头端而成。通过叩刺局部皮肤或特定腧穴，调节脏腑经络功能，达到治疗与预防疾病的目的。

（一）适应证

临床多用于治疗和缓解头痛、胁痛、腰痛、背痛、肋间神经痛、痛经；高血压、失眠、近视、小儿痿证、斑秃以及皮肤病等。

（二）用物准备

治疗盘：消毒皮肤针、75％酒精棉球、无菌干棉球、无菌持物镊及罐、清洁弯盘。

（三）操作方法

1. 持针方法　以右手拇指、中指、无名指握住针柄，食指伸直按住针柄中段。

2. 叩刺方法　针头对准皮肤叩击，运用腕部的弹力，使针尖叩刺皮肤后，立即弹起，如此反复叩击。叩击时针尖与皮肤必须垂直，弹刺要准确，强度要均匀，可根据病情选择不同的刺激部位和刺激强度。

3. 叩刺部位

（1）循经叩刺：是指循着经脉进行叩刺的方法，常用于项背腰骶部的督脉和足太阳膀胱经，可治疗各相应脏腑经络的疾病。

（2）穴位叩刺：是指在穴位上进行叩刺的一种方法，主要是根据穴位的主治作用，选择适当的穴位予以叩刺，临床常用的是各种特定穴、华佗夹脊穴、阿是穴等。

（3）局部叩刺：是指在患部进行叩刺的一种方法，如扭伤后局部的瘀肿疼痛、顽癣等，可在局部进行围刺或散刺。

4. 刺激强度与疗程

（1）轻刺：用力较小，皮肤仅见潮红、充血为度。适用于头面部、虚证及久病者。

（2）中刺：介于轻刺与重刺之间，以局部有较明显潮红，但不出血为度，适用于一般部位及一般患者。

（3）重刺：用力较大，以皮肤有明显潮红，并有微出血为度。适用于压痛点、背部、臀部、大腿等肌肉丰厚部位和年轻体壮者及病属实证、新病者。

（四）注意事项

1. 皮肤针应严格消毒或使用一次性皮肤针，局部皮肤在叩刺前后都应用75％酒精消毒。

2. 叩刺时针尖应垂直向下，避免斜、钩、挑，防止钩、挑破皮肤。

3. 破溃、瘢痕处禁止叩刺；有出血时应用75％酒精消毒、无菌纱布包扎止血。

二、刺络法（放血法）

刺络法又称放血疗法，是用三棱针、粗毫针或小尖刀等刺破络脉（浅表静脉），放出少量血液，使内蕴热毒随血外泄，达到治疗目的的一种方法。具有清热解毒、消肿止痛、祛风止痒、开窍泄热、通经活络、镇吐止泻等作用。

（一）适应范围

常用于治疗高热、中暑、急性咽喉肿痛、目赤红肿、头痛；昏厥、中风闭证；顽癣、疖肿、丹毒等。

（二）用物准备

治疗盘：无菌三棱针或小尖刀、2%碘酒、75%酒精或碘伏、无菌棉签和棉球。

（三）操作方法

在腧穴部位迅速点刺出血为点刺法。常用点刺穴位有：

1. 十宣穴点刺放血　开窍醒神，用于中暑、昏厥、中风闭证。

2. 太阳穴点刺放血　用于目赤红肿、头痛。

3. 曲池、大椎穴点刺放血　用于高热不退。

4. 委中穴点刺放血　可活血散瘀，临床多用于瘀血腰痛。

操作时先在腧穴部位上下推按，使血液聚集于穴位局部 → 常规消毒皮肤 →手持三棱针或圆利针（粗毫针）对准穴位迅速刺入 0.3cm 左右 → 立即出针 → 轻轻挤压针孔周围，使其出血数滴 → 干棉球按压针孔止血。

（四）注意事项

1. 操作前做好解释工作，取得配合，患者宜采取卧位。

2. 要掌握好分寸，点刺时，快而浅，出血数滴即可；小尖刀刺络时，创口要小，防止大量出血和损伤组织。

3. 严格执行无菌操作，放血后局部不宜沾水或污物，以防感染。

4. 有出血性疾病的人禁用；年老体弱、孕妇、贫血者慎用。

5. 每日或隔日放血一次，3～5 次为一个疗程，急症可每日两次。

第五节　灸法、拔罐与刮痧疗法的护理

一、灸法

灸法是用艾绒为原料做成艾柱或艾条，借助灸火的热力和药物的作用，通过经络腧穴的传导作用，达到温经通络、行气活血、散寒祛湿、回阳救逆及预防保健等作用。

（一）适应证

适用于慢性虚弱性疾病以及风寒湿邪为患的病证。如风湿疼痛、肢体麻木、腹痛、呕吐、泄泻、脱肛、阳痿、遗尿等；常灸足三里、气海、关元、大椎等。

（二）禁忌证

1. 实证、热证、阴虚发热患者禁灸。

2. 颜面部、大血管和黏膜附近不宜施灸。

3. 孕妇腹部及腰骶部禁灸。

（三）用物准备

治疗盘内：艾条或艾炷、火柴、凡士林、弯盘、纱布。

（四）操作方法

临床常用的灸法有艾炷灸、艾条灸和温针灸三种。

1. 艾炷灸　施灸时，将艾炷置于所选穴位上，点燃尖顶部，每燃烧完一个艾炷，称为

一壮。施灸时，根据艾炷与皮肤之间是否放置间隔物，分为直接灸和间接灸。

（1）直接灸：又称为“着肤灸”和“明灸”。即直接将艾炷放在所选部位的皮肤上进行施灸的方法。临床常用于治疗风寒痹痛以及虚寒性的腹痛、泄泻和痛经等。治疗时在所选部位的皮肤上涂少量凡士林，再放置艾炷点燃，当艾炷燃剩 2/5，患者感觉疼痛时，用镊子将燃剩的艾炷取走，置于污物盘内，换一炷再灸。一般连续灸 3～7 壮，以患者局部皮肤红润、充血，但以不起泡为度。

（2）间接灸：又称隔物灸、间隔灸，也就是在艾炷与施灸部位的皮肤之间，隔垫上某种物品而施灸的一种方法。一般常用的有隔姜灸、隔蒜灸、隔盐灸和隔附子饼灸等。

1）隔姜灸，是以生姜为间隔物而进行施灸的一种方法。临床常用于治疗虚寒性的病证，如腹痛、泄泻、呕吐及痛经等。将生姜切成直径为 2～3cm，厚 2～3mm 的姜片，姜片中间用针刺上一些孔。在所选部位的皮肤上涂少许凡士林，放上姜片，再将艾炷置于姜片上，点燃施灸。待艾炷燃尽后，除去灰烬，换一炷再灸；一般灸 5～10 壮，直至局部皮肤红润，但以不起泡为佳。

2）隔蒜灸，是以间隔生蒜片而施灸的一种治疗方法。临床主要用于治疗阳虚型肺痨及疮疡初期等病证。具体方法同隔姜灸。

3）隔盐灸，是指以盐为间隔物而施灸的一种治疗方法。常用于急性寒性腹痛、吐泻、痢疾以及中风脱证。一般多选用神阙穴，用精盐把肚脐填平，在盐上放一中间刺数孔的姜片，以防食盐受热爆起而引起烫伤，再将艾炷置于姜片之上，点燃施灸。燃尽后，易炷再灸，壮数不拘，直至病情缓解。

4）隔附子饼灸，是以附子片或附子药饼为间隔物而施灸的一种治疗方法。常用于治疗因命门火衰引起的阳痿、早泄、疮疡久溃不愈等证。将附子片或附子饼（将附子研成细末，用黄酒调和，制成直径为 3cm，厚约 8mm 的附子饼，中间用粗针刺数孔）置于施灸部位上，点燃施灸，一般 5～7 壮。

2. 艾条灸　按照其操作手法的不同，可分为温和灸、雀啄灸和回旋灸三种。三种方法可单独使用，亦可混合使用。

（1）温和灸：将艾条点燃一端，一手持艾条与施灸部位皮肤保持 2～3cm 的距离进行熏灸，使患者只觉温热而无灼痛感为佳。一般每个部位灸 5～15 分钟，直至皮肤红润为度。

（2）雀啄灸：将艾条点燃一端，一手持艾条与施灸部位皮肤保持 2～5cm 距离，像鸟雀啄食样一上一下不停移动，进行反复熏灸，一般灸 5 分钟左右。此法温热感较强烈。

（3）回旋灸：点燃艾条，在距离施灸部位皮肤约 3cm 处，回旋移动，进行反复熏灸，一般可灸 20～30 分钟。

3. 温针灸　温针灸是毫针刺法与灸法相结合的一种治疗方法。按毫针刺法进行针刺，得气后将事先准备好的艾条（将艾条剪成 3～5cm 左右）插在针柄上，或用艾绒捏在针柄上点燃，直到燃尽为止。热力可通过针身传入体内，以增强针刺效果。常用于治疗风湿、风寒痹痛等证。一般可连续灸 2～5 壮。

（五）注意事项

1. 操作前应向患者解释具体方法，征得患者同意。并协助患者摆好体位，避免患者疲劳时移动体位，造成烫伤。

2. 及时除去灰烬，防止烫伤皮肤。

3. 施灸过程中，随时询问患者有无灼痛感，对老年人、婴幼儿及感觉障碍的患者，操作者可用自己的手来测知温度，以便及时调整距离，防止烫伤。

4. 施灸后如局部皮肤出现红、灼热感，属正常现象，无需处理。如灸后局部起泡，小者可自行吸收，较大的水泡可用无菌注射器抽出液体，再涂以龙胆紫，用无菌纱布覆盖，防止感染。

二、拔罐法

拔罐法是指以罐为工具，借助燃烧热力，排除罐内空气，使之形成负压，将罐吸附于施治部位的体表或腧穴上，致使罐内皮肤充血、瘀血的一种治疗方法。又称"吸筒法"，因古时多用牛角作为拔罐工具，故又称"角法"。

（一）适应证

因拔罐法具有温通经络、祛风散寒、消肿止痛、吸毒排脓等功效，故临床常用于治疗外感风寒之头痛，风寒湿痹导致的关节疼痛、腰背酸痛，虚寒性咳喘，毒蛇咬伤之排脓以及疮疡将溃或已溃脓毒不泄的外科病证等。

（二）禁忌证

1. 骨骼凹凸不平、毛发较多部位不宜拔罐。

2. 局部皮肤有溃疡、水肿以及有大血管分布处不宜拔罐。

3. 孕妇腹部和腰骶部不宜拔罐。

4. 高热抽搐及凝血机制障碍患者不宜拔罐。

（三）拔罐方法

临床常用的拔罐方法有：拔火罐法、拔水罐法及负压吸引罐等。

1. 拔火罐法

（1）用物准备：治疗盘内备玻璃罐（根据所拔部位，选择大、中、小罐）、95%酒精棉球或纸片、火柴或打火机、止血钳、弯盘，如为走罐，则需另备凡士林或按摩乳。

（2）点火方法：

①闪火法，一手持大小适宜的罐，另一手用止血钳夹住95%的酒精棉球，点燃后尽快伸入罐内，在罐壁中段绕1～2圈后立即退出，同时迅速将罐扣在所拔部位皮肤上，将火吹灭。此种点火方法比较安全，也是临床较为常用的方法。需注意的是点燃的酒精棉球应尽快伸入罐内中部，不要在罐口停留，以免将罐口烧热，引起烫伤。

②投火法，将纸片或酒精棉球点燃后投入罐内，迅速将罐扣在需拔部位上，此种点火方法吸附力较强，但因罐内有燃烧物，易烫伤皮肤，所以只适用于侧身横拔。

③贴棉法，将酒精棉球摊开成棉片，贴在罐内壁中部，点燃后迅速扣在需拔部位上。应注意酒精棉片要在罐内壁中部突出部分贴紧，防止脱落致烫伤。

（3）操作方法：根据病情，取合理舒适体位，暴露拔罐部位 → 选择罐具，检查罐口边缘是否光滑 → 点火，将罐吸附于局部皮肤上，留罐10分钟 → 起罐 → 擦去污渍，协助患者穿衣，取舒适体位 → 整理用物，洗手、记录。

2. 拔水（药）罐法　又称煮罐法，可以用水，亦可以用中药汤剂，一般多使用竹罐进行拔罐。

（1）用物准备：电炉（或电磁炉）、有水的煮锅、竹罐数个、长镊子一把、湿冷毛巾、用布袋包好的中药（药物可根据病情而定，一般由医生开具）。

（2）操作方法：煮锅内加水（或加水后再放入中药包）→ 水开后将备好的竹罐均投入

锅内煮 5～10 分钟 → 解释，取合理舒适体位 → 用长镊子夹住罐底，使罐口朝下，夹出后甩去罐内余水 → 立即用湿冷毛巾紧扪罐口，以降低罐口温度 → 迅速将罐扣在应拔部位上，留罐 10～20 分钟，同时可拔数罐。

3. 穴位负压吸引拔罐法

(1) 用物准备：负压吸引罐一套。

(2) 操作方法：根据病变部位取合理体位 → 选准穴位后，将罐口按附在局部皮肤上 → 连续抽气，待吸牢后留置 20～30 分钟。

(四) 临床应用

临床拔罐时，应根据不同情况采取适宜的拔罐方法。

1. 留罐　留罐又称坐罐，是指待罐拔住后，将罐留置 10～15 分钟，此法较为常用，一般疾病均可使用，可单罐留罐，亦可多罐同时留罐。

2. 走罐　走罐又称推罐，是指将罐拔住后，在施治部位将罐进行前后左右的移动。这种方法可以用于治疗病变面积较大的部位，如脊背、腰臀部以及大腿等部位的麻木、风湿痹痛等证。拔罐前，在所拔部位的皮肤上或罐口涂一层按摩乳或凡士林油。将罐拔住后，用手握住罐体，进行上下或左右往返推移，直至所拔部位皮肤出现红润、充血或瘀血时，将罐起下。

3. 闪罐　闪罐是指将罐拔住后立即起下，反复多次地拔住、起下，直至皮肤潮红、充血或瘀血为止。多适用于局部麻木、疼痛等证。

另外，临床还有将针刺与拔罐相结合使用，可以起到双重疗效。留针拔罐即是在针刺得气留针时，以针为中心，将罐拔上，留针与罐 10～15 分钟，将罐与针同时起出。

(五) 注意事项

1. 拔罐时要选择肌肉丰厚的部位和合理舒适的体位。

2. 冬季注意保暖，留罐时盖好衣被。

3. 根据所拔部位选择大小适宜的罐，注意检查罐口是否平滑、无裂纹。

4. 拔火罐或水罐时要避免烧伤或烫伤皮肤。若烫伤或留罐后皮肤出现小的水泡，可外敷无菌纱布加以保护，防止擦破感染；水泡较大时应经消毒后用无菌注射器将渗液抽出，再用无菌纱布外敷以防感染。

三、刮痧法

刮痧法是指用边缘钝滑的器具，在人体一定部位的皮肤上反复刮动，使局部出现痧瘢或痧痕，使脏腑秽浊之气经肌肤通达于外，从而使周身气血得以畅通，达到治疗目的的一种方法。

(一) 适应证

适用于感冒、发热、中暑、头痛、肠胃病等。

(二) 禁忌证

1. 过于消瘦者；有严重心脑血管疾病、肝肾功能不全、全身浮肿者。

2. 局部皮肤有病变者；有出血倾向者，如白血病、再生障碍性贫血和血小板减少患者。

3. 孕妇腹部；小儿囟门未合，头部禁刮。

(三) 用物准备

治疗盘中备刮痧板、小药杯、润滑剂（刮痧油、植物油或清水）、纱布、弯盘。必要时备浴巾、屏风等物。

（四）常用部位

眉心、太阳穴；颈部喉头左右两侧和项部；两肩部、背脊部；胸部沿肋间隙方向及胸骨中线；上臂肘内侧和下肢委中穴上下，大腿内侧等。

（五）操作方法

选择便于操作和舒适体位 → 操作者手持刮痧板蘸润滑剂，在所选定的部位，使刮痧板与皮肤呈 45°角，从上至下、由内向外，朝单一方向刮动，用力的轻重以患者能耐受为度→直至皮下呈现红色或紫红色为度，一般每一个部位刮 20 次左右 → 刮背部时，应在脊柱两侧沿肋间隙呈弧线状对称地刮，每次刮 8～10 条，每条长 6～15cm → 刮痧毕，为患者擦净润滑剂，让患者饮 1 杯温开水或淡糖盐水。

（六）注意事项

1. 刮痧前告知患者正常出痧情况、消退时间及注意事项等。

2. 治疗时应注意室内温湿度适宜，夏季应避免风扇直接吹向刮拭部位。

3. 刮痧时用力应均匀，力度适中。对不出痧或出痧少的部位不可强求出痧，禁用暴力。

4. 刮痧过程中应注意观察患者面色表情、局部皮肤颜色的变化、脉象、汗出等情况。一旦患者出现头晕、面色苍白、心慌、出冷汗、四肢发冷等，按休克处理。

5. 刮痧后嘱患者 30 分钟内忌洗凉水澡；饮食上应禁食生冷、油腻之品。

6. 刮痧间隔时间一般为 3～6 天，或以痧痕消退为准，3～5 次为一个疗程。

7. 使用过的刮具，应清洁消毒处理后备用。牛角刮痧板禁用水泡以防止变形。

（李艳琳）

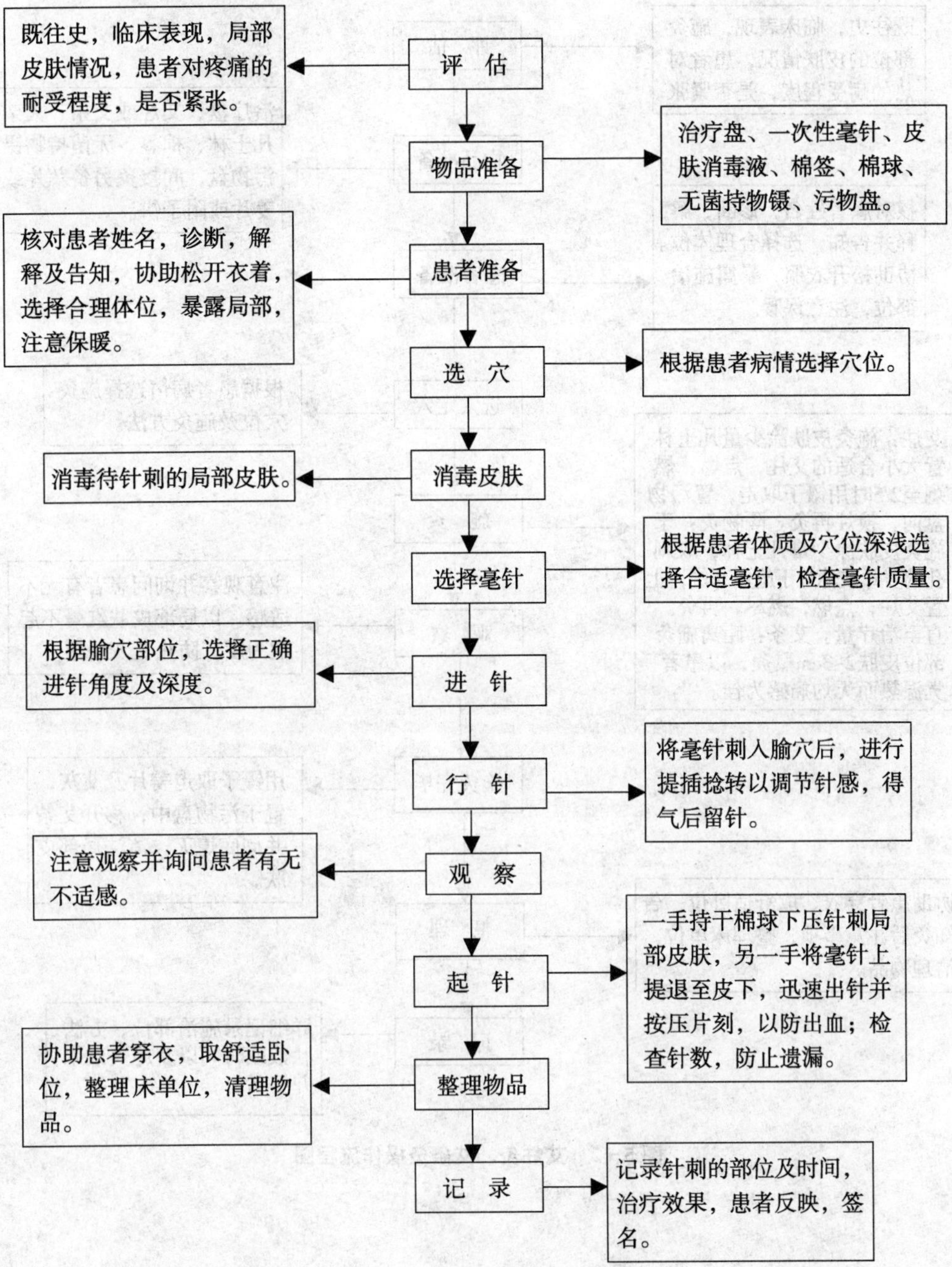

图 5-1　毫针刺法操作流程图

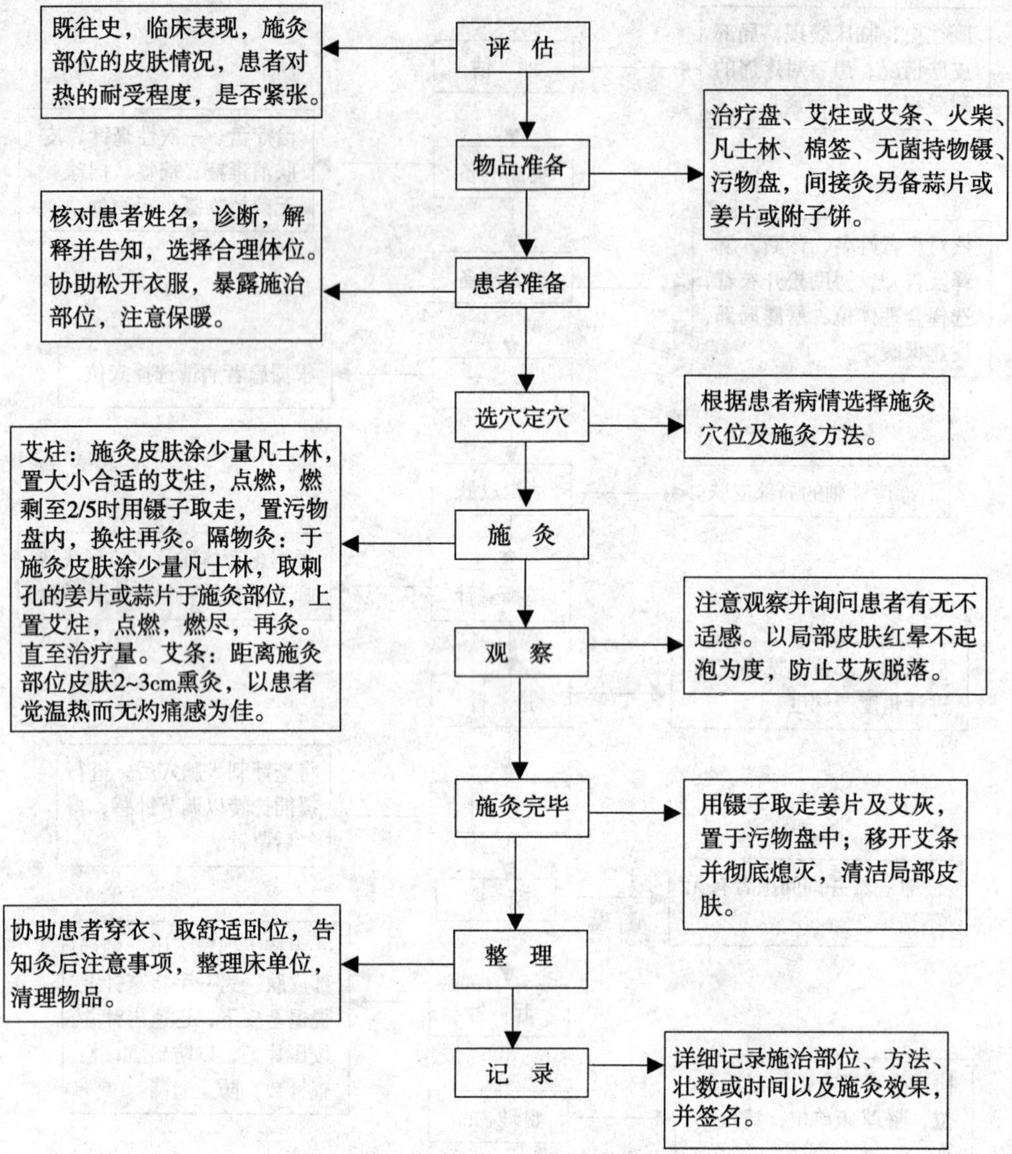

图 5-2　艾炷灸、艾条灸操作流程图

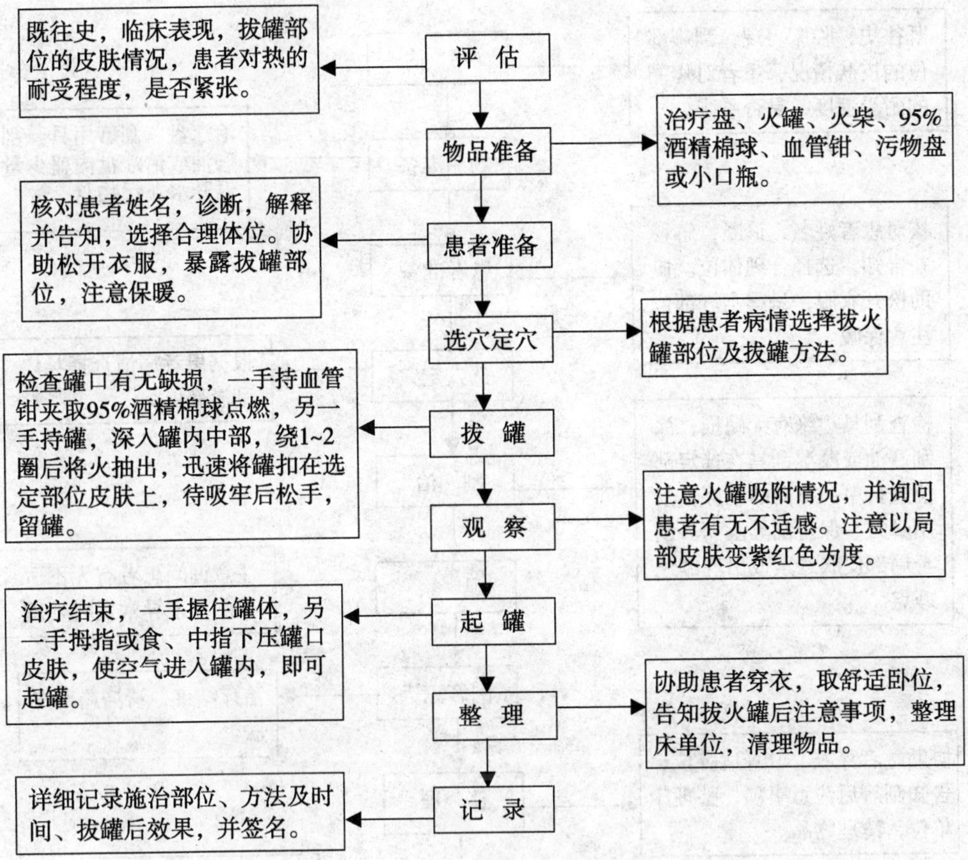

图 5-3 拔火罐法操作流程图

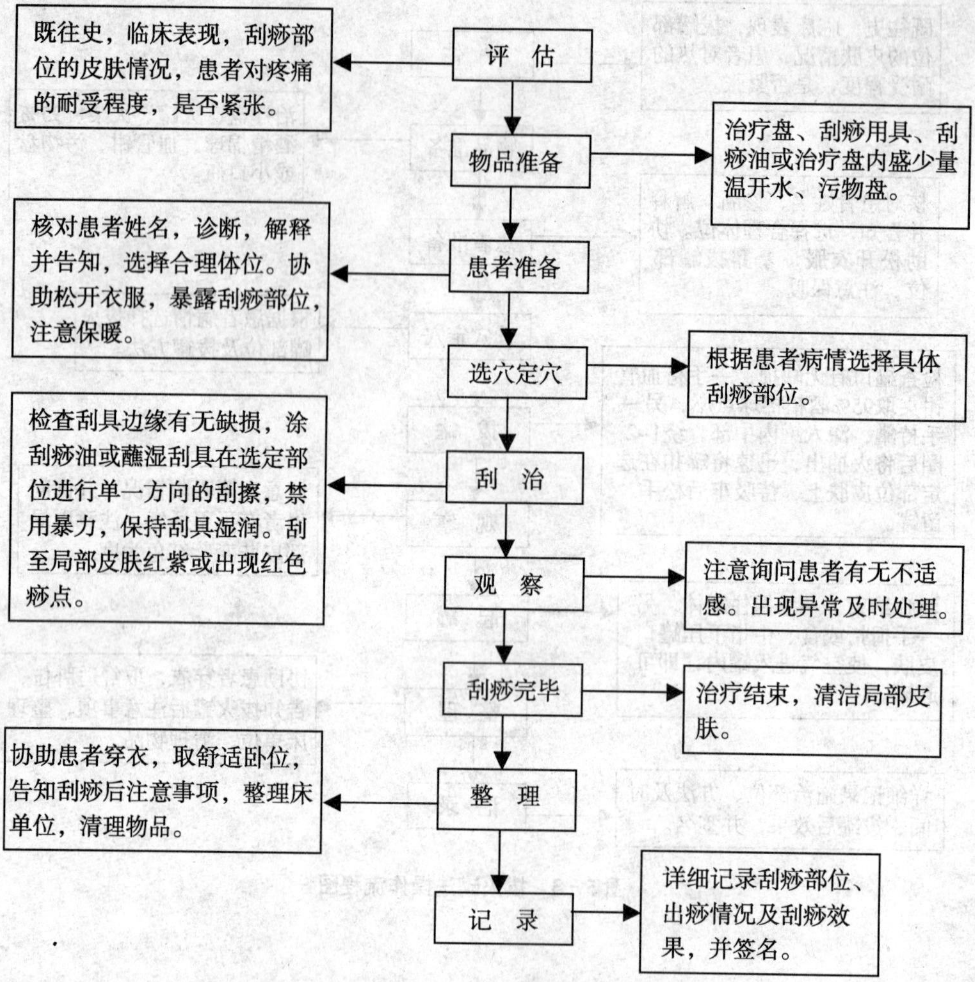

图 5-4　刮痧法操作流程图

第六章 推拿、气功疗法与护理

第一节 推拿疗法与护理

推拿疗法又称按摩疗法，是操作者运用各种手法作用于人体体表或局部穴位上的一种治疗疾病和缓解症状的方法，具有通经络、利关节、壮筋骨、散寒止痛、健脾和胃、缓解精神紧张等作用。

一、适应证

1. 伤科疾病　腰肌劳损、颈椎病、肩周炎、落枕等；
2. 内科疾病　胃脘痛、腹胀、腹泻、失眠、头痛、中风后遗症等；
3. 妇科疾病　闭经、痛经等；
4. 儿科疾病　婴儿腹泻、遗尿、呕吐、支气管哮喘、小儿麻痹后遗症等。

二、禁忌证

各种出血性疾患、骨折早期、妇女月经期、孕妇腰腹部、皮肤破损部位等。

三、用物准备

治疗盘、治疗巾、大浴巾，酌情备外用药。准备推拿床或椅。

四、常用手法

（一）手法的基本要求

1. 持久　手法要持续运用一定时间，以达到适合疾病治疗的需要。

2. 有力　手法的动作要有一定的力量，要根据患者的体质、病证和部位而加减。既要达到治疗疾病的要求，又要避免单纯粗暴的用力。

3. 柔和　手法要柔软轻巧，用力轻而不浮、重而不滞，变换动作自然，尽量减少对皮肤的刺激，又要不失治疗所需的力度。

4. 均匀　手法的动作要有一定的节律性。手法运用的速度和作用力要一致，不可时快时慢、时轻时重。

（二）常用的手法及作用

1. 㨰法　手掌微握，以第五掌指关节为吸定点，用小鱼际掌背侧至第 3 掌指关节部着力（占掌背的 1/3～1/2），前臂做主动的旋转摆动，带动腕关节的屈伸（图 6－1）。此法适用于肩背、腰臀及四肢等肌肉较丰厚的部位，治疗风湿酸痛、麻木不仁等。

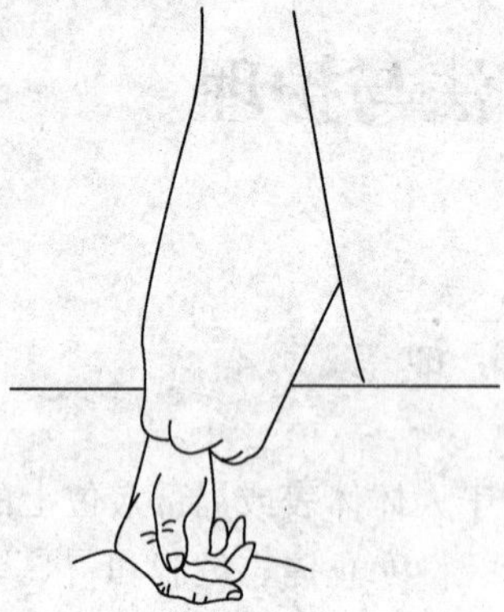

（1）㨰法训练时的体位

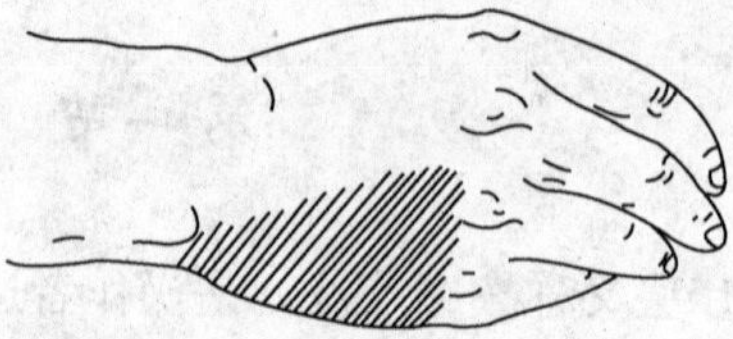

（2）㨰法吸定部位和接触部位

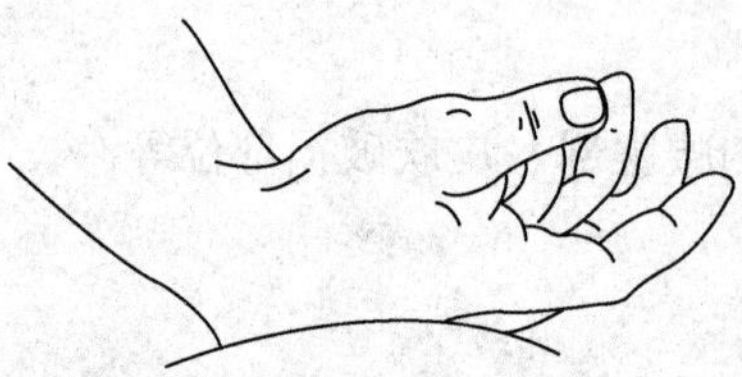

（3）屈腕和前臂旋后

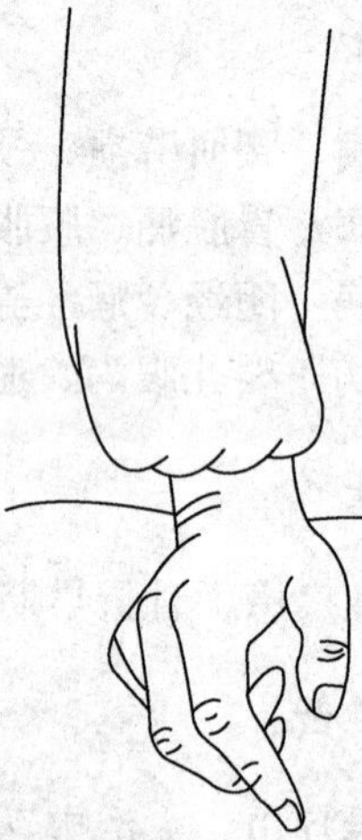

（4）伸腕和前臂旋前

图 6-1　㨰法

2. 揉法　用手掌的大小鱼际、掌根部或指端罗纹面，吸定于一定部位或穴位上，作回旋揉动（图 6-2）。手法轻重要适宜，不要损伤患者皮肤。此法多用于治疗胃脘痛、慢性腹痛、面瘫、腰肌劳损等。

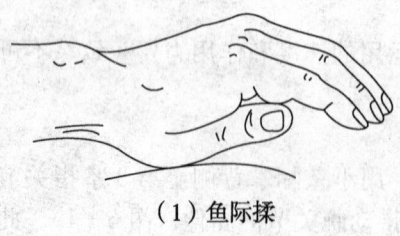

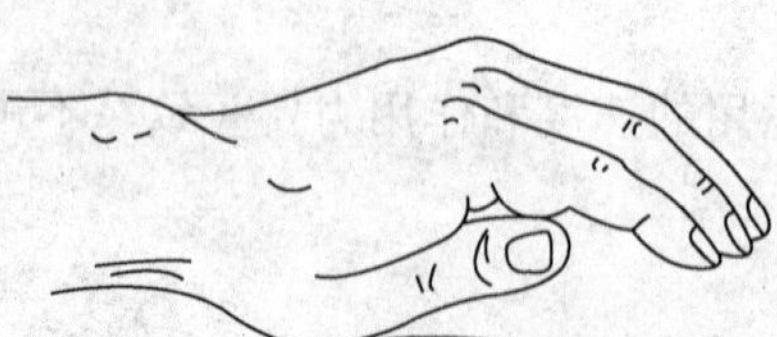

（1）鱼际揉

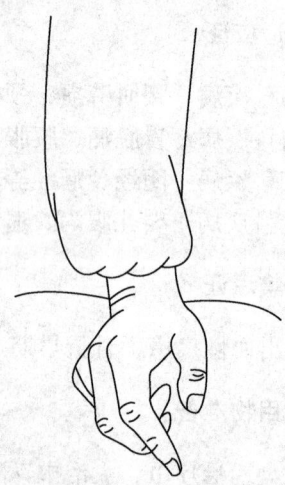

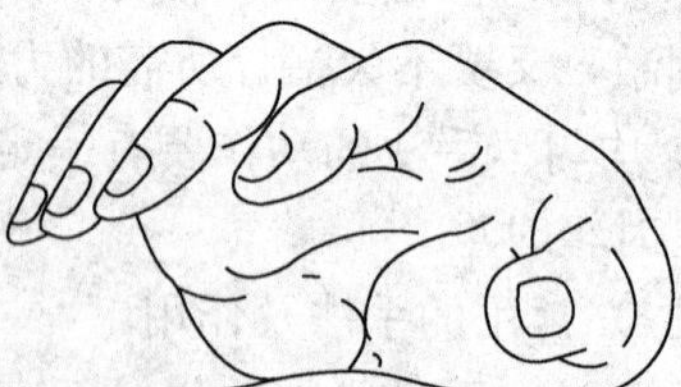

（2）掌根揉

图 6-2　揉法

3. 摩法　用手掌掌面贴于患处，以腕关节连同前臂作有规律的环形移动（图 6-3）。摩动时动作要协调，缓急适宜，以患者感到舒适为度。此法多用于治疗胃脘痛、久泄、疳积等。

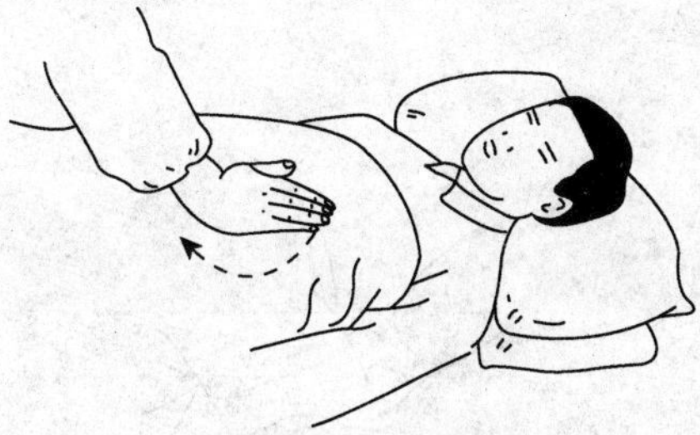

图 6-3　摩法

4. 推法　用手指、手掌或肘部着力于治疗部位上，作单方向的直线移动（图 6-4）。操作时用力要均匀，不可左右滑动，不能损伤皮肤。此法多用于治疗肌肉捩伤、颈椎病及肌腱周围炎等。

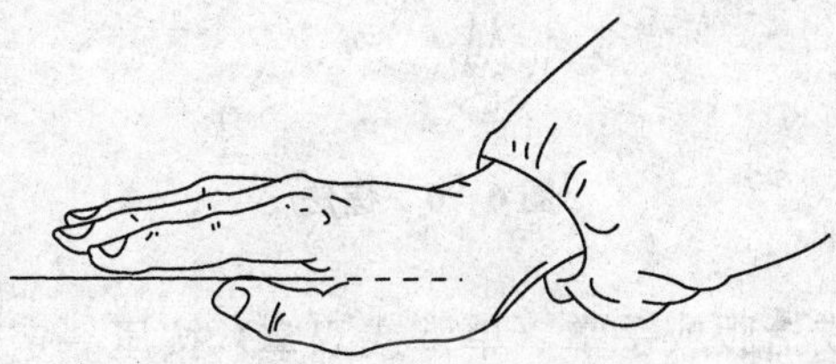

图 6-4　推法

5. 擦法　用手掌的大、小鱼际、掌根附着在一定部位上，做上下或左右的往返摩擦（图 6-5）。此法操作时速度先慢后均匀加快，以局部深层得热为度。可疏通经络、温中散寒、行气活血、消肿散结。

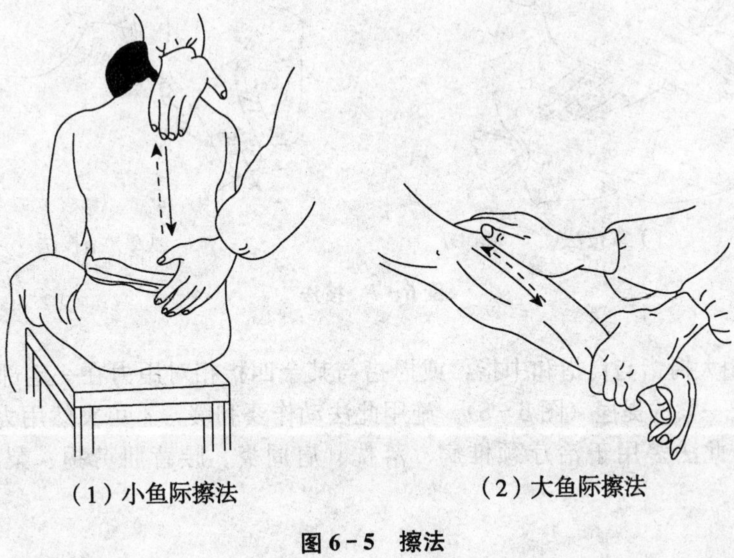

（1）小鱼际擦法　　（2）大鱼际擦法

图 6-5　擦法

6. 搓法　用两手掌面或指掌面夹住一定部位，相对应地做快速揉搓，同时上下往返移动（图 6-6）。手法由轻到重，再由重到轻；由慢到快，再由快到慢。主要用于四肢，常作为治疗结束时的舒筋手法。

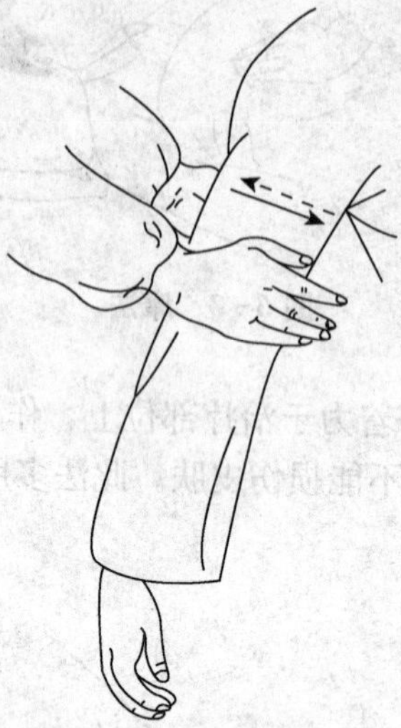

图 6-6　搓法

7. 按法　用拇指指端或指腹或手掌（单掌或双掌）按压一定部位，前臂静止发力，按而不动，使患者有一定的压迫感（图 6-7）。此法多用于腰背部与胸腹部，如腰背肌酸痛、胃脘痛、腰椎间盘突出症等。

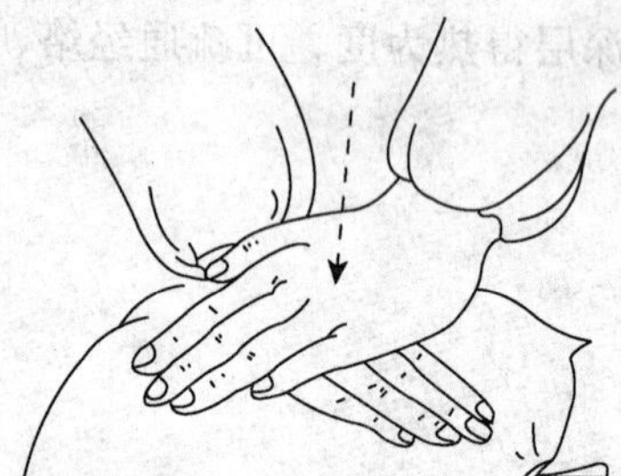

（1）掌按法

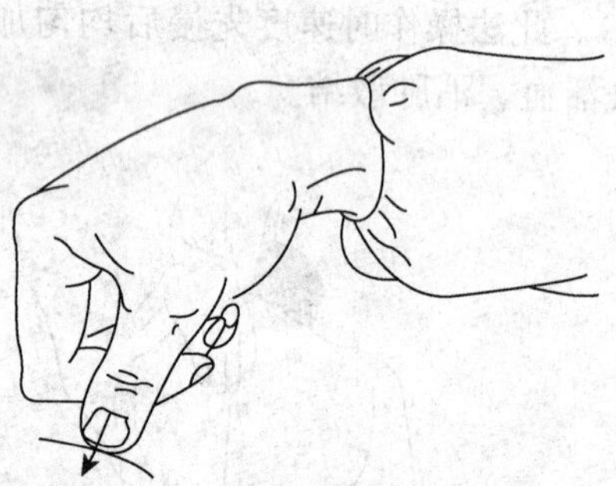

（2）指按法

图 6-7　按法

8. 拿法　用大拇指与食指和中指，或拇指与其余四指相对用力在一定部位或穴位上进行有节律的一松一紧的提捏（图 6-8）。施用此法动作要和缓，不可突然用力，力量要由轻到重有连贯性。此法多用于治疗颈椎病、落枕、肩周炎、腰背肌劳损、梨状肌损伤综合征等。

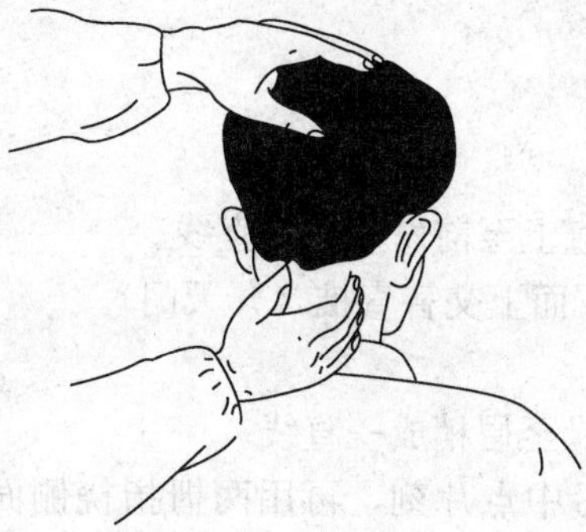

图 6-8　拿法

9. 捏法　用拇、食二指或拇、食、中三指顺肌肉或经络走行部位将患者皮肤作连续不断的辗转挤压。多用于背脊部的捏脊法，治疗小儿消化不良、腹胀、腹泻、疳积等。常用捏脊法有两种手法：可采用食指屈曲，以中节指骨桡侧面顶住皮肤，拇指前按，两指同时对称用力提拿捻捏。也可用拇指指面顶住皮肤，食、中两指前按，三指同时对称用力提拿捻捏，双手交替移动向前，捏三提一，从尾椎至大椎。

10. 捻法　用拇指和食指相对，捏捻患处（图 6-9）。常用于四肢小关节，如治疗掌（跖）、指（趾）关节扭挫伤等。

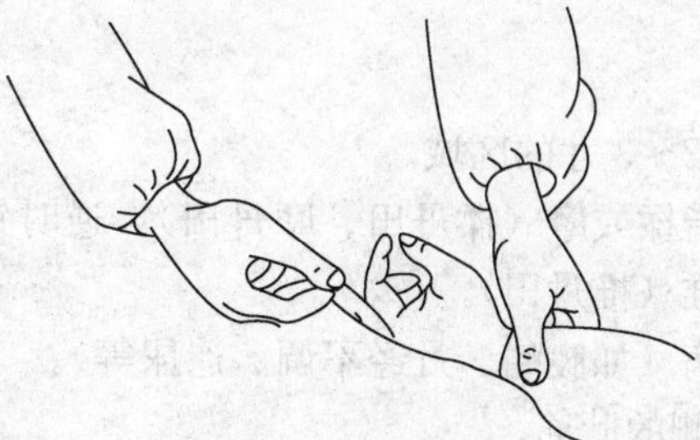

图 6-9　捻法

五、注意事项

1. 根据患者的年龄、性别、患病部位，为患者安排好舒适的体位。

2. 操作者治疗前要修剪指甲和洗手。

3. 治疗中要随时遮盖不需要暴露的部位，注意保暖以免受风寒。并仔细观察患者的全身情况，如出现面白肢冷或剧烈疼痛，应停止治疗。

4. 禁用暴力，以防组织损伤。

5. 腰腹部行按摩时，应先嘱患者排空膀胱。

6. 严重心脏病、结核病、出血性疾病、急性炎症、传染病、癌症、年老体弱或久病所致骨质疏松者及皮肤破损部位禁止按摩；孕妇及月经期妇女，禁止按摩腹部及腰骶部。

7. 治疗一般每日或隔日一次，每次伤科 5～15 分钟，内、外、妇、儿科病 15～30 分钟，7～10次为一个疗程。

六、推拿特定穴

（一）头面部穴位

1. 天门　两眉间中点起，直上至前发际成一直线。

操作：用两手拇指桡侧自下而上交替直推（开天门）。

作用：发汗解表、止头痛。

2. 坎宫　自眉头沿眉弓上缘至眉梢成一直线。

操作：先用两拇指掐按眉弓中点片刻，再用两拇指桡侧面自眉头稍向上外分推至眉梢（推坎宫）。

作用：发汗解表、止头痛。

3. 太阳　两眉外端的后方凹陷处，又名左太阳，右太阴。

操作：拇指指端在穴位上旋转揉运（运太阳）；两手指指腹自两太阳穴向耳后方向或向眼睛方向推（推太阳），向眼睛方向为补，向耳后方向为泻。

作用：发汗解表、止头痛。

4. 耳后高骨　耳后高骨微下凹陷中。

操作：中指按于穴位上揉运（揉耳后高骨）。

作用：发汗解表、止头痛。

开天门、推坎宫、运太阳、揉耳后高骨合称四大手法，专治感冒、头痛、目眩、目赤肿痛。

（二）躯干部穴位

1. 丹田　小腹部，脐下2～3寸的区域。

操作：用拇指指腹或四指揉或摩（揉丹田、摩丹田），逆时针方向为补，顺时针方向为泻，以拇指掌心自脐向下直推（推丹田）。

作用：泌尿生殖系统疾病（如腹痛、月经不调、遗尿等）。

2. 肚角　脐旁、腹部两侧的肚筋。

操作：用拇、食、中指自深处拿住肚筋弹之（拿肚角）。

作用：止腹痛的要穴（尤其是寒湿腹痛和食积腹痛）。

3. 捏脊　从大椎直下至尾骨端成一直线。

操作：先在背部由上而下轻轻按摩至腰骶部3遍，使肌肉放松，气血流畅，再用捏脊法自龟尾（尾骨部）向上捏至大椎（捏脊）；用食、中指指腹从大椎向下直推至龟尾（推脊）。

作用：捏脊能强壮身体，逆经推脊能清热止惊。

（三）四肢部穴位

1. 四横纹　上肢手掌面食、中、环、小四指第一指间关节横纹处。

操作：以拇指指甲依次掐之并揉（掐四横纹），以拇指侧自食指横纹推向小指横纹（推四横纹）。

作用：退热、散结、除烦。

2. 小天心　手掌大小鱼际交接之中点凹陷处。

操作：拇指指甲掐揉小天心（揉小天心）；食指或中指指尖或中指屈曲，第二指间关节突起处捣小天心（捣小天心）。

作用：清心安神。

3. 板门　手掌大鱼际之平面。

操作：用拇指或食指指腹在大鱼际平面中点揉运（运板门），以拇指桡侧自拇指根向腕横纹推（推板门）。

作用：运上达下、健脾和胃、消食化滞。

4. 一窝风　手背腕横纹正中凹陷处。

操作：用拇指或中指指端揉（揉一窝风）。

作用：缓解腹痛。

5. 三关　前臂桡侧，腕横纹至肘横纹成一直线。

操作：食、中二指并拢，用指腹从腕横纹起推至肘横纹，或用拇指桡侧推三关（推上三关）。

作用：一切虚寒病证。

6. 六腑　前臂尺侧，自肘横纹至腕横纹成一直线。

操作：用食、中二指指腹或用拇指罗纹面的桡侧自肘横纹推至腕横纹（推六腑或退六腑）。

作用：性寒大凉，治一切寒热证。

7. 箕门　大腿内侧，自膝上缘至腹股沟成一直线。

操作：用食、中二指指腹自膝内侧上缘直上推至大腿根部（推箕门）。

作用：有较好的利尿作用。

七、推拿疗法在护理中的应用

（一）头痛

1. 头面部操作　患者取坐位或卧位，医者面对患者或立于患者前侧。

（1）四大手法：开天门、推坎宫、运太阳、揉耳后高骨。

（2）点穴：百会、四神聪、印堂、太阳等穴。

（3）点五经诸穴：先有规律后散在而无规律地点按头部。

2. 项背部操作　患者坐位，医者立于后侧。

（1）按揉风池、风府及颈项部。

（2）㨰肩背部和上背部。

（3）拿风池、肩井并按之。

（二）胃脘痛

1. 胃脘部操作　患者仰卧位，医者坐于一侧。

（1）轻推腹部自剑突下至脐下。

（2）点按上脘、中脘、天枢、气海，按揉足三里。

（3）摩全腹。

2. 背部操作　患者俯卧，医者立于一侧。

（1）按揉膀胱经上诸穴，重点在脾俞、胃俞、大肠俞。

（2）拿按肩井穴。

（三）失眠

1. 头面部操作　患者坐位或卧位，医者面对患者或立于患者前侧。

（1）开天门、推坎宫并按揉眼眶周围。
（2）点按迎香、地仓、颊车、翳风。
2. 腹部操作　患者仰卧位，医者坐于患者一侧。
（1）摩腹5～10分钟。
（2）按揉中脘、气海、关元，拿上肢内侧的内关、神门穴。
3. 背部操作　患者俯卧位，医者立于一侧。
（1）按揉或㨰背部，重点按揉心俞、脾俞、胃俞，继而擦之。
（2）拿按肩井穴。
（四）半身不遂
1. 头面部操作　患者仰卧位，医者坐于一侧。
（1）开天门。
（2）按揉睛明、阳白、鱼腰、太阳、四白、迎香、下关、颊车、地仓、人中等穴。
（3）按揉头部两侧（重点在少阳经）。
（4）拿五经，擦面部。
2. 上肢部操作　患者仰卧位或侧卧位，医者立于患侧。
（1）拿揉肩关节前后侧、㨰肩关节周围、摇肩关节。
（2）按揉上肢，依次㨰上肢的后侧、外侧与前侧（从肩到腕上）2～3遍。
（3）按揉肩贞、曲池、手三里等上肢诸穴。
（4）拿捏上肢、搓抖上肢、捻五指。
3. 腰背部及下肢后侧操作　患者俯卧位，医者立于患侧。
（1）推督脉与膀胱经至骶尾部。
（2）按揉大椎、大杼、环跳、承扶、殷门、承山等穴。
（3）拍打腰骶部及背部。
（4）㨰背部、腰骶部及下肢后侧。
（5）拿风池、按肩井穴。
4. 下肢前、外侧操作　患者仰卧位，医者立于患侧。
（1）㨰患肢外侧、前侧、内侧，往返2～3遍。
（2）按揉髀关、风市、伏兔、血海、膝眼、足三里、三阴交等穴，配合髋、膝、踝的被动活动。
（3）擦大腿前外侧与前侧、小腿前外侧。
（4）搓下肢，捻五指。
（五）落枕
1. 患者取坐位，医生立于后侧。
2. 㨰患侧颈项及肩部。
3. 拿患侧颈项及肩部的肌肉。
4. 按、拿穴位：风池、风府、风门、肩井、天宗等穴，手法由轻至稍重。
5. 拿颈椎棘突两侧肌肉。
6. 在患部用擦法和热敷以活血止痛。

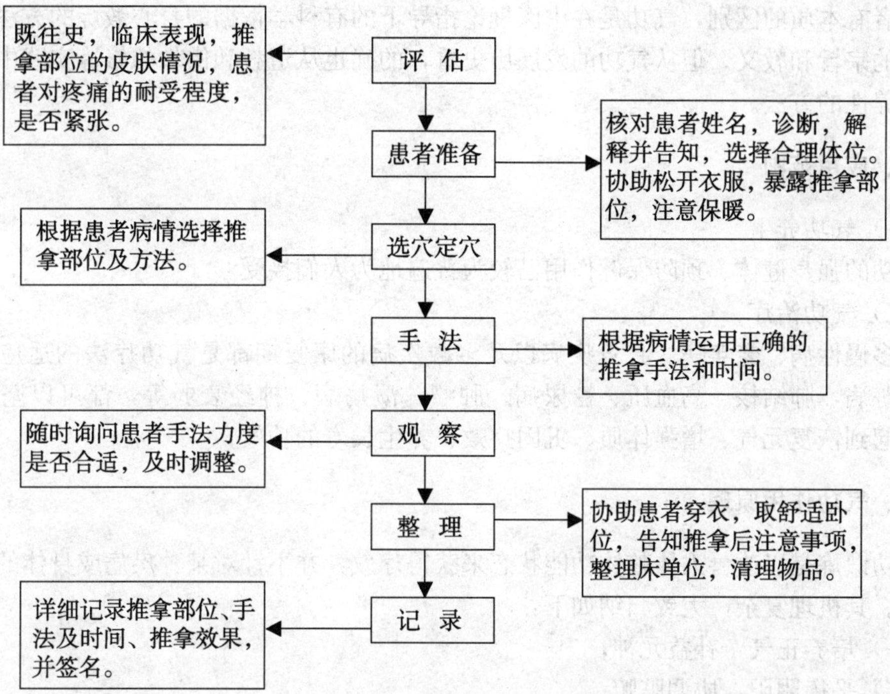

图 6－10　推拿法操作流程图

第二节　气功疗法与护理

一、概念

气功是以调心、调息、调身为手段，以防病治病、健身延年为目的的一种自我身心锻炼的方法。也是在中医理论指导下的一种治疗护理方法。

古籍文献中具有气功含义的名称很多，如“舞”、“导引”、“吐纳”等。气功是在人们生产生活、医疗保健等多种实践活动中，逐渐发展形成的，并在其发展过程中不断受到其他领域的影响，相互交叉融合，吸取其他学科的精华。因此，与其他学科之间有联系又有区别。

（一）气功与养生

《素问·上古天真论》：“法于阴阳，和于术数，饮食有节，起居有常，不妄作劳”。气功应属于“和于术数”的一种手段，具有延年益寿的效果，但气功除养生以外还有更广泛的应用范围。

（二）气功与体育

气功从形式上有体育疗法、运动形体的内容，但气功强调调心、调息、调身三者统一，以调心为核心。因此体育疗法不能代替气功的作用。

（三）气功与心理

气功疗法包含心理疗法的内容，但心理疗法以医生为主导，患者被动接受指导和治疗。而气功的特点是发挥练功者的主观能动性，通过自我锻炼的方法达到加强自我控制的能力。

（四）气功与宗教

两者有本质的区别，气功是在中医理论指导下的有科学依据的身心锻炼的方法，不涉及各教派的宗旨和教义。但从气功的发展历史看，的确也从道教和佛教的修炼实践中吸取了一些修身养性的方法。

二、应用范围

（一）气功养生

气功的强身健体、预防保健作用已较为普遍地为人们接受。

（二）气功治疗

许多慢性病、老年病、心身疾病以及多数疾病的康复期都是气功疗法的适应证。如哮喘、心脏病、肺结核、高血压、糖尿病、肿瘤、溃疡病、神经衰弱等，都可以坚持气功锻炼，能起到恢复元气、增强体质、巩固疗效、养生长寿的功效。

三、气功作用原理

气功锻炼是以改善人体整体功能状态来获得疗效，并不针对某种疾病或身体的某个局部起作用。其机理复杂，大致归纳如下：

（一）培养正气，补益元神；

（二）平衡阴阳，协调脏腑；

（三）疏通经络，活跃气机；

（四）发掘人体潜能。

四、气功的种类

（一）从形式动静分类

1. 动功　动功也叫外功，以导引运动、保健气功为主。特点为外动内静、动中求静。练功时必须做肢体运动，以调身为主，即所谓“外练筋骨皮”。如按摩拍打功。

2. 静功　静功也叫内功，以冥想吐纳为主。特点为外静内动、静中有动。练功时不做肢体运动，即所谓“内练一口气”。常见的内功有放松功、内养功、强壮功、站桩功等。

3. 动静相兼功　强调调心、调息、调身三者兼顾，既有肢体运动，又要求静思冥想，多数功法都属于此类型，动、静不可绝对分开。如太极拳、八段锦。

（二）从练功的体态分类

坐式功、卧式功、站式功、套路式行步功等。

（三）从发展流派分类

气功的历史悠久，流派很多，对形体锻炼、情志调摄、练功方法等方面各有不同的侧重点，形成不同的流派。大致可以分为导引派、吐纳派、静定派、存想派、周天派等。

五、气功锻炼的基本要素

（一）调身

调身是气功入门的初级功夫，具有调畅气血、疏通经脉、强体壮力、柔筋健骨的作用。调身包括姿势和动作两方面的调控。姿势有坐、卧、站、行四种，动作有屈伸俯仰、升降开合、转摇跑跳等。调整姿势是气功锻炼的第一步，姿势不正确会直接影响练功的效果，故前人指出："形不正则气不顺，气不顺则意不宁，意不宁则气散乱"。强调姿势的重要性，初学者尤其要注意这一点。

调身总的要求是宽衣解带，舒适自然，形正体松，刚柔相济。具体姿势与要求有：

1. 坐式　平坐式（方凳）、靠坐式（椅子）、散坐式（地上）、盘坐式（坐如钟）。

2. 卧式　仰卧式、侧卧式（卧如弓）。

3. 站式　含胸拔背（立如松）。

4. 行式　轻灵（行如风）。

（二）调息

一呼一吸为一息。调息是应用意念去调整和控制呼吸的节律、频率和深度，从而来调和阴阳，协调脏腑，疏通经络。调息是调心的重要手段，"息调则心定，心定则息越调"，乃心息相依也。所以古人有"呼吸分明了却仙"的说法。寄心于息，可使心息相依，意气相随，气血调畅，五志舒和。

调息的基本要求是细、静、匀、长。随着练功深度的增加，逐步做到无声无息，出入绵绵。调息的方法有以下几种：

1. 自然呼吸法　初练者应以自然呼吸法为主。

2. 腹式呼吸法　是气功调息中最常用的呼吸方法。有利于内气的聚集、贮存及调动。

3. 提肛呼吸法　吸气时，稍用意提起会阴部，呼气时放松。

4. 动舌呼吸法　吸气时，舌抵上颚，呼气时舌体自然放下。

5. 节律呼吸法　呼吸按某种规定的节律进行，如："吸—停—呼"或"吸—呼—停"。

6. 鼻吸鼻呼法与鼻吸口呼法　多数功法是用鼻子吸气和呼气，称鼻吸鼻呼法。

（三）调心

调心又称调神，即调整练功中的意识状态与心理活动。心神外弛，则气耗于外；心神内收，则气聚于中。调心要求做到：清心寡欲，排除杂念，达到入静的状态。

"入静"就是通过意守，把胡思乱想的杂念改变为静思专想，从而进入到无思无想的精神状态。

"意守"是指在身心放松的情况下，把意念、思维、想法集中到身体的某一部位或穴位，如意守丹田、意守命门、涌泉等，或集中于体外的某一事物，如意念某个景物或默念字句等，以帮助入静。在调心意守的过程中要做到：身与意合，即身体的动作与思想一致；意与气合，即以意领气，自己体内气血的运行，能随着意识的支配而运动；气与力合，即呼气时，内脏要随之松弛，吸气时，内脏要随之紧缩。这就是用意气来指挥内脏功能的正常运行，主要方法可分为以下五种：

1. 意守法　练功中意识指向单一具体的事物，如意守丹田，意守时要心静，祛除杂念，全身放松，吞津行气，归于丹田。

2. 导引法　练功时以意领气，使其沿着身体特定的路线周流，如督任二脉、十二经脉等。

3. 存想法　练功中意识指向想象中的情景与事物，有助于排除杂念，更能达到诱导特定心理感受的目的。

4. 数息法与随息法　即练功时将思想集中于自己的呼吸，尽量深呼吸，以帮助入静。

5. 默诵法　通过默念字句，排除杂念，帮助入静的方法。

总之，意守是调心的手段，入静是调心的目的。调心是气功锻炼的中心环节，贯穿于练功过程的始终，但具体掌握还有一定的难度，必须坚定信心，既不急躁，又不懈怠，持之以恒地锻炼，才能使调心运用自如。

六、功法练习

（一）保健按摩功

1. 练功前的准备　身体稳坐在床上或凳子上，含胸拔背，口眼轻闭，双手放在大腿上，自然呼吸 50 次，使心理安静下来，呼吸平稳，然后开始练功。

2. 练功方法

（1）叩齿

作用：坚固牙齿。

方法：牙齿上下叩合，先叩门齿 20 次，再叩臼齿 20 次。

（2）浴面

作用：振奋精神，预防感冒，解除头痛、鼻塞。

方法：搓热双手，以中指沿鼻部两侧，自下而上，其他手指同时擦于面部，擦到额际处分开，经两颊而下，计 9 次。

（3）鸣鼓

作用：防治头晕耳鸣。

方法：用两手掌鱼际部掩耳，暗记鼻息 3 次，然后以食指压在中指之上，食指落下轻弹后脑部，听到咚咚响声，计 20 次。

（4）拍头

作用：缓解头痛、头胀。

方法：右手掌放在前脑部，左手掌放在后脑部，然后左右旋转轻拍，旋转一圈，左右手各拍 5 次，可反复拍两圈。

（5）摩额

作用：缓解头痛、头胀。

方法：双手握拳，用拇指节骨按在前额眉上方，然后分开拉到两侧太阳穴处，轻轻按摩 5 下，反复 5 次。

（6）摩胸

作用：有助于解除胸闷气急。

方法：两手搓热，相叠于胸部，轻轻由右向左，按顺时针方向作旋转按摩 20 次或更多。

（7）摩肋

作用：可解除肝区胀痛及胸闷不适。

方法：两手搓热，分别放于两侧肋下做旋转按摩。

（8）摩腹

作用：调节肠胃功能，解除腹胀便秘。

方法：两手搓热，相叠于腹部，在脐的周围，右边上来，左边下去，小圈、中圈、大圈各旋转 20 次。

（9）擦腰

作用：防治腰背疼痛。

方法：两手搓热，擦双侧腰背处，上下各擦 20 次。

（10）左右托天

作用：调理脾胃，改善消化功能。

方法：双手叉腰，一手掌心向上托起伸过头顶，同时二目向上注视手背，先左后右两手交替进行各 5 次。

（11）按摩神门、内关

作用：按摩神门穴有宁心安神作用，按摩内关穴可镇静，防治呕吐、头晕等症。

方法：以大拇指在小指侧腕部上缘神门穴处，左右各轻轻按摩 20 次。在手腕横纹正中上二寸，二筋腱之间内关穴处，左右各轻轻按摩 20 次。

（12）摩膝

作用：通经活络，使膝部气血流通，主治足软无力。

方法：搓热双掌，双手掌心分别盖在膝上，同时自外向里，再自里向外转摩 50 次。

（13）按摩足三里

作用：健脾和胃。

方法：以大拇指在膝眼外侧下三寸，胫骨外一横指足三里穴位处，左右各按摩 20 次。

（14）擦涌泉

作用：降火安眠。

方法：如取坐位，将左腿架在右腿上，左手扳左脚趾，突出前脚心（涌泉穴），以右手掌心在左前脚心上下按摩各 50～100 次，然后换擦右脚涌泉穴。

3. 护理及注意事项

（1）要选择环境整洁、风景优美的地方练功。

（2）练功时应背风而练，如室外风大，应在室内练，室内练功时要保持空气流通。

（3）练功前要排空大小便，并向患者解释、介绍练功的目的、适应范围及注意点。

（4）松开衣领、腰带、袖口，使全身无束缚感。如戴眼镜的患者，应摘下眼镜。

（5）根据体质练功，可选全套，也可选其中几节，一般早晚各练一次。

（6）饭前和饭后 30 分钟不宜练功，结束后不宜立即进食、洗冷水澡、吹冷风等。

总之，练功者要有信心、决心、恒心。心理上放松，顺其自然，这就是《老子》所谓的“道法自然”。

（二）八段锦

八段锦是由八种不同动作组成的健身术，在我国民间广泛流传，据有关文献记载已有八百多年的历史。其不受环境场地的限制，随时随地可做，术式简单，易学易记，运动量适中，老少皆宜，强身益寿，作用显著，故流传至今仍是广大群众喜爱的健身方法。八段锦对人体的养身保健、防病治病作用从其歌诀中可以看出，可根据中医辨证选相应术式锻炼，也可成套练习。

练功要领：

呼吸均匀　自然平稳，以腹式呼吸为主。

意守丹田　思想放松，注意力集中于脐或小腹部。

刚柔结合　全身放松，用力轻缓，不用僵力。

歌诀：

五劳七伤往后瞧；双手托天理三焦；

调理脾胃需单举；左右开弓似射雕；

摇头摆尾去心火；两手攀足固肾腰；

攒拳怒目增气力；背后七颠百病消。

（三）太极拳

太极拳动作舒展轻柔，动中有静，圆活连贯，形气相随，外可活动筋骨，内可流通气血，协调脏腑。是深为广大群众喜爱的传统健身术之一。

太极拳以“太极”为名，取之《易·系辞》中“易有太极，是生两仪”之说。“太极”指万物的原始“浑元之气”。其动而生阳，静而生阴，阴阳二气互为其根，此消彼长，相互转化，不断运动则变化万千。因而太极图呈浑圆一体，阴阳合抱之象。太极拳正是以此为基础，形体动作以圆为本，一招一式均以各种圆弧动作组成。故观其形，连绵起伏，动静相随，圆活自然，变化无穷。在体内则以意领气，运于周身，如环无端，周而复始。意领气，气动形，内外合一，形神兼备，浑然一体。

因此，以太极哲理指导拳路，拳路的一招一式又构成太极图形。以太极之动而生阳，静而生阴，激发人体自身的阴阳气血达到“阴平阳秘”的状态，从而保持健康，这就是太极拳命名的含义。

太极拳的起源有待考证。古代较为重视技击，现代则发展成以技击、健身、医疗并重的拳术。太极拳流派很多，有陈式、杨式等以及国家体委普及的简化二十四式太极拳。

练功要领：

1. 神静，意导　保持精神、情绪安定，排除思想杂念，全神贯注，用意识指导动作。

2. 含胸拔背，气沉丹田　胸略内含而不挺直，脊背伸展，气沉丹田。

3. 沉肩坠肘，体松　身体放松，上要沉肩坠肘，下要松胯松腰。

4. 全身谐调，浑然一体　太极拳要求根在于脚，发于腿，主宰于腰，形于手指。手、足、腰协调一致，浑然一体，上下相随，流畅自然。

5. 以腰为轴　以腰为各种动作的中轴，始终保持中正直立，腰松则两腿有力，腰正则重心稳固。

6. 连绵自如　动作应轻柔自然，连绵不断，不得用僵硬之拙劲，宜用意不用力。

7. 呼吸均匀　呼吸应深而均匀，一般吸气时动作为合，呼气时动作为开。

附简化二十四式：

1. 起势	2. 左右野马分鬃	3. 白鹤亮翅	4. 左右搂膝拗步
5. 手挥琵琶	6. 左右倒卷肱	7. 左揽雀尾	8. 右揽雀尾
9. 单鞭	10. 云手	11. 单鞭	12. 高探马
13. 右蹬脚	14. 双峰贯耳	15. 左蹬脚	16. 左下势独立
17. 右下势独立	18. 左右穿梭	19. 海底针	20. 闪通臂
21. 转身搬拦锤	22. 如封似闭	23. 十字手	24 收势

（韩丽沙）

注：图 6-1～图 6-9 摘自俞大方主编．推拿法．上海：上海科技出版社，1985.

第七章　中医一般护理

第一节　生活起居护理

人是由天地化生，即自然界物种的不断进化演变而来的。人体是顺应自然的有机整体，人们的生活起居只有适应自然界的客观变化规律才能避邪防病，保健延年。生活起居护理是对患者生活起居方面进行科学的安排和合理的照料。其目的是保养患者机体的元气，提高自身驱邪与修复机制，使体内阴阳达到平衡，祛病康复。

一、起居有常

起居有常主要是指起卧作息和日常生活中的各个方面有一定的规律并合乎自然界和人体的生理常度。它要求人们生活要有规律，这也是强身健体，延年益寿的重要原则。

人们起居应依照“春夏养阳，秋冬养阴”的原则来适应四时气候变化，人们的起卧休息只有与自然界阴阳消长的变化规律相适应，才能有利于健康。

对于住院患者的作息起居，也应根据季节变化和个人的具体情况制定出符合生理需要的作息制度，并养成按时作息的习惯，使人体的生理功能保持在良好的状态中。首先要适应四时气候变化，注意防寒防暑。夏季昼长夜短，应适当延长午休时间；冬季昼短夜长，应早些熄灯休息。其次护理人员要督促患者按时起居，养成有规律的睡眠习惯。每日睡眠不宜过长，否则会导致患者精神倦怠，气血郁滞；睡眠不足，则耗伤正气。

二、环境适宜

六淫致病多与季节气候、居室环境密切相关。护理人员应主动掌握四时气候变化的规律，做到春防风，夏防暑，长夏防湿，秋防燥，冬防寒，为患者创造良好的护理环境。

（一）病室宜空气流通

由于病室内常会有大小便、呕吐物、痰液、汗味等秽浊之气，经常通风换气，保持病室空气清新，可使患者神清气爽，肺气宣通，气血通畅，食欲增进，促使疾病康复。

通风应根据四季气候及一日四时阴阳消长的变化规律，适时开窗通风换气，忌强风对流袭击患者。夏季天气炎热，易感暑热，要经常打开门窗，使空气流通，保持凉爽；冬季气候寒冷，可短时间轮流开窗通风换气，通风时要避免对流风直接吹到患者身上，防止寒邪侵犯；对身体虚弱或已感受寒邪的患者，要在通风时盖好被子，穿好衣服，避免寒邪侵犯；若患者服用发汗解表药后，暂时不宜通风换气，待汗出热退以后，先给患者穿衣盖被或遮挡屏风后，再打开窗户通风，注意汗出当风，避免重感风寒之邪而加重病情。

（二）病室应保持安静、整洁

安静的环境不但能使患者心情愉快和身体舒适，还能使患者睡眠充足、饮食增加，有利于恢复健康。反之，嘈杂的环境不利于患者休息，会使患者出现心悸心慌、坐卧不安、甚至四肢发抖、全身冷汗等症状。护理人员应约束自身的言行，设法消除一切给患者造成恶性刺激的因素。在工作中，应做到“四轻”，即说话轻、走路轻、关门轻、操作轻。对于真心痛、癫痫患者，如果条件许可应安置在单人房间。

保持病室的清洁卫生对于身心健康是至关重要的。在《礼记》中有“鸡初鸣，盐盥漱，洒扫室堂及庭”的记载。在平时的护理中，应注意病室的陈设要简单、实用、易清洁、易搬动，病室内定期消毒，保持地面、床、椅等用品的清洁。便器应放在指定位置，定期消毒，厕所、便池、水池要每日刷洗，以免污浊气味溢进病室。

（三）病室温、湿度要适宜

病室的温度一般以18～22℃为宜，在适宜的室温中，患者可以感到轻松、舒适、安宁，并降低身体消耗。室温过高，会使患者感到燥热难受，又易感暑邪；室温过低，会使患者感到寒冷，又易感寒邪。不同的患者对温度的感觉是不同的。如已感受风寒或年老、体弱、阳虚的患者，常怕冷怕风，可安排向阳房间，室温宜高些，以20～26℃为宜。感受暑热者、青壮年及阴虚或实热证患者，常怕热喜凉，可安排向阴房间，室温宜低些，以16～20℃为宜。

病室内的相对湿度以50%～60%为宜，室内湿度适中，患者感到舒适。湿度过高，使汗液蒸发受阻，患者感到胸中满闷、困倦、乏力，特别是对于风寒湿痹、脾虚湿盛的患者，易加重病情，故室内湿度宜偏低，可经常开窗通风，降低湿度。如果湿度过低，患者感到口干唇燥、咽喉干痛，特别是对于阴虚肺热的患者，会因此而出现呛咳不止，故室内湿度宜偏高，可在地面洒水或应用加湿器等。此外阳虚证多寒而湿，湿度宜偏低；阴虚证多热而燥，湿度宜偏高。

（四）病室光线要适宜

天然的光照给患者在视觉上带来舒适、欢快和明朗的感觉，对康复有利。对于感受风寒、风湿、阳虚及里寒证的患者，室内光线宜充足；对于感受暑热之邪侵犯的热证患者，阴虚及肝阳上亢、肝风内动的患者，室内光线应稍暗；有眼病的患者室内用深色窗帘，避免对眼睛的刺激；长期卧床的患者，床位尽量安排到靠近窗户的位置，以得到更多的阳光，有利于患者早日康复。

三、劳逸适度

劳逸适度是指在病情允许的情况下，凡能下地活动的患者都要保持适度的休息与活动。适度的活动有利于通畅气血，活动筋骨，增强体质，健脑强神；必要的休息，可以消除疲劳，恢复体力和脑力，是调节身心必不可少的方法。

如果劳逸过度，就会内伤脏腑，成为致病因素。如劳力、劳神过度，则耗气伤血；房劳过度，则耗伤阴精；过度安逸，可致气血运行不畅，脾胃功能低下等。

劳和逸保持何种程度为宜，则应视病情的轻重和患者体质的强弱加以区别，做到“动静结合”、“形劳而不倦”。如对于病情危重或处在急性期的患者，要让其静卧休息或随病情好转在床上做适当的活动，如翻身、抬腿；对慢性病或恢复期的患者，可做户外活动，如打太极拳、练太极剑、散步、慢跑、做保健操等，以达到舒筋活络、调和气血、提神爽志、增强抵抗外邪的抗病能力。

第二节　情志护理

情志护理是指在护理工作中，注意观察了解患者的情志变化，掌握其心理状态，设法防止和消除不良情绪的影响，使患者处于治疗中的最佳心理状态，以利于疾病的康复。

祖国医学很早就重视人的精神活动和思想变化，这些因素在《素问·阴阳应象大论》中被归纳为五志，以后人们又把五志衍化为七情，即喜、怒、忧、思、悲、恐、惊。在正常情况下，七情仅是精神活动的外在表现，并不成为致病因素，但是如果长期过度的精神刺激，则可以引起人体的阴阳失调，气血紊乱，经络脏腑功能失常而发生疾病。怒则气上，使肝气上逆；喜则气缓，使心气涣散；悲则气消，悲伤消耗肺气；恐则气下，恐主要伤害肾气；惊则气乱，突然的惊吓会致气机逆乱；思则气结，忧思不解则伤脾，使脾气运化不及，久则气血生化受到影响。因此，作为护士应设法消除患者的紧张、恐惧、忧虑、烦恼、愤怒等情志因素的刺激，帮助患者树立战胜疾病的信心，保持积极乐观点情绪，以提高治疗效果。

一、情志护理的原则

（一）诚挚体贴

患者的情志状态和行为不同于正常人，常常会产生各种心理反应，如依赖性增强，猜疑心加重，主观感觉异常，情绪容易激动、不稳定，焦虑、恐惧等。此时，就迫切需要医护人员给予关怀和温暖，设身处地为患者着想。孙思邈在《备急千金要方》的“大医精诚”篇中指出：“凡大医治病，必当安神定志，无欲无求，先发大慈恻隐之心，誓愿普救含灵之苦……华夷愚智，普同一等，皆如至亲之想。”要“见彼苦恼，若己有之。”表明了医者应当处处体谅患者的心情，以仁慈之心爱护患者，以济世救人作为自己的行为准则。

（二）避免刺激

可根据患者的具体病情，及时提醒探视患者的亲朋好友不要给患者以不必要的刺激，危重患者应尽量谢绝探视；病历应严格管理，不能让患者及家属随便翻阅，以免增加患者的精神负担；轻、重患者要尽量分开安置，一方面便于重患者的治疗与护理，另一方面避免给轻患者造成一定的心理负担。

（三）因人施护

《灵枢·寿夭刚柔》中指出：“人之生也，有刚有柔，有强有弱，有短有长，有阴有阳。”由于人的体质有强弱之异，性格有刚柔之别，年龄有长幼之殊，性别有男女之分，疾病的性质和病程的长短各异，因此，对同样的情志刺激，则会有不同的情绪反应。

正是基于对个体特异性的认识，护理人员在为患者提供护理时应根据患者的遗传禀赋、性别年龄、自然条件、社会环境、精神因素等不同特点区别对待，做到因人而异，有的放矢，以减轻患者患病后的心理压力，有利于身体康复。

二、情志护理的方法

情志变化可以直接影响人体脏腑的变化，如《素问·汤液醪醴论》中所述：“精神不进，志意不治，故病不可愈。”因此加强情志护理对疾病的康复起着积极的促进作用。

情志护理方法多种多样，临床运用可根据具体的病情适当选择合适的方法，以取得较好的效果。

（一）说理开导

说理开导即指通过正面的说理，使患者认识到情志对人体健康的影响，从而使患者能自觉地调和情志，提高战胜疾病的信心，积极配合治疗，使机体早日康复。

说理开导的方法要针对患者不同的症结，做到有的放矢，动之以情，晓之以理，喻之以例，明之以法，从而起到改变患者精神状态与躯体状况的目的。

（二）释疑解惑

释疑解惑是指根据患者存在的心理疑虑，通过一定的方法，解除患者对事物的误解、疑惑，去掉思想包袱，恢复健康。

心存疑惑是患者较普遍的心理现象，特别是性格抑郁、沉默寡言的患者更为突出，“杯弓蛇影”便是典型的案例。对于此类患者，护理人员应向患者介绍与其病情相关的医学知识，为其阐明真相，剖析本质，从根本上解除患者的心理负担，使患者从迷惑中解脱出来。

（三）移情易性

移情简单地说是指注意力的转移，具体地说是指采用一定措施，设法分散患者对疾病的注意力，使其注意力从疾病转移到另外的人或物上。

《素问·移精变气论》中指出：“古时治病，惟其移精变气，可祝由而已。”“祝”是指告诉，“由”是指生病缘由，“祝由”即指祝说发病的缘由，转移患者的精神，达到调整患者的气机，使精神内守以治病的方法，又称为“移精变气”。祝由之所以能治病，不仅要求医者有一定的医学知识，而且必须了解患者发病的原因，然后采用胜以制之的恰当方法进行治疗，才会改变患者的性情，调动机体正气，从而战胜疾病。

（四）宣泄解郁

宣泄解郁是让患者把抑郁于胸中的不良情绪宣达、发泄出去，从而尽快恢复正常情志活动，维系愉悦平和心境的方法。古人云：“郁则发之。”患者只有将内心的苦闷吐露出来，郁结的气机才能得以舒畅。作为护理人员对此类患者应适当地加以引导，通过谈心、疏导等方法，使患者能将心中的郁结宣泄出来，以达到化郁为畅、疏泄情志的目的。

（五）以情胜情

以情胜情是指有意识地采用一种情志抑制另一种情志，达到淡化，甚至消除不良情志，以保持良好的精神状态的一种情志护理方法。

以情胜情的疗法源于《黄帝内经》，《素问·阴阳应象大论》中指出：“怒伤肝，悲胜怒。”“喜伤心，恐胜喜。”“思伤脾，怒胜思。”“忧伤肺，喜胜忧。”“恐伤肾，思胜恐。”以情胜情疗法主要包括采用悲哀、喜乐、惊恐、激怒、思虑等情志刺激，以纠正相应所胜的情志，但应注意临床运用并不能完全按照五行制胜的原理简单机械地生搬硬套，而是应根据具体情况具体分析。

（六）顺情从欲

顺情从欲是指顺从患者的意志、情绪，满足患者的身心需要。患者在患病过程中，情绪多有反常，对此，先顺其情，从其意，有助于身心健康。

对于患者心理上的欲望，在护理中应注意分析对待。若是合理的，条件又允许，应尽力满足之所求或所恶，如创造条件以改变其环境，或对其想法表示同情、理解和支持等，但是对那些不切实际的想法、欲望，自然不能一味地迁就和纵容，而应当善意地、诚恳地采用说服教育等方法处理。

三、预防七情致病的方法

要预防七情致病，就必须做到保持精神乐观，调和情绪变化，避免七情过激。

（一）保持乐观情绪

乐观的情绪可使神态和调，胸怀舒畅，营卫流通，气血和畅，滋养神气，生机旺盛，从而身心健康。明代养生学家石天基将保持心理愉悦的养心法概括为："长存安静心，长存善良心，长存正觉心，长存欢喜心，长存和悦心，长存安乐心。"告诫人们只要保持健康、乐观、愉快、达观的人生态度和精神风貌，就可以远离疾病，达到长寿的目的。因此要想保持乐观、通达的人生态度，首先要培养开朗的性格。其次要善于化解烦恼和忧愁。

（二）谨防七情过激

情志活动是人的心理活动对外界刺激的适度反映，是主观感受的自然流露。和调的情志一般不会致病，而且有益于人体的生理活动，情志只是在过激时才会成为致病因素而危害人体。因此学会调节各种不良情绪，将有利于预防疾病的发生，更有利于健康长寿。

第三节　饮食护理

人以水谷为本，饮食是维持人体生命活动必不可少的物质基础，是人体脏腑、四肢百骸得以濡养的源泉。通过饮食，吸收水谷精微营养全身，维持人体正常的生命活动。祖国医学历来重视饮食调养，并积累了丰富而宝贵的经验，逐渐形成了独特的饮食调养理论及饮食调养原则。注重调整阴阳，协调脏腑，损有余而补不足，使五脏功能旺盛，气血充实。唐代医家孙思邈指出："食能祛邪而安脏腑，悦神爽志以资血气。"这是对食物调理作用的高度概括。

饮食调护是指在治疗疾病的过程中，根据祖国医学辨证施治的原则，进行营养膳食方面的护理，即调整饮食规律，注意饮食宜忌，合理摄取食物等。合理的饮食，不仅能促使疾病早日康复，而且能调治疾病，尤其是对于慢性疾病和重病恢复期的患者，能起到巩固疗效的作用。

一、饮食护理的基本要求

饮食调护是养生防病的重要环节，必须遵循一定的原则和法度，以达到恢复元气、疗疾去病、改善机体功能的目的。

（一）饮食有节

饮食有节是指饮食要适度而有节制，即进食应定量、定时。

饮食定量是指进食宜饥饱适中，恰到好处，则脾胃足以承受。使人们可以及时得到营养供应，以保证各种生理活动的正常进行。

过饱则会加重胃肠负担，使食物停滞于肠胃，不能及时消化，就会影响营养的吸收和输布。同时，脾胃功能因承受过重而受到损伤。《素问·痹论》中指出："饮食自倍，肠胃乃伤。"反之，过饥则机体营养来源不足，无以保证营养供给，就会使机体逐渐衰弱，影响健康。可见，过饥过饱都难以供给人体生命所需要的足够营养，使气血生化之源不足，必然导致疾病的发生，无益于健康。

饮食定时是指进食宜有较为固定的时间。有规律的定时进食，可以保证消化、吸收功能有节奏地进行，脾胃可协调配合，有张有弛。反之，食无定时，或忍饥不食，打乱了胃肠消化的正常规律，则会使脾胃功能失调，消化能力减弱，食欲逐渐减退，损害健康。

我国传统的进食方法是一日三餐，即“早饭宜好，午饭宜饱，晚饭宜少”。这是由于一日之内人体的阴阳气血随昼夜变化而盛衰各有不同，如白天阳气盛，新陈代谢旺盛，需要的营养供给也必然增多，所以，饮食量可略大；夜晚由于阳衰而阴盛，多为静息入寝，需要的营养供给也相对减少，所以，饮食量可略少，这也有利于胃肠的消化功能。《老子恒言》中指出：“日中而阳气隆，日西而阳气虚，故早饭可饱，午后即宜少食，至晚更必空虚。”因此，在平时的护理工作中，应指导患者按时进餐，养成良好的饮食习惯。

（二）平衡配膳

古人早就认识到各种食物中所含有的营养成分不同，只有做到各种食物兼而有之，全面搭配，才能使人体得到均衡的营养，满足各种生理活动的基本需要，有益于人体的健康。

1. 种类多样　《素问·脏气法时论》中指出：“五谷为养，五果为助，五畜为益，五菜为充，气味合而服之，以补精益气。”《素问·五常政大论》也说：“谷、肉、果、菜、食养尽之。”这就全面概括了粮谷、肉类、蔬菜、果品等几方面是饮食主要的组成内容，并指出它们在体内有补益精气的作用。人们必须根据需要，合理调配饮食，使五味和谐，有助于机体消化吸收，滋养脏腑、筋骨、气血，有利于健康长寿。但如果偏食，则会引起气血阴阳的平衡失调。

2. 谨和五味，寒热调和　祖国医学将食物的味道归为“酸、苦、甘、辛、咸”五味，五味对人体的作用各不相同，五味调和，有利于健康。如果长期偏食，就会引起机体阴阳平衡失调，从而导致疾病。《素问·生气通天论》中说：“膏粱之变，足生大丁。”指出了嗜食肥美食物的人，内多滞热，足以导致疔毒疮疡的发生。以上这段话，从食味太偏有损健康的角度，再次强调了五味调和的重要性。

饮食也有寒热温凉的不同性质，若过分偏嗜寒或热，能导致人体阴阳的失调，发生某些病变。如多食生冷寒凉之物，可以损伤脾胃阳气，使寒湿内生，发生腹痛、泄泻等证；多食油煎温热之物，可以损伤脾胃阴液，使肠胃积热，发生口渴、口臭、嘈杂易饥、便秘等证。因此，饮食必须有寒有热，不可凭自己的喜恶而偏嗜过寒或过热的饮食。正如《灵枢·师传》中指出：“食饮者，热无灼灼，寒无沧沧。”

（三）饮食宜卫生

新鲜清洁的食物，可以补充机体所需要的营养，而腐烂变质的食物不可食，否则易出现腹痛、泄泻、呕吐等中毒症状，重者可出现昏迷或死亡。《论语·乡党》中指出：“鱼馁而肉败不食，色恶不食。”就是告诫人们腐败不洁的食物、变质的食物不宜食用。此外大部分食物不宜生食，而是需要经过烹调加热后变成熟食，方可食用。其目的在于使食物更容易被机体消化吸收，同时，也使食物在加热过程中，得到清洁、消毒，去除一些致病因素。《千金要方·养性序》中指出：“勿食生肉，伤胃，一切肉惟须煮烂。”故饮食以熟食为主是饮食卫生的重要内容之一。

（四）三因制宜，辨证配膳

三因制宜，即因时、因地、因人不同而采取适宜的饮食调护方法，以达到防病治病的目的。

1. 因时制宜　由于春、夏、秋、冬四时气候的变化对人体的生理、病理有很大影响，因此人们应当在不同的季节根据饮食宜忌，合理选择调配不同的饮食。

春季气候转温，万物生发，宜适当食用辛温升散的食品，如枣、香菜、葱、韭菜炒鸡蛋等，少食生冷、黏杂之品。

夏季炎热酷暑，万物蒸荣，腠理开泄，宜进食清淡、解渴、生津、消暑之品，如西瓜、冬瓜、丝瓜、绿豆汤、乌梅小豆汤、荷叶粥、藿香茶等，寒凉、厚味之品不宜多食。

秋季凉爽干燥，万物肃杀，饮食应以滋阴润肺为主，可适当食用一些柔润食物，如芝麻、蜂蜜、鸭梨、乳品、甘蔗、糯米、莲藕、银耳羹等，以益胃生津，尽可能少食葱、姜、辣椒等辛味之品。

冬季气候寒冷，万物收藏，宜食用滋阴潜阳、热量较高的食物，如谷类、羊肉、龟、鳖、木耳、狗肉汤等，而且宜食热饮食，以保护阳气。由于冬季以养藏保精为主，“冬至”是冬三月气候转变的分界线，由此，阴气始退，阳气渐回，此时进补可扶正固本，萌育元气，使闭藏之中蕴藏活泼生机，有助于体内阳气的升发，增强抵抗力，可有效地预防开春的时行温病，为来年身体健康打下基础。

2. 因地制宜　我国地域辽阔，不同地区由于地势高低、气候条件各异，人的生理活动和病变特点也不尽相同，所以应根据不同地域分别配制膳食。如我国东南沿海地区，气候温暖潮湿，居民易感湿热，宜食清淡除湿的食物；西北高原地区，气候寒冷干燥，居民易受寒伤燥，宜食温阳散寒或生津润燥的食物。

3. 因人制宜　饮食调护应根据不同的年龄、体质、个性等方面的差异，分别予以不同的调摄。

儿童处于身体娇嫩，为稚阴稚阳之体，身体发育处于“成而未全，全而未壮”的阶段，宜食性平和、易于消化、健脾开胃的食物，而且食物的品种宜多样化及粗细粮、荤素合理搭配，不可偏嗜，以免过胖或过瘦，忌食滋腻峻补之品。青年人气血旺盛，宜食营养丰富的血肉有情之品和五谷杂粮、新鲜果菜，忌暴饮暴食及寒热、饥饱无度。老年人脾胃功能虚弱，运化无力，气血容易亏损，宜食清淡、温热熟软之品，忌食生冷、黏硬、不易消化之品。孕产妇妊娠期由于胎儿生长发育的需要，机体的阴血相对不足，而阳气偏盛，宜食性味甘平、甘凉的补益之品，如鱼肉、乳类、蔬菜、水果等酸性开胃之品，忌食辛热、温燥之品，即所谓“产前宜凉”。哺乳期由于产后随着胎儿的娩出，气血受到不同程度的损伤，机体呈虚寒状态，同时多兼见瘀血内停，此时宜食有营养、易消化、补而不腻之物，如小米粥、大枣、骨头汤、鸡汤等，忌食寒凉、辛燥、酸性食物，即所谓“产后宜温”。

阳虚之人宜以温补壮阳为主，可常食羊肉、狗肉、韭菜等，忌食生冷寒凉之品；阴虚之人宜以滋补养阴为主，可常食粥、银耳、鸭等，忌食温热辛燥之品。体胖者多痰湿，饮食宜清淡，如多食青菜、水果等含纤维素多的食物，忌食肥甘厚腻、助湿生痰之物；体瘦者多阴虚内热，血亏津少，宜食滋阴生津、补血的食物，忌食辛辣、燥烈之品。

（五）保持良好的进食习惯

首先，进食时宜专致。进食时，应将头脑中的各种琐事尽量抛开，把注意力集中到饮食上来。《千金翼方》中指出：“食不语。”“食勿大言。”可见，自古以来，人们早已认识到专心进食有利于消化的道理。反之，则纳食不香，影响消化吸收。其次，进食宜愉悦。良好的环境和愉快的心情有利于食物的消化吸收。古人云：“食后不可便怒，怒后不可便食。”愉悦的情绪可使肝疏泄畅达，食欲大增，脾胃健旺。此外，进食宜和缓。进食时应该从容和缓，细嚼慢咽。急食则食不消化，暴食则会骤然加重肠胃负担，还容易发生噎、呛等意外，故古人云：“食不欲急，急则损脾，法当熟嚼令细。”这样进食，既有利于各种消化液的分泌，又能稳定情绪，避免急食暴食。

（六）加强食后护理

首先食后要漱口。食后要注意口腔卫生，经常漱口可使口腔保持清洁，牙齿坚固，并能防止口臭、龋齿等疾病。《饮膳正要》中说："晚餐不可多食，食后漱口，清旦刷牙，不如夜分刷牙，齿疾不生。"其次食后宜摩腹。食后摩腹有利于腹腔血液循环，促进胃肠的消化功能。具体方法是：进食以后，自左而右，可连续作二、三十次不等。经常进行食后摩腹，不仅对消化有益，而且对全身健康也有好处，是一种简便易行，行之有效的养生法。此外食后宜散步。进食后宜做一些从容和缓的活动，不宜立即卧床休息。如果在饭后边散步边摩腹，则效果更佳。

二、食物的性味与功效

食物同药物一样，具有寒、热、温、凉之性，辛、甘、酸、苦、咸之味，饮食调护必须根据患者的体质、疾病的性质不同，选择不同性味的食物进行调护，对治疗疾病有一定的疗效。

（一）清补类食物

一般具有寒凉性质的食物，如鸭、鹅、龟、鸡蛋、鸭蛋、豆腐、粳米、小麦、小米、薏米、绿豆、各种豆芽、梨、甘蔗、莲子、海带、菠菜、白菜、冰糖等。常用于热性病证的调护，具有清热、解毒、泻火的功效。

（二）温补类食物

一般具有温热性质的食物，如羊肉、狗肉、鸡、鸽、鲤鱼、鲫鱼、糯米、大枣、栗子、桂圆肉、荔枝、花生、胡萝卜、红糖等。常用于寒性病证的调护，具有温中、补阳、散寒的功效。

（三）平补类食物

所谓"平"是指这类食物既没有寒凉之偏性，又没有温热之偏性，其性较平和，如牛奶、猪肉、黑鱼、蚕蛹、蚕豆、扁豆、山药、莲肉、香菇、蜂蜜、黑木耳、黄花等。常用于各种疾病的恢复期，具有补益、和中的功效。

（四）辛散类食物

一般具有辛温或辛热性质的食物，如生姜、大蒜、葱、花椒、淡豆豉、茴香、苏叶、薤白、桂枝、白酒等。常用于各种阴寒之证，具有发散、行气的功效。

（五）清热类食物

一般具有苦寒、甘寒性味的食物，如苦瓜、冬瓜、丝瓜、西瓜、萝卜、葫芦、芹菜、莴笋、荸荠及各种动物的胆等。常用于实热证的调护，具有清热、泻火、解毒的功效。

三、饮食宜忌

《金匮要略》中指出："所食之味，有与病相宜，有与病为害，若得宜则补体，为害则成疾。"因此一定要根据患者的疾病证候类型来指导患者选择不同属性的食物，以下为常见病证的饮食宜忌：

（一）外感热证

宜食清淡食物，如米粥、清汤面、新鲜蔬菜、水果等，高热伤津时可多饮水，食鲜梨汁、藕汁、西瓜汁等。忌食油腻、煎炸、辛辣之品，以防伤阴动火，损伤脾胃。

（二）肺系病证

心系肺系病证包括咳嗽、哮喘、肺痈、肺痨、悬饮、矽肺等病证。宜食清淡素食、水果。忌食辛辣、烟酒、油腻、甜黏之品。

咳嗽痰黄、肺热盛者，宜食萝卜、橘子、梨、枇杷等清热化痰之品；痰中带血者，宜食藕片、藕汁等清热止血之品；痰白清稀、肺寒者，忌食生冷水果；疾病恢复期表现为肺阴虚者，宜食百合、银耳、甲鱼等滋阴补肺之品；哮喘患者应忌食发物，如海鱼、虾、香菜、羊肉等。

（三）心系病证

心系病证包括心悸、胸痹、失眠等病证。应结合血脂检验值分别对待，血脂正常，一般营养食物均适宜；血脂增高，以清淡素食为主，少食瘦肉、鱼类之品。忌食动物脂肪、猪肝、腰子、脑子以及烟酒、浓茶、咖啡等刺激品。

（四）脾胃系病证

脾胃系病证包括胃脘痛、呕吐、泄泻、便秘等病证。宜食营养丰富、软、烂、热、易于消化的食物。忌食生冷、煎炸、硬固之品。

脾胃有寒者，宜食姜、椒类；胃热者宜酌进水果；胃酸过多，宜食含碱面条；胃酸缺乏，饭后宜食适量的醋或山楂片。腹泻者宜食少油半流食或软饭，忌食苋菜、茼蒿、茄子及生冷瓜果等寒凉滑润之品。

（五）肝胆系病证

肝胆系病证包括黄疸、鼓胀、眩晕、中风、癫痫、郁证等病证。宜食清淡蔬菜及营养丰富的瘦肉、鸡、鱼类。忌食辛辣烟酒刺激品，少食动物脂肪。

肝胆疾病急性期以素食为宜，缓解期或恢复期可进荤食；肝硬化腹水，宜食低盐或无盐饮食；肝昏迷时，应控制动物蛋白类食物。

（六）肾系病证

肾系病证包括水肿、淋证、消渴、癃闭、痿证、遗精等病证。宜食清淡、营养丰富的食物以及多种动物性补养类食物。忌食盐、碱过多和酸辣太过的刺激之品。

水肿者，宜食冬瓜、葫芦、赤豆、荠菜、苡仁、鲫鱼等利尿消肿之品；肾虚者，宜食猪、牛、羊、鸡、狗肉、蛋类等补养品；肾炎宜进食低盐或无盐饮食；乳糜尿应忌食脂肪、蛋白类食物。

（七）时感温热病证

时感温热病证泛指因外感时邪而致病的时令病，临床以发热为主证。如感冒、风温、春温、湿温、中暑、霍乱、痢疾等病证。这类病证常伴肺胃二系的症状，当其热退后，可分别参照肺系和脾胃系有关病证的饮食宜忌。宜食清淡素净、易消化的食物及新鲜水果汁。忌食辛辣、油腻、硬固类食物。

（八）五脏疾病对五味的禁忌

《灵枢·五味》中指出："肝病禁辛，心病禁咸，脾病禁酸，肾病禁甘、肺病禁苦。"这些都是根据中医学五行学说的相关理论总结而来。如肝属木，辛味归肺属金，金克木，所以肝病应忌食辛味食物，如果再食辛辣之品，会使肝气更盛，病必加剧。

（杨晓玮）

第八章　内科病证护理

第一节　外感病证护理

感　冒

感冒是以鼻塞、流涕、喷嚏、头痛、恶寒、发热及全身不适等为主要临床表现的一种外感病证。一年四季均可发生，以冬春季为多见。感冒的病因是以风为首的六淫病邪或时行疫毒，基本病机是肺卫功能失调，卫表不和、肺气失宣，其发病与人体正气失调有关。现代医学中的普通感冒、流行性感冒、急性上呼吸道感染均可参考本病辨证施护。

一、辨证论治

（一）风寒感冒

1. 症状　恶寒，发热，无汗，头痛身疼，鼻塞流清涕，喷嚏，舌苔薄白，脉浮紧或浮缓。

2. 治则　辛温解表，宣肺散寒。

3. 代表方　荆防败毒散。

（二）风热感冒

1. 症状　发热，恶风，头胀痛，鼻塞流黄涕，咽痛咽红，咳嗽，舌边尖红，苔白或微黄，脉浮数。

2. 治则　辛凉解表，宣肺清热。

3. 代表方　银翘散。

（三）暑湿感冒

1. 症状　见于夏季，头昏胀重，鼻塞流涕，恶寒发热，或热势不扬，无汗或少汗，胸闷泛恶，舌苔黄腻，脉濡数。

2. 治则　清暑祛湿解表。

3. 代表方　新加香薷饮。

二、辨证施护

（一）生活起居护理

居室应整洁、空气清新。风寒者注意防寒保暖，室温可稍高；风热者室温宜稍低，湿度适中；暑湿者适当降低室内温度与湿度。随季节气候变化随时增减衣被，以免复感外邪。时行感冒患者应注意呼吸道隔离。

（二）服药护理

解表药多为辛散轻扬之品，宜轻煎。发散风寒药应热服，药后加衣盖被，可食热粥以助药力。发散风热药宜温服，服药后以遍身微汗出为佳，过汗则伤正，如汗出热退、身凉脉静，可不必尽剂，并防止汗出当风而复感。若是患儿可选择其易于接受的药物剂型，如冲剂、糖浆、口服液等。

（三）饮食护理

饮食选清淡、易消化之品，如面条等半流质或软食、新鲜蔬菜及多汁水果等。多喝水以补津液、助汗源。忌食油腻、辛辣食物。风热感冒者可用薄荷叶或绿豆汤、菊花茶等以清凉解热；风寒感冒者饮食中佐用生姜、葱白、芫荽等辛味发散之品；暑湿感冒可用鲜藿香、佩兰开水冲泡代茶饮以化湿解暑，也可食用绿豆粥、薏苡仁粥等，使湿邪从小便而去。

（四）其他

1. 观察发热类型、程度及变化。注意有无神志异常、颈项强直、皮肤及巩膜黄染、乳蛾肿大等。若患者（尤其是小儿）双目凝视、牙关紧闭、两手握固，常是惊风的先兆；若表现为嗜睡、表情淡漠等为神昏的先兆；或出现呼吸困难、喘息气急，甚则面唇青紫等情况皆应及时报告医生早作处理。

2. 若汗出不畅者，可针刺大椎、曲池穴以透邪发汗。头身困重或疼痛可予以按摩疗法，或配合刮痧。

3. 高热而恶寒不明显者可针灸退热。风寒感冒取大椎、曲池、风池、合谷等穴，并可加灸；风热感冒穴选大椎、曲池、尺泽、外关等，并可刺十宣放血。若高热持续不退，警惕热极生风。

第二节　肺系病证护理

咳　嗽

咳嗽是以咳嗽、咯痰为主要症状的病证。有声无痰谓之咳，有痰无声谓之嗽，临证常痰、声并见，故通称咳嗽。一年四季均可发病，而以冬春季节尤为多见。病因有外感和内伤两个方面，外感常由六淫之邪侵袭肺系，内伤则因饮食、情志等使脏腑功能失调，基本病机是肺失宣降、肺气上逆所致。西医学中的上呼吸道感染，急、慢性支气管炎，支气管扩张，肺炎等以咳嗽为主要表现时均可参考本病辨证施护。

一、辨证论治

（一）外感咳嗽

1. 风寒袭肺

（1）症状　咳嗽声重，咯痰稀薄色白，恶寒，或有发热，无汗，舌苔薄白，脉浮紧。

（2）治则　疏风散寒，宣肺止咳。

（3）代表方　三拗汤合止嗽散。

2. 风热犯肺

（1）症状　咳嗽气粗，咯痰黏白或黄，咽痛或咳声嘶哑，或有发热，微恶风寒，口微渴，舌尖红，苔薄白或黄，脉浮数。

（2）治则　疏风清热，宣肺止咳。

（3）代表方　桑菊饮。

3. 风燥伤肺

（1）症状　干咳少痰，咯痰不爽，鼻咽干燥，口干，舌尖红，苔薄黄少津，脉细数。
（2）治则　疏风清肺，润燥止咳。
（3）代表方　桑杏汤。
（二）内伤咳嗽
1. 痰热壅肺
（1）症状　咳嗽气粗，痰多稠黄，烦热口干，舌质红，苔黄腻，脉滑数。
（2）治则　清热肃肺，化痰止咳。
（3）代表方　清金化痰汤。
2. 肝火犯肺
（1）症状　咳呛气逆阵作，咳时胸胁引痛，甚则咯血，舌红，苔薄黄少津，脉弦数。
（2）治则　清肺平肝，顺气降火。
（3）代表方　加减泻白散。
3. 痰湿蕴肺
（1）症状　咳声重浊，痰多色白，晨起为甚，胸闷脘痞，纳少，舌苔白腻，脉滑。
（2）治则　健脾燥湿、化痰止咳。
（3）代表方　二陈汤。
4. 肺阴亏虚
（1）症状　咳久痰少，咯吐不爽，痰黏或夹血丝，咽干口燥，手足心热，舌红，少苔，脉细数。
（2）治则　滋阴润肺，化痰止咳。
（3）代表方　沙参麦冬汤。
5. 肺气亏虚
（1）症状　病久咳声低微，咳而伴喘，咯痰清稀色白，食少，气短胸闷，神倦乏力，自汗畏寒，舌淡嫩，苔白，脉弱。
（2）治疗　补益肺气，化痰止咳。
（3）代表方　补肺汤。

二、辨证施护

（一）生活起居护理
保持室内整洁，防止烟尘及特殊气味的刺激。痰液应及时清理。寒温调适，防止外感。
（二）服药护理
外感咳嗽者所服汤剂不宜久煎，热证者可凉服，寒证、气虚者宜温服。肺燥阴虚者汤药可少量多次频服或雾化吸入。
（三）饮食护理
饮食宜清淡、易消化之品，忌肥甘油腻、辛辣刺激、海腥之物。外感咳嗽避免食用酸涩之物，以防助邪。风寒咳嗽者可适当进食葱白、紫苏叶等辛温发散之品，忌生冷瓜果。风热犯肺者宜选辛凉之品，如菊花、薄荷叶等，忌辛热助火的食物。风燥伤肺者宜多食多汁蔬菜及水果，忌温燥煎炸之品。痰湿蕴肺者应食健脾利湿化痰的食物，如薏仁米、扁豆，忌食甜腻之品。痰热蕴肺者宜食荸荠等偏凉之物，忌辛热之品，如肉桂等。肝火犯肺者选有疏肝泻火作用的食物，如芹菜、佛手等，忌油炸香燥之品。肺气虚者适宜甘温补益之品，如鸡蛋。

肺阴虚者适宜甘寒补益之品，如百合。

（四）情志护理

久病迁延者给予劝慰开导，讲明证情，增强其治病信心。肝火犯肺者防止其因情绪波动而加重病情。

（五）其他

1. 注意观察病情，如年老久病者防止出现汗出肢冷、心悸嗜睡等厥脱证。若发现小儿呼吸困难、面色青紫，甚至窒息惊厥，或见久咳、痰中带血或大咯血的患者，应及时通知医生并做好急救准备。

2. 病重痰多者宜侧卧，定时更换体位；咯痰困难者协助其排痰如翻身拍背，必要时可行吸痰术。

3. 协助医生做好针灸、推拿治疗，如选用肺俞、列缺、天突、丰隆等穴。

喘　证

喘证是因久患肺系疾病或其他脏腑病变导致肺气上逆，而出现气短喘促、呼吸困难，甚则张口抬肩、不能平卧等症状的疾病。喘证的病因很复杂，外邪侵袭、情志失调、饮食不当、久病劳欲等均可致喘，主要病机是气的升降出纳失常，严重者可出现喘脱之危候。西医学中的喘息性支气管炎、慢性阻塞性肺气肿、肺部感染、慢性肺源性心脏病、矽肺等疾病出现以呼吸困难为主要临床表现时，可参考本篇辨证施护。

一、辨证论治

（一）风寒束肺

1. 症状　喘急胸闷，咳嗽痰多清稀，伴有恶寒发热，头痛，鼻塞，无汗，口不渴，舌苔薄白，脉浮紧。

2. 治则　散寒宣肺平喘。

3. 代表方　麻黄汤。

（二）风热犯肺

1. 症状　喘促气粗，咳嗽痰黄而稠黏，心胸烦闷，口干而渴，可有发热恶风，舌边红，苔薄黄，脉浮数。

2. 治则　祛风清热，宣肺平喘。

3. 代表方　麻杏石甘汤。

（三）痰湿蕴肺

1. 症状　喘咳胸闷，痰多易咯，痰黏或咯吐不爽，胸中窒闷，口腻，脘痞腹胀，舌质淡，舌苔白腻，脉弦滑。

2. 治则　化痰降逆，宣肺平喘。

3. 代表方　二陈汤合三子养亲汤。

（四）水气凌心

1. 症状　气喘息涌，痰多呈泡沫状，胸胀满不能平卧，肢体浮肿，心悸怔忡，尿少肢冷，舌苔白滑，脉弦细数。

2. 治则　温阳利水，泻肺平喘。

3. 代表方　真武汤合葶苈大枣泻肺汤。

（五）肺脾两虚

1. 症状 喘息短促无力，语声低微，自汗心悸，面色苍白，神疲乏力，食少便溏，舌淡苔少，脉弱，或口干咽燥，舌红，脉细。

2. 治则　补肺益气定喘。

3. 代表方　补肺汤。

（六）肺肾两虚

1. 症状　喘促日久，心悸怔忡，动则喘咳，气不接续，胸闷如窒，不能平卧，痰多而黏，或心烦不寐，唇甲发绀，舌质紫或舌红苔少，脉微疾或结、代。

2. 治则　补肾纳气定喘。

3. 代表方　金匮肾气丸合参蛤散。

二、辨证施护

（一）生活起居护理

居室环境安静，空气新鲜，温湿度适宜。外寒、痰饮者病室宜温暖、向阳。患者发作期宜卧床休息，取半卧位或坐位；喘重者取端坐位。虚证者应随季节变化适当调节室温、增减衣被，避免过劳。肺肾两虚者应节制房事。

（二）服药护理

风寒者用麻黄汤不宜久煎，汤药宜温服；麻杏石甘汤可凉服。药后应避风寒，并观察呼吸、血压、心率的变化及汗出情况。虚证汤剂宜久煎温服。病重者宜少量多次持续给药。

（三）饮食护理

饮食宜清淡、富营养，忌油腻、辛辣之品。风寒束肺者可食用葱白、生姜等辛温食物，忌生冷瓜果；风热犯肺者可选鸭梨、荸荠等凉性蔬果，多饮水；痰湿蕴肺者可食柑橘、萝卜、薏仁米、冬瓜等，忌黏甜、煎炸之物；水气凌心者宜予少盐或无盐饮食；肺脾两虚者可选茯苓饼、猪肺等食物；肺肾两虚者可用血肉有情之品以达到补益作用，如胎盘、骨髓、蛤蚧等。

（四）情志护理

很多急慢性疾病都可见喘息症状。注意消除患者忧虑、急躁等不良情绪以有利于疾病康复。

（五）其他

1. 保持呼吸道通畅，助患者将痰液咳出，如采用改变体位、超声雾化吸入、吸痰器等。若见剧烈喘息、面青唇紫等症，应迅速给予低流量氧气吸入。水气凌心的患者常见肢体水肿，应抬高下肢。

2. 可行针灸、推拿以止喘，辨证选穴，如风寒者选列缺、风门等；风热者选合谷、大椎等；痰湿者选脾俞、丰隆等；水饮者选阴陵泉、肺俞等；肺脾两虚可选脾俞、定喘等；肺肾两虚可选肾俞、气海等。

3. 患感冒、咳嗽等肺系疾病者宜及时治疗，防止病情迁延而伤肺。

哮　病

哮病是一种发作性的痰鸣气喘疾患，以发作性喉中哮鸣有声、呼吸困难，甚则喘息不得平卧为主要临床表现。本病由于宿痰内伏于肺，遇外邪、饮食、情志、劳倦等诱因引发，基本病机是痰气搏结，通气不利，肺气宣降失常。“哮以声响言，喘以气息言”，临证哮必兼喘，喘未必兼哮。哮与喘常常并见，故亦称为“哮喘”。西医学中的支气管哮喘、喘息性支气管炎、过敏性哮喘等疾病出现痰鸣气促时，可参考本病辨证施护。

一、辨证论治

（一）发作期

1. 冷哮

（1）症状　喉中哮鸣有声，胸膈满闷，咳痰稀白，面色晦滞，或有恶寒、身痛发热，舌质淡，苔白滑，脉浮紧。

（2）治则　温肺散寒，化痰平喘。

（3）代表方　射干麻黄汤。

2. 热哮

（1）症状　喉中哮鸣如吼，气粗息涌，胸膈烦闷，呛咳阵作，痰黄黏稠，面红，伴有发热、心烦口渴，舌质红，苔黄腻，脉滑数。

（2）治则　清热宣肺，化痰定喘。

（3）代表方　定喘汤。

（二）缓解期

1. 肺气亏虚

（1）症状　平素自汗，怕风，常易感冒，每因气候变化而诱发，发病前喷嚏频作，鼻塞流清涕，舌苔薄白，脉濡。

（2）治则　补肺固卫。

（3）代表方　玉屏风散。

2. 脾气亏虚

（1）症状　平素痰多，倦怠无力，食少便溏，每因饮食失当而引发，舌苔薄白，脉细缓。

（2）治则　健脾化痰。

（3）代表方　六君子汤。

3. 肾气亏虚

（1）症状　平素气息短促，动则为甚，腰酸腿软，脑转耳鸣，不耐劳累，下肢欠温，小便清长，舌淡，脉沉细。

（2）治则　补肾摄纳。

（3）代表方　金匮肾气丸或七味都气丸。

二、辨证施护

（一）生活起居护理

保持室内空气新鲜，温湿度适宜，冷哮者居室宜阳光充足，热哮者宜凉爽通风。注意防寒保暖，避免接触花粉、动物皮毛等致敏物及烟尘异味刺激。哮喘发作期应卧床休息，可取半坐位或端坐位，持续低流量吸氧；缓解期宜循序渐进地适当活动。

（二）服药护理

冷哮者中药汤剂宜热服，热哮及虚证者宜温服。若见喷嚏、咳嗽等先兆症状，可选择气雾剂以制止发作。

（三）饮食护理

根据体质的特异性，哮病患者应禁食曾诱发哮喘的食物，忌生冷、辛辣、肥腻、海腥等，戒烟酒。冷哮者可选葱白、生姜等辛温之品以助散寒；热哮者可食荸荠、枇杷、海蜇等以清热化痰；虚证者饮食宜温热、清淡、富营养，如羊肺、山药、核桃等以补益肺脾肾。

（四）情志护理

哮病易于反复发作、迁延难愈，患者常呈现情绪低落，耐心讲解疾病的发作与缓解，说明情绪等诱发因素与发病的关系，解除思想负担，树立治疗信心。

（五）其他

1. 密切观察呼吸的频率、节律、强弱，呼吸道是否通畅等以及神志、面色等全身情况。如哮喘持续发作或痰阻气道咯吐不利，见胸部憋闷如窒、汗出肢冷、面青唇紫、烦躁不安或神昏嗜睡、脉大无根等症状时，要立即报告医生积极救治。

2. 可配合针灸、按摩、敷贴等措施止哮，实证者选定喘、大椎、肺俞、膻中、天突、丰隆等穴；虚证取神阙、气海、关元、肾俞、三阴交等穴。

3. 喘憋明显或唇甲青紫者，给予低流量持续吸氧。保持呼吸道通畅，及时清除口腔内的分泌物；痰多且咯吐无力者，应协助体位引流，翻身拍背排痰，或予以吸痰。

4. 哮喘是小儿的一种常见病，有哮喘家族史的小儿尤其需要悉心养护，尽量减少发作。积极预防和治疗感冒、咳嗽等病证以免诱发哮喘。

第三节　脾胃病证护理

胃　痛

胃痛又称胃脘痛，是指以上腹胃脘部近心窝处疼痛为主要表现的病证。寒邪、饮食、情志、脏腑功能失调是引起胃痛的常见原因，其基本病机是胃气失和、胃失濡养。西医学中急、慢性胃炎，消化性溃疡病，胃痉挛，胃癌，胃下垂，胃神经官能症等疾病出现以上腹部疼痛为主要表现时，可参考本篇辨证施护。

一、辨证论治

（一）寒邪犯胃

1. 症状　胃痛暴作，恶寒喜暖，脘腹得温则痛减，遇寒则痛增，口不渴，或渴喜热饮，苔薄白，脉弦紧。

2. 治则　温胃散寒，理气止痛。

3. 代表方　轻症可局部温熨，或服生姜红糖汤即可；较重者可用良附丸。

（二）食滞肠胃

1. 症状　胃痛，脘腹胀满，嗳腐吞酸，或吐不消化食物，吐食或矢气后痛减，或大便不爽，苔厚腻，脉滑或实。

2. 治则　消食导滞，和胃止痛。

3. 代表方　保和丸。

（三）肝胃气滞

1. 症状　胃脘胀闷，攻撑作痛，脘痛连胁，嗳气频繁，大便不畅，每因情志因素而痛作，苔多薄白，脉沉弦。

2. 治则　疏肝理气，和胃止痛。

3. 代表方　柴胡疏肝散。

（四）胃热炽盛

1. 症状　胃痛，痛势急迫或痞满胀痛，泛酸嘈杂，心烦，口苦或黏，舌红，苔黄或腻，脉数。

2. 治则　疏肝理气，泄热和胃。

3. 代表方　丹栀逍遥丸。

（五）瘀阻胃络

1. 症状　胃痛较剧，痛如针刺或刀割，痛有定处，拒按，或大便色黑。舌质紫黯，脉涩。

2. 治则　活血化瘀，和胃止痛。

3. 代表方　失笑散合丹参饮。

（六）胃阴亏虚

1. 症状　胃痛隐作，灼热不适，嘈杂似饥，食少口干，大便干燥，舌红少津，脉细数。

2. 治则　养阴益胃，和中止痛。

3. 代表方　一贯煎合芍药甘草汤。

（七）脾胃虚寒

1. 症状　胃痛绵绵，空腹为甚，得食则缓，喜热喜按，泛吐清水，神倦乏力，手足不温，大便多溏，舌质淡，脉沉细。

2. 治则　温中健脾，和胃止痛。

3. 代表方　黄芪建中汤。

二、辨证施护

（一）生活起居护理

注意生活有规律，防止胃脘部受凉，根据气候变化及时增添衣被。寒证室温宜略高；热证居室宜湿润凉爽，光线柔和。

（二）服药护理

寒邪犯胃或脾胃虚寒者所用汤剂宜热服，或用热水袋温熨胃脘部，以驱寒止痛。胃阴亏虚者汤剂宜久煎，少量频服。

（三）饮食护理

饮食予以易消化之品，以细、软、少量多餐为原则。寒邪客胃者选用具有温中散寒之品，如生姜、红糖等，忌生冷。食滞肠胃者应控制饮食，或进素流质、半流质饮食，以和胃消食之品为宜，如萝卜、山楂等，忌肥甘厚味及辛辣食物。肝胃气滞者宜多食理气解郁之品，如萝卜、柑橘等，忌食南瓜、山芋、土豆等壅阻气机之物。胃热炽盛者宜选泄热清胃作用的食物，如绿豆、冬瓜等，忌辛辣、烟酒之品。瘀阻胃络者宜选行气活血的食物，如山楂，忌食煎炸、硬固之品。胃阴不足者可选滋养胃阴作用的食物，如牛奶、藕等，忌辛香温燥之品。脾胃虚寒者予温中健脾的食物，如山药、茯苓等，忌寒凉、肥腻之品。

（四）情志护理

肝气郁滞导致胃痛者给予开导劝慰；久病且反复发作者，帮助其消散负性情绪。耐心向患者解释病情，建立治疗信心。

（五）其他

1. 观察患者疼痛的部位、性质（闷痛、胀痛、刺痛等）、开始时间、程度、伴随症状、发作的规律性、诱发和缓解的因素以及疼痛的发展过程，并注意患者对疼痛的反应，有无出现面色苍白、大汗淋漓、血压下降等表现，若见胃痛发作，大便色黑如柏油样等情况，应及时报告医生。

2. 可行穴位按压或针刺止痛。实证者用泻法，取穴中脘、内关、足三里等；肝胃气滞者可加用肝俞、太冲等；虚证者用补法，取穴中脘、脾俞、胃俞。寒邪所致胃痛发作可行温热疗法，如拔罐、药熨、熏蒸、艾灸等。热证则禁用此法。食滞所致疼痛可用探吐法，并保持大便通畅。

3. 查明引起胃痛的原因，积极治疗原发病。

呕　吐

呕吐是指由于胃失和降、胃气上逆以致胃内容物经口而出的病证。有声无物谓之呕，有物无声谓之吐，临证二者常同时发生，故以呕吐并称。寒气、火热、饮食不当等是引起呕吐的常见病因，胃气上逆是其基本病机。西医学中急性胃炎、神经性呕吐、贲门痉挛、幽门痉挛或梗阻、肠梗阻、胰腺炎、胆囊炎等疾病，当以呕吐为主要表现时，可参考本篇辨证施护。

一、辨证论治

（一）寒邪犯胃

1. 症状　突然呕吐，可伴有发热恶寒，头身痛，胸脘满闷，舌苔白腻，脉濡缓。

2. 治则　疏邪解表，化浊和中。

3. 代表方　藿香正气散。

（二）饮食停滞

1. 症状　呕吐酸腐，脘腹胀满，嗳气厌食，得食更甚，吐后反快，大便秽臭或溏薄或秘结，舌苔厚腻，脉象滑实。

2. 治则　消食化滞，和胃降逆。

3. 代表方　保和丸。

（三）痰饮内阻

1. 症状　呕吐痰涎清水，胸脘痞闷，不思饮食，头眩心悸，舌苔白腻，脉滑。

2. 治则　温中化饮，和胃降逆。

3. 代表方　小半夏汤合苓桂术甘汤。

（四）肝气犯胃

1. 症状　呕吐吞酸，嗳气频繁，胸胁闷痛，舌边尖红，脉弦。

2. 治则　疏肝理气，和胃降逆。

3. 代表方　半夏厚朴汤合左金丸。

（五）脾胃虚寒

1. 症状　饮食稍有不慎，即易出现呕吐，面色苍白，倦怠乏力，口干而不欲饮，四肢不温，大便溏薄，舌淡，脉濡弱。

2. 治则　益气健脾，和胃降逆。

3. 代表方　理中丸。

（六）胃阴不足

1. 症状　呕吐反复发作，时作干呕，口燥咽干，似饥而不欲食，舌红津少，脉细数。

2. 治则　滋阴养胃，降逆止呕。

3. 代表方　麦门冬汤。

二、辨证施护

（一）生活起居护理

保持病室通风，空气清新，及时清理呕吐物及其污染衣物。室温根据临床病证性质的不同而进行适当的调节。尽量少搬动或打扰患者，避免由于体位的改变而诱发呕吐的发生。

（二）服药护理

中药汤剂宜少量多次分服，避免一次服用量过多而诱发呕吐，或服前舌面滴生姜汁起预防作用。痰饮内阻者不宜大量进食水饮汤剂，故汤药宜浓煎而减少服用药量。胃阴不足者适当增加服药的次数和量，频频饮服达到滋阴养胃止呕的目的。

（三）饮食护理

饮食宜清淡细软，予以半流食，呕吐严重者可暂禁食。忌辛辣、腥味等食物。寒邪犯胃者多选具有散寒、温中、降逆作用的食物，如生姜、萝卜等，忌食生冷。饮食停滞者限制食量，可给消食化滞之品如山楂；并且不宜见吐止吐，可以采用探吐法尽量将其胃中积滞之食吐出，忌硬固不易消化之品；或萝卜煎汤服用以通腑降浊。痰饮内阻者以素食为主，兼以健脾利湿之品，如山药、茯苓等，忌生冷、肥甘之品。肝气犯胃者饮食宜清淡疏利，多用蔬菜，少油腻，忌辛辣、酒类、黏滞助火的食物。脾胃虚寒者选健脾益胃之品，每次食量宜少。胃阴不足者可少食多餐，多进滋养胃阴之品，如牛奶、藕等。

（四）情志护理

及时平复患者紧张情绪，予以疏导，尽力让患者保持情绪安静以免加重病情。

（五）其他

1. 观察呕吐物的性质、颜色、量、气味及呕吐发作的频率等，呕吐量多可造成津伤，应注意及时补充水分；注意有无由于严重呕吐，出现头晕及嗜睡甚至昏迷等症状表现。小儿注意分析呕吐发生的原因，如属于一次哺乳量过多则适当调整哺乳量和改变体位。

2. 可用穴位按压或针刺止呕，取穴内关、中脘、合谷等。脾胃虚寒者可艾灸中脘、足三里等穴，或热敷胃脘部；痰饮内阻可选用丰隆、合谷等穴；肝气犯胃可选用肝俞、期门等穴。呕吐后可行胃脘部按摩以缓解胃脘部紧张不适的感觉。

3. 有些药物对胃肠道有刺激性如补铁剂、抗生素类药，注意服药的时间，尽量放在饭后服用，以减轻胃肠道对药物刺激的反应。

泄　泻

泄泻是以排便次数增多，粪便稀溏，甚至泻出如水样为主症的病证。泄者，泄漏之意；泻者，倾泻之意。故前人以大便溏薄势缓者为泄，大便清稀如水而直下者为泻。临证难于截然分开，一般合而论之。本病一年四季均可发生，夏秋两季多见。儿童发病率较高，年龄多在3岁以下，尤以1岁以内居多。泄泻多由饮食、起居、情志失常等因素导致脾胃运化失调，大肠传导失司，湿邪内盛。脾虚湿盛是其基本病机。西医学中急性肠炎、慢性肠炎、胃肠功能紊乱、肠结核等消化系统疾病，以腹泻为主要表现者，均可参考本篇辨证施护。

一、辨证论治

（一）寒湿困脾

1. 症状　泻下清稀，甚至如水样，腹痛肠鸣，脘闷食少，兼有外感时可见恶寒发热，鼻塞头痛，肢体酸痛，苔薄白或白腻，脉濡缓。

2. 治则　芳香化浊，解表散寒。

3. 代表方　藿香正气散。

（二）肠道湿热

1. 症状　腹痛即泻，泻下急迫，粪色黄褐而臭，肛门灼热，可伴有烦热口渴，小便短赤，舌质红，苔黄腻，脉濡数或滑数。

2. 治则　清热利湿。

3. 代表方　葛根芩连汤。

（三）食滞胃肠

1. 症状　腹痛肠鸣，泻下粪便臭如败卵，泻后痛减，夹有不消化之物，腹胀满，嗳腐酸臭，不思饮食。舌苔垢浊或厚腻，脉滑。

2. 治则　消食导滞。

3. 代表方　保和丸。

（四）肝气郁滞

1. 症状　腹痛肠鸣即泻，每因情志不畅而诱发，泻后痛缓，平素多有胸胁胀闷，嗳气食少，矢气频作，舌苔薄白或薄腻，脉弦。

2. 治则　抑肝扶脾。

3. 代表方　痛泻要方。

（五）脾气亏虚

1. 症状　大便时溏时泻，反复发作。稍有饮食不慎，大便次数即增多，夹见水谷不化，伴有饮食减少，脘腹胀闷不舒，面色少华，肢倦乏力，舌质淡，苔白，脉细弱。

2. 治则　健脾益胃。

3. 代表方　参苓白术散。

（六）肾阳亏虚

1. 症状　晨起泄泻，大便夹有不消化食物，脐腹作痛，形寒肢冷，腹部喜暖，舌质淡，苔白，脉沉细。

2. 治则　温肾健脾，固涩止泻。

3. 代表方　四神丸。

二、辨证施护

（一）生活起居护理

保持病室清洁，及时倾倒排泄物，清除室内异味，及时更换和清洗被污染的衣被。夏季切勿因热贪凉，尤其应注意腹部保暖，避免外邪侵袭。若患者泄泻系由传染性疾病引起，则应严格执行消化道隔离制度。

（二）服药护理

中药汤剂宜温服，服药后观察效果和反应。若出现大便色黑，应与消化道出血的柏油便鉴别。

（三）饮食护理

1. 饮食宜清淡、少渣、易消化，忌辛辣、生冷、肥甘等食物。适当多进水饮，可予淡盐汤、米粥等以养胃生津。加强食品卫生及饮用水的管理，注意个人饮食卫生，不暴饮暴食，不吃腐败变质的食物，不喝生水，生吃瓜果要洗净，养成饭前便后洗手等习惯。

2. 寒湿困脾者给予温热食品，如生姜粥，忌食生冷瓜果和肥腻食物。肠道湿热者可多食西瓜、苹果等防暑防湿之品，并充分补水，忌辛辣刺激及烤炙之品。食滞胃肠者应根据病情适当控制饮食或限制饮食，待病情好转后进清淡流质或半流质饮食。肝气郁滞者宜食疏肝理气之品，忌食红薯、土豆等易产气的食物。脾气亏虚者可常服用山药粥、红枣莲子粥等，忌食油腻、坚硬难消化的食物。肾阳亏虚者可进具有温中、补阳、散寒等功效的食品，如甲鱼，勿食生冷、黏腻的食物。

（四）情志护理

注意调畅情志，尽量消除紧张情绪，尤忌怒时进食。重者保持情绪稳定，积极配合治疗有利于早日康复。

（五）其他

1. 注意观察泄泻的次数，粪便的色、质、量、气味、有无里急后重表现以排除痢疾病证。小儿由于脏腑娇嫩，饮食、寒暖等不适均可引起泄泻，若见小孩精神委靡或烦躁，眼眶及囟门凹陷、皮肤干燥、口渴、暴泻不止为津液耗伤的表现。若久泻者出现面色苍白、四肢冰冷、大汗淋漓等，为阳气外脱征象，应立即报告医生采取相应措施。向患者及家属解释腹泻引起脱水的严重后果，一旦出现口渴、皮肤干燥、弹性下降、尿量减少、高热、心悸、烦躁等症状，应立即就医。

2. 可配合针刺疗法止泻，取穴足三里、天枢、中脘、脾俞等。寒湿泻、肾虚泻可采用温针灸、隔附子灸或艾条灸；脾虚泻小儿可配合推拿和捏脊疗法。

3. 肛门下坠或肛脱者及时复位。不宜久蹲久坐，可做提肛运动以加强肛门括约肌功能。小儿泄泻注意保持臀部的清洁、干燥，防止红臀。

便　秘

便秘是以大便秘结不通，排便间隔时间延长，或排便艰涩不畅为主要临床表现的病证。外感寒热、饮食情志所伤、阴阳气血不足是引起便秘的常见病因，大肠传导失职是其基本病机。西医学中功能性便秘，肠道激惹综合征，结肠、直肠以及肛门炎症等疾病所引起的便秘，药物性便秘，肌力减退所致的排便困难等，可参考本篇辨证施护。

一、辨证论治

（一）实秘

1. 肠道实热

（1）症状　大便干结，腹部胀满，按之作痛，口干或口臭，舌苔黄燥，脉滑实。

（2）治则　泻热导滞，润肠通便。

（3）代表方　麻子仁丸。

2. 肠道气滞

（1）症状　大便不畅，欲解不得，甚则少腹作胀，嗳气频作，苔薄，脉细弦。

（2）治则　顺气导滞，降逆通便。

（3）代表方　六磨汤。

（二）虚秘

1. 脾虚气弱

（1）症状　大便干结，临厕无力努挣，挣则汗出气短，面色苍白，神疲气怯，舌淡，苔薄白，脉弱。

（2）治则　补气健脾，润肠通便。

（3）代表方　黄芪汤。

2. 阴虚肠燥

（1）症状　大便干结，状如羊屎，神疲纳呆，口干少津，舌红，苔少，脉细数。

（2）治则　滋阴通便。

（3）代表方　增液汤。

3. 脾肾阳虚

（1）症状　大便秘结，面色萎黄无华，时作眩晕，心悸，甚则少腹冷痛，小便清长，畏寒肢冷，舌质淡，苔白润，脉沉迟。

（2）治则　温阳通便。

（3）代表方　济川煎。

二、辨证施护

（一）生活起居护理

保持室内通风良好，阳光充足，尽量避免受厕所环境等外界因素的影响而使排便困难。注意肛周皮肤的清洁。

（二）服药护理

中药汤剂一般温服，服药后观察大便次数、性状和量。肠道实热者汤剂宜偏凉服用，亦可用番泻叶或生大黄泡水代茶饮。虚证患者宜频频饮服达到润肠通便的目的。本病不宜长期使用泻药，避免造成对泻药的依赖，导致肠蠕动降低，自主排便反射减弱而加重便秘。

（三）饮食护理

饮食选择清凉、富含纤维素和油脂的食物，适当多饮水。肠胃积热者选用具有清凉滑润的食品，如黄瓜、萝卜等，忌食辛辣厚味。肠道气滞者宜用行气软坚润肠之品，如柑橘、香蕉等，忌食收敛涩肠的食物如白果。脾虚气弱者选用健脾益气润肠之品，如胡萝卜、胡桃等，忌食有破气作用的食物。阴虚肠燥者宜食用滋阴养血、润燥之品，如蜂蜜、芝麻等，忌食辛辣香燥的食物。脾肾阳虚者宜食温通润便之品，如韭菜、羊肉等，忌食寒凉生冷的食物。

（四）情志护理

七情内伤是便秘的致病因素之一，指导患者采用自我调适情志的方法，防止因病久痛苦，情志多忧而与病证互为因果，形成恶性循环。

（五）其他

1. 便秘患者应每天定时排便，克服忍便的不良习惯，尽量不留宿便。观察排便情况，患者有否因排便过度用力努责而出现虚脱等并发症，如老年患者排便困难可诱发心痛发作。遵医嘱服用或外用通便药物，便通即止。重者可采取灌肠、人工取便等措施。

2. 可辅助针刺疗法通便，实证者取穴天枢、曲池、太冲等；虚证者取穴天枢、上巨虚、大肠俞、足三里等。并可顺时针方向行腹部按摩以调畅气机，健脾助运。

第四节　肾系病证护理

水　肿

水肿是由肺、脾、肾三脏对水液宣化输布功能失调，致使体内水湿潴留、泛溢肌肤，引起以头面、四肢、腹部甚至全身浮肿为临床特征的病证。水肿可分为阳水与阴水，阳水病性属实，由风、湿、热、毒诸邪致水气潴留；阴水多属本虚标实，由脾肾气虚、气化不利所致。西医学的急慢性肾小球肾炎、肾病综合征、营养不良及内分泌失调引起的水肿均可参考本病辨证施护。

一、辨证论治

（一）风水相搏

1. 症状　开始眼睑浮肿，继则四肢、全身皆肿，皮肤光亮，按之凹陷易复，伴有发热、咽痛、咳嗽等症，舌苔薄白，脉浮或数。

2. 治则　疏风解表，宣肺利水。

3. 代表方　越婢加术汤。

（二）水湿浸渍

1. 症状　多有下肢先肿，逐渐肢体浮肿，下肢为甚，按之没指，不易随复，伴有胸闷腹胀，身重体倦，纳少泛恶，小便短少，舌苔白腻，脉濡缓。

2. 治则　健脾化湿，通阳利水。

3. 代表方　五皮饮合胃苓汤。

（三）湿热内蕴

1. 症状　浮肿较剧，肌肤绷急，腹大胀满，胸闷烦热，气粗口干，小便短赤，大便干结，舌红，苔黄腻，脉细滑数。

2. 治则　清热利湿，疏理气机。

3. 代表方　疏凿饮子。

（四）脾虚湿困

1. 症状　面浮足肿，反复消长，劳后或午后加重，脘胀纳少，面色苍白，神倦乏力，尿少色清，大便或溏，舌苔白滑，脉细弱。

2. 治则　温阳健脾，利水祛湿。

3. 代表方　实脾饮。

（五）阳虚水泛

1. 症状　全身高度浮肿，腹大胸满，卧则喘促。畏寒神倦，面色萎黄或苍白，纳少，尿短少。舌淡胖，边有齿印，苔白，脉沉细或结代。

2. 治则　温肾助阳，化气行水。

3. 代表方　真武汤。

二、辨证施护

（一）生活起居护理

衣着冷湿及时更换，御寒避暑预防外感。给予舒适卧姿，全身浮肿明显者宜卧床静养，待病情允许后再适当锻炼，循序渐进增加活动量，以不疲劳为度。水肿患儿应限制其活动以减少气血消耗。保持皮肤清洁干燥，久卧床者预防压疮的发生。小儿避免肌肤疮痍以防邪毒内归。

（二）服药护理

阳水多以祛水为急务，适当选用攻下逐水剂时，药宜浓煎或散剂装入胶囊吞服或蜂蜜水调服，清晨空腹少量频服，并注意服用药量、方法和时间及药后反应，中病即止，及时记录大便的量及次数。小儿及服药有困难者，可缓慢灌服或鼻饲给药。风水相搏者汤药宜轻煎热服，药后糜粥自养。脾为湿困者宜健脾利水消肿，汤药宜温服。

（三）饮食护理

水肿患者宜低盐或无盐饮食，忌辛辣、海腥等食物。严格控制进水量，遵循“量出为入”的原则。疾病后期，患者应少食多餐以免增加脾胃负担。浮肿尿少者可频饮赤小豆汤，以尿量增多、肿退为度。水湿浸渍者饮食宜健脾利水渗湿之品，如鲫鱼、薏仁米等。湿热内蕴者忌醇酒及肥甘厚味，宜清淡饮食。脾虚湿困者饮食富营养，忌生冷、烈酒，少食牛奶、红薯等产气食物。阳虚水泛者可予黑芝麻、鹿角胶等以补肾利水、填精补血。

（四）情志护理

避免喧闹及噪声刺激，尤其小儿防止惊恐伤肾。病久迁延者鼓励正确对待疾病，慎喜戒怒防止加重病情，争取早日康复。

（五）其他

1. 注意水肿的部位、起始部位、程度、消长规律。定期测量胸围、腹围、腿围等及体重的增减变化，详细记录24小时出入量，并监测每日小便的色、质、量、味等情况。积极治疗原发性肾脏疾病及心悸、鼓胀、癃闭、消渴等，早期发现，以免诱发水肿病。

2. 全身水肿严重者通常宜灸不宜针，轻度水肿或局部水肿者可针，但针刺时注意避免在水肿部位取穴。用泻法利水消肿取脾俞、肾俞、足三里、水分等穴，或用耳针选脾、肾、膀胱、大肠等耳穴，或于肾区及少腹区轻轻揉按。

3. 可遵医嘱选用清热利湿药物保留灌肠，灌肠后记录大便次数及水肿的减轻效果。小儿尤应注意观察外用敷贴药后局部皮肤变化及用药时间和灌肠剂使用的温度、药量等情况。

淋　证

淋证是以小便频数短涩，淋沥刺痛，欲出未尽，或兼小腹拘急引痛为主要临床表现的病证。湿热外感、饮食失调、情志不畅、体虚劳倦等是其常见病因，但病理因素主要为湿热之邪，其基本病机是湿热蕴结下焦，肾与膀胱气化不利。西医学中的泌尿系感染、前列腺疾病、尿路结石、泌尿系肿瘤以及乳糜尿等疾病，临床表现为淋证者，可参考本病辨证施护。

一、辨证论治

（一）热淋

1. 症状　发病急骤，小便频数短涩，滴沥刺痛，尿黄混浊，急迫不爽，少腹拘急，腰痛拒按，或伴寒热起伏，心烦口苦，呕恶便秘。苔黄腻，脉滑数。

2. 治则　清热利湿通淋。

3. 代表方　八正散。

（二）血淋

1. 症状　尿色红赤，或夹血块，小便热涩刺痛，小腹胀满疼痛，舌尖红，苔薄黄，脉滑数。病久迁延，小便热涩刺痛不显著，尿色淡红，或伴腰膝酸软，耳鸣颧红，五心烦热，舌红少苔，脉细数。

2. 治则　清热通淋，凉血止血；或滋阴清热，补虚止血。

3. 代表方　小蓟饮子或知柏地黄丸。

（三）石淋

1. 症状　小便涩痛，尿中夹有砂石，或排尿突然中断，窘迫难忍，或发时腰腹绞痛，痛及前阴，尿中带血，舌红，苔薄黄，脉弦数。若砂石久而未去，可见少腹空痛，面色少华，神疲乏力，舌淡边有齿痕，脉细弱；或时感腰酸隐隐作痛，手足心热，舌红少苔，脉细数。

2. 治则　清热利湿，排石通淋。

3. 代表方　石韦散。

（四）气淋

1. 症状　小便涩滞，点滴不畅，小腹急满疼痛，苔薄白，脉沉弦。或见少腹坠胀，尿有余沥，面色苍白，舌淡，脉沉细弱。

2. 治则　利气疏导或补中益气。

3. 代表方　沉香散或补中益气汤。

（五）膏淋

1. 症状　小便混浊，上有浮油如脂，或夹有凝块，或混有血液，排尿时阻塞不畅，尿道热涩疼痛，舌红，苔黄腻，脉濡数。病久不愈反复发作，小便涩痛减轻，尿如脂如膏，形体消瘦，腰酸无力，舌淡，苔腻，脉细弱。

2. 治则　清热利湿，分清泌浊；或补虚固涩。

3. 代表方　程氏萆薢分清饮。

（六）劳淋

1. 症状　小便赤涩不显，溺痛不甚，但淋沥不已，时作时止，遇劳即发，腰酸膝软，神疲乏力，舌质淡，脉虚弱。

2. 治则　补脾益肾。

3. 代表方　无比山药丸。

二、辨证施护

（一）生活起居护理

调适寒温，尤其夏秋之际防止病情反复。久病者不宜强力劳动；小儿急性发病期保证休息与睡眠，避免过度劳累和兴奋。保持会阴部清洁，尤其小儿及月经期、妊娠期、产后的妇女，减少不必要的泌尿道及妇科器械操作。

（二）服药护理

热淋、血淋属实证者汤药宜温服或凉服。劳淋、膏淋虚证者汤剂宜久煎，饭前服以增强药效。患石淋者注意避免长期使用易致砂石结晶的药物。谨慎应用对肾脏有损害的药物。

（三）饮食护理

饮食宜清淡，忌辛辣刺激及肥甘之品。热淋者选用偏凉滑利渗湿的食物，如冬瓜、荸荠等。石淋者宜多饮水，少食菠菜、草莓等含草酸较高的食物。血淋者宜食凉血通淋的食物，如鲜藕，忌辛辣动火之品。气淋者宜食清轻疏利之品，如佛手、柑橘等；膏淋者宜素雅淡食，控制油脂、蛋白质的摄入。劳淋者以补益为原则，如枸杞子粥。

（四）情志护理

加强卫生宣教，了解患者其所苦，减轻局部不适带来的焦躁情绪。久病者助其提高疾病认识，树立治愈信心。

（五）其他

1. 严密观察小便颜色的深浅、尿液清澈或混浊等以示病情进退。记录 24 小时出入量及血量。患者若出现排尿困难可留置导尿，做好会阴部及导管的清洁消毒。

2. 注意石淋急性发作时绞痛发生的时间、部位、性质等。疼痛甚者予以舒适体位，并可采取针刺止痛，取穴三阴交、肾俞、膀胱俞等，疼痛缓解后鼓励其多饮水、多做跳跃运动以利石排出。

3. 气淋者配合按揉气海、中极、百会等穴。肾虚腰痛者可用局部热敷、热熨或拔火罐等方法以解除症状。久病者可按摩以达益肾通淋之功，小儿可采用如捏脊疗法以理气健脾助运。

4. 减少诱发因素，保持个人卫生，尤其小儿及经期产后的妇女注意外阴清洁。纠正忍尿不解、酒醉入房等不良生活习惯。

5. 积极治疗消渴、腹泻等原发病和妇科病，防止淋证的发生。

癃　闭

癃闭是指以小便量少，排出困难，甚则闭塞不通为主要临床表现的病证。癃者点滴而出，病势较缓；闭者小便不通，欲解不得，病势较急，一般合称为癃闭。湿热、热毒、气滞及痰瘀等是其常见病理因素，膀胱气化功能失调为其基本病机。西医学中各种原因引起的尿潴留及无尿症，如神经性尿闭、膀胱括约肌痉挛、尿路结石、尿路肿瘤、前列腺增生症、脊髓炎等疾患所出现的尿潴留以及肾功能不全引起的少尿、无尿症等，均可参考本病辨证施护。

一、辨证论治

（一）湿热下注

1. 症状　小便量少难出，点滴而下，甚或涓滴不畅，小腹胀满，口干不欲饮，舌红，苔黄腻，脉数。

2. 治则　清热利湿，通利小便。

3. 代表方　八正散。

（二）肝郁气滞

1. 症状　小便突然不通，或通而不畅，胁肋疼痛，小腹胀急，口苦，多因精神紧张或惊恐而发，舌苔薄白，脉弦细。

2. 治则　疏肝理气，通利小便。

3. 代表方　沉香散。

（三）瘀浊阻塞

1. 症状　小便滴沥不畅，或尿细如线，甚至阻塞不通，小腹胀满疼痛，舌质紫黯，或有瘀斑，脉涩。

2. 治则　行瘀散结，通利水道。

3. 代表方　代抵当丸。

（四）肾气亏虚

1. 症状　小腹坠胀，小便欲解不得出，或滴沥不爽，排尿无力，腰膝酸软，精神委靡，食欲不振，面色苍白，舌淡，苔薄白，脉沉细弱。

2. 治则　温补肾阳，益气通窍。

3. 代表方　济生肾气丸。

二、辨证施护

（一）生活起居护理

慎避风寒，患者宜多休息，避免过度疲劳。排尿时给予舒适体位。保持外阴卫生，尤其术后、孕期产后者防止感染。节制房事，避免不洁的性生活。

（二）服药护理

急则取通闭之法，如探吐、分利等，可采取一些简捷有效的护治措施如针刺、熏洗、敷熨等以解其急。虚证者汤药宜久煎温服。浊瘀阻塞者避免使用易致砂石结晶的药物。

（三）饮食护理

饮食宜低盐、低钠，忌辛辣肥甘之品。少尿或无尿者禀“量出为入”的原则，限制其水的入量。膀胱湿热者选用滑利渗湿之品，如空心菜、冬瓜等。肺热壅盛者可食多汁蔬果，如西瓜、藕汁频饮。肝郁气滞者予疏肝理气之品，如佛手。浊瘀阻塞者宜通过定时排尿和限制液体入量的方法防止膀胱胀满。肾气亏虚者予以温补之品，如当归羊肉汤等。

（四）情志护理

指导患者掌握简单的自我调护方法，减轻排尿困难带来的焦虑情绪，勿受噪音及不良因素的干扰，了解其难言之隐，帮助其排忧解难，配合医护树立治病信心。

（五）其他

1. 观察排尿情况，小腹是否膨隆胀满，有无小便点滴而出，或是欲解不能，甚则闭塞不通，详细记录 24 小时出入量，如 1 天尿量少于 100ml 为危险征象，应及时报告医生早做处理。

2. 仔细检查腹腔病变、妇产科疾病、肛痔等手术后患者，若留置导尿，保持会阴区清洁，按时作膀胱冲洗，防止感染。

3. 病情轻浅者可采取诱导排尿法，通过变换体位、热敷会阴、听流水声等措施以助尿液排出。大便燥结者可用泻热通便之物，必要时给予灌肠。可配合针灸排尿，取中极、三阴交、阴陵泉等穴，虚者可灸关元、气海等穴。或采用少腹膀胱区按摩。

4. 积极治疗水肿、淋证、结石、肿瘤等疾患，以防癃闭的发生。

第五节 心系病证护理

心 悸

心悸是自觉心中悸动不安为表现的病证。包括惊悸和怔忡，惊悸是指因惊恐而诱发的自觉心跳不安；怔忡是指不因惊恐而自发的自觉心中悸动、惊惕不安，甚至不能自主。心悸一般多呈阵发性，每因情绪激动或劳累过度而致，心失所养或邪扰心神是其基本病机。西医学中由各种原因引起的心律失常，如心动过速、心动过缓、期前收缩、心房颤动或扑动及心功能不全、神经症等，凡具有心悸临床表现的，均可参考本篇辨证施护。

一、辨证论治

（一）心虚胆怯

1. 症状　心悸因惊恐而发，悸动不安，气短自汗，神倦乏力，少寐多梦，舌淡，苔薄白，脉细弦。

2. 治则　镇惊定志，养心安神。

3. 代表方　安神定志丸。

（二）心脾两虚

1. 症状　心悸不安，失眠健忘，面色苍白，头晕乏力，气短易汗，纳少胸闷，舌淡红，苔薄白，脉弱。

2. 治则　补血养心，益气安神。

3. 代表方　归脾汤。

（三）阴虚火旺

1. 症状　心悸不宁，思虑劳心尤甚，心中烦热，少寐多梦，头晕目眩，耳鸣，口干，面颊烘热，舌质红，苔薄黄，脉细弦数。

2. 治则　滋阴清火，养心安神。

3. 代表方　天王补心丹或朱砂安神丸。

（四）心阳虚弱

1. 症状　心悸不安，动则加剧，胸闷气短，畏寒肢冷，头晕，面色苍白，舌淡胖，苔白，脉沉细迟或结代。

2. 治则　温补心阳，安神定悸。

3. 代表方　桂枝甘草龙骨牡蛎汤。

（五）水饮凌心

1. 症状　心悸怔忡不已，胸闷气喘，咯吐大量泡沫痰涎，面浮肢肿，不能平卧，目眩，尿少，苔白腻或白滑，脉弦滑数疾。

2. 治则　振奋心阳，化气行水。

3. 代表方　苓桂术甘汤。

（六）心血瘀阻

1. 症状　心悸怔忡，胸闷心痛阵发，或面唇紫黯，舌质紫气或有瘀斑，脉细涩或结代。

2. 治则　活血化瘀，理气通络。

3. 代表方　桃仁红花煎。

二、辨证施护

（一）生活起居护理

保持环境安静，避免心悸发作的诱发因素，如情绪激动、饮食过饱、过度疲劳、外邪入侵、大便努责等。重者应卧床休息，若心悸伴喘咳不得平卧，应取半卧位。呼吸困难者应及时给氧。

（二）服药护理

汤药宜温服，注意观察用药后的效果和毒副作用，特别是利尿剂和强心药。心悸常用安神止悸药物，可在睡眠前服。水饮凌心者汤药宜浓煎温服，少量多次分服，严格按时间和剂量给药。

（三）饮食护理

饮食宜清淡、富有营养，忌肥甘、辛辣之物，戒烟酒。水肿者予低盐或无盐饮食。心血不足者予以补益心脾之品，如山药、红枣，忌动火劫阴之品。心阳不足者宜进食益气温阳之品，如羊肉、胡桃肉。水饮凌心者宜少量多餐，以益气温阳、化饮利水为原则，可选茯苓、赤小豆等。

（四）情志护理

精神刺激是本型心悸发作的重要因素，注意疏导不良情绪，解除思想顾虑，使之心态平和，心情愉悦。

（五）其他

1. 密切观察生命体征的变化，必要时做心电监护。若心悸发作频繁、持续时间较长，则提示病情深重，须做应急处理。脉搏的节律异常为本病的特征性征象，故注意辨脉象。

2. 心悸急性发作时若无器质性心脏病变者，可遵医嘱试用压迫眼球法或压迫颈动脉窦法止悸。或针刺或指压神门、内关、心俞、胆俞等穴以镇惊安神止悸。

3. 轻症者可从事适当体力活动，以不疲劳、不加重症状为度。积极治疗冠心病、肺心病等原发病证。

胸　痹

胸痹是以膻中或左胸部发作性憋闷、疼痛，甚则心痛彻背、短气喘息不得卧等为主要表现的一类疾病。多见于40岁以上的中老年人。一般病程长，易反复发作。寒邪内侵、饮食不节、情志内伤、劳累过度等是引起胸痹心痛的常见病因，其基本病机是邪痹心络、气血不畅、心脉挛急。西医学中的冠心病心绞痛、心肌梗死及其并发症，其临床表现与本病特点相符者，可以参考本篇辨证施护。

一、辨证论治

（一）心血瘀阻

1. 症状　心胸阵痛，如刺如绞，固定不移，入夜加重。伴有胸闷心悸，面色晦暗，舌质紫黯或有瘀斑，舌下络脉青紫，脉沉涩或结代。

2. 治则　活血化瘀，通脉止痛。

3. 代表方　血府逐瘀汤。

（二）痰浊内阻

1. 症状　心胸窒闷或如物压，气短喘促，多形体肥胖，肢体沉重，脘痞，痰多口黏，舌苔浊腻，脉滑。

2. 治则　通阳泄浊，豁痰开结。

3. 代表方　瓜蒌薤白半夏汤。

（三）寒凝心脉

1. 症状　心胸痛如缩窄，遇寒而作，形寒肢冷，胸闷心悸，甚则喘息不得卧，舌质淡，苔白滑，脉沉细或弦紧。

2. 治则　辛温通阳，开痹散寒。

3. 代表方　瓜蒌薤白白酒汤。

（四）心气虚弱

1. 症状　心胸隐痛，反复发作，胸闷气短，动则喘息，心悸易汗，倦怠懒言，面色苍白，舌淡黯或有齿痕，苔薄白，脉弱或结代。

2. 治则　益气养阴，活血通络。

3. 代表方　生脉散合人参养荣汤。

（五）心肾阴虚

1. 症状表现　心胸隐痛，久发不愈，心悸盗汗，心烦少寐，腰酸膝软，耳鸣头晕，气短乏力，舌红，苔少，脉细数。

2. 治则　滋阴益肾，养心安神。

3. 代表方　左归饮。

（六）心肾阳虚

1. 症状　胸闷气短，遇寒则痛，心痛彻背，形寒肢冷，动则气喘，心悸汗出，不能平卧，腰酸乏力，面浮足肿，舌淡胖，苔白，脉沉细或脉微欲绝。

2. 治则　益气通阳，活血通络。

3. 代表方　参附汤合右归饮。

二、辨证施护

（一）生活起居护理

环境宜安静，空气流通，避免各种噪声。注意保暖，避免受寒。养成良好的生活习惯，保持大便通畅及控制体重。胸痹发作频繁或真心痛者应卧床休息，减少探视，保证充足睡眠，待病情稳定再适当活动。重症胸痹患者应安置在心电监护病房，以利于及时抢救和治疗。

（二）服药护理

中药汤剂宜温服，遵医嘱按时按量服用。并注意观察用药后疼痛缓解程度和时间，及时记录以示疗效。随身常备速效救心丸等药物，并注意药物避光及有效期，学会采取应急自救措施。

（三）饮食护理

饮食以低脂、低盐、易消化为原则，多摄食高纤维膳食物及新鲜蔬菜、水果等，忌辛辣、刺激、肥甘厚味之品，勿过饥过饱，忌浓茶、咖啡，戒烟酒，因淡酒有活血通痹、温阳散寒的作用，可少量饮用。患者应辨证用膳，心血瘀阻者可适当多食山楂等具有活血作用的食物，忌食寒凉之品。寒凝心脉者饮食宜温，可饮用少量米酒，常食薤白粥以温阳散寒，忌食生冷瓜果。痰浊内阻者宜多食萝卜、冬瓜、橘子、柚子等具有化痰功效的蔬果，忌肥腻、过甜生痰之品。虚证宜食富有营养的食物，如用鸡蛋、甲鱼等。

（四）情志护理

努力消除患者焦急、忧虑和恐惧的心理，使肝气条达，心脉气血运行通畅，以利宽胸通痹。久病反复发作者，宜使患者保持心情愉快，气机条达，避免情志刺激导致气血瘀滞而诱发或加重病情。

（五）其他

1. 观察胸痛的部位、性质、程度、持续时间、血压、心率、心律、面色、舌苔、脉象等变化。胸痹心痛久发可致真心痛危候，若见心痛剧烈、持续、经休息或服用药物仍不缓解，同时伴有心悸气短、烦躁、汗出肢冷、唇紫面白、脉微细或结代等表现，应立即报告医生及早处理，同时给予吸氧、中药宽胸气雾剂或硝酸酯类以缓解疼痛，并可采取心电监护。若见患者面色、唇甲青紫，呼吸微弱，大汗淋漓，四肢厥冷，脉微欲绝者，乃是心阳欲脱之危候，应立即用回阳救逆的方法抢救。

2. 心痛时可针刺或指压内关、神门、心俞、合谷等穴；或耳针心、肾上腺、皮质下等穴位。寒凝心脉或虚证者可艾灸内关、膻中、心俞、厥阴俞等穴。

3. 积极治疗高血压、高血脂、糖尿病等疾病，降低危险因素。

不　寐

不寐是由于脏腑功能紊乱，气血亏虚，阴阳失调而导致不能获得正常睡眠的病证。轻者入睡困难或寐而不酣，时寐时醒，醒后难以再寐，重者彻夜不眠。由于睡眠时间的不足或睡眠质量低，醒后常见神疲乏力，头晕头痛，心悸健忘。其病机总属阳盛阴衰，阴阳失交，一为阴虚不能纳阳，一为阳盛不得入于阴。其病位主要在心，与肝、脾、肾密切相关。西医学中的神经衰弱、疲劳综合征、抑郁症及脑器质性病变等引起不寐表现者可参考本节辨证施护。

一、辨证论治

（一）心脾两虚

1. 症状　多梦易醒，或朦胧不实，心悸，健忘，头晕目眩，肢倦神疲，面色不华，舌淡，苔薄，脉细弱。

2. 治则　补养心脾，宁心安神。

3. 代表方　归脾汤。

（二）阴虚火旺

1. 症状　心烦不寐，或时寐时醒，手足心热，头晕耳鸣，心悸，健忘，颧红潮热，口干少津，舌红，苔少，脉细数。

2. 治则　滋阴降火，养心安神。

3. 代表方　黄连阿胶汤或朱砂安神丸。

（三）心虚胆怯

1. 症状　夜寐多梦易惊，心悸胆怯，舌淡，苔薄，脉弦细。

2. 治则　益气镇惊，安神定志。

3. 代表方　安神定志丸。

（四）痰热内扰

1. 症状　睡眠不安，心烦懊憹，胸闷脘痞，口苦痰多，头晕目眩，舌质红，苔黄腻，脉滑或滑数。

2. 治则　清化痰热，和中安神。

3. 代表方　温胆汤。

（五）肝郁化火

1. 症状　心烦不能入睡，烦躁易怒，胸闷胁痛，头痛面红，目赤，口苦，便秘尿黄，舌红，苔黄，脉弦数。

2. 治则　清肝泻火，佐以安神。

3. 代表方　龙胆泻肝汤。

二、辨证施护

（一）生活起居护理

保持室内光线柔和、卧室安静，避免噪音嘈杂。睡觉时保持舒适的体位。宜作息有序，消除疲劳。

（二）服药护理

中药温服或睡前 1 小时服用。注意观察安眠镇静药物的效果及有无不良反应，如出现头痛、心慌、口干、汗出等症状，应给予及时处理。

（三）饮食护理

饮食宜饥饱适度，忌浓茶、烈酒、烟、咖啡等刺激性食物，尤其睡前。心脾两虚者宜选黄芪粥、红枣粥等以补益心脾。阴虚火旺者宜选甲鱼、莲子等以滋阴清火。痰热者饮食宜偏凉，可食健脾化湿之品，如山药、扁豆等。肝郁化火者忌辛辣、油炸之品，可选食柑橘、金橘等理气化滞解郁的食物。

（四）情志护理

提高患者对疾病的认识，解除情志不遂及各种精神刺激因素，自觉保持气机条达的状态，有利于疾病的康复。

（五）其他

1. 监测患者睡眠状态，审证求因，治病求本。可配合针灸、推拿等措施使阴阳平衡而改善睡眠，取穴太阳、百会、中脘、肾俞、足三里、涌泉等。

2. 指导患者使用放松术，如深呼吸、植物芳香剂、听轻音乐等使心境宁静平和，有助于安眠。

第六节　肝胆病证护理

黄　疸

黄疸是以目黄、身黄、小便黄为主要临床表现的一种疾患。由于致病因素及体质差异而引发不同的证候，可分为阴黄、阳黄和急黄，急黄为阳黄之重证。阳黄起病急，病程短，其色鲜明如橘皮；阴黄起病缓，病程长，其色晦暗如烟熏；急黄发病急骤，热毒炽盛，黄色强烈如金，多具传染性。黄疸的病因主要是感受湿热病邪，其基本病机是肝胆疏泄失常，胆汁外溢。西医学根据黄疸发生的机制将其分为溶血性黄疸、阻塞性黄疸、肝细胞性黄疸。涉及病毒性肝炎、肝硬化、胆石症、胆囊炎以及消化系统肿瘤等疾病，凡出现黄疸者可参考本篇辨证施护。

一、辨证论治

(一) 肝胆湿热

1. 症状　身目俱黄，黄色鲜明。发热口渴，心中懊恼，口干口苦，恶心欲吐，腹胀便秘，小便短黄。舌红，苔黄腻，脉弦数。

2. 治则　清热利湿退黄。

3. 代表方　茵陈蒿汤。

(二) 湿困脾胃

1. 症状　身目俱黄，黄色晦滞。头重身困，胸脘痞满，恶心纳少，腹胀，大便溏垢。苔腻微黄，脉弦滑或濡缓。

2. 治则　利湿化浊退黄。

3. 代表方　茵陈五苓散。

(三) 热毒炽盛

1. 症状表现　发病急骤，黄疸迅速加深，色黄如金。伴有高热烦渴，神昏谵语，或见衄血、便血、肌肤瘀斑。舌质红绛，苔黄而燥，脉弦滑数。

2. 治则　清热解毒，凉血开窍。

3. 代表方　犀角散（水牛角代）。

(四) 寒凝阳衰

1. 症状　病程较长，身目俱黄，黄色晦暗。纳少脘闷，或腹胀便溏，神疲畏寒，口淡不渴。舌淡，苔白腻，脉沉迟或濡缓。

2. 治则　健脾和胃，温中化湿。

3. 代表方　茵陈术附汤。

二、辨证施护

(一) 生活起居护理

保持病室空气清新，虚证者宜温暖向阳，实证者光线略暗，室温宜低。保证患者的休息和睡眠以达养肝护肝之目的。有传染性者严格执行消化道和血源的隔离制度，及时清理排出物。保持皮肤清洁，避免搔抓破损，可适当增加皮肤清洗次数以减轻症状。

(二) 服药护理

中药遵“化湿邪、利小便”的治则，可少量多次频服。肝胆湿热型汤剂可凉服，湿困脾胃型汤剂温热服用为好。不用变质、过期及有损肝脏的药物。

(三) 饮食护理

1. 饮食宜清淡疏利，忌肥甘厚味、醇酒等食物，勿过食酸味或辛燥香窜之品。肝胆湿热者黄疸消退快，但当逐渐恢复食量，勿恣口腹，可予赤小豆西瓜饮等。湿困脾胃者滋补可选红枣、豆制品等以健脾扶肝，忌生冷、甜腻碍胃之物，少进汤汁以防水湿停聚。寒凝阳衰者宜选温热软食，如鱼、肉、蛋等。

2. 保持个人卫生，饭前便后要洗手，防止病从口入。注意食品洁净卫生，不食腐烂变质食物以免伤损脾胃。取多蒸煮少煎炸的烹饪方法，以利于食物消化吸收。

（四）情志护理

情志刺激常是诱发和加重肝胆系统病证的主要原因，故当避免噪音、强光及不良的精神刺激，尤其住传染病院者更宜关心照护，以解患者隔离烦闷之苦。

（五）其他

1. 监测黄疸色泽的深浅、体温、呼吸及神志等方面的变化，及时记录以示病情进退。若患者出现腹水、神昏、衄血、便血等则提示病情深重。小儿应区分生理性黄疸和病理性黄疸的不同，密切注意新生儿是否肤黄过早出现或逾期不退，黄疸是否逐渐加重或退后复出，是否患有某些较严重的疾病，如溶血病、败血症、胆汁淤积综合征及其他代谢性疾病，应尽早诊断，以免贻误病情。

2. 采取针灸按摩疗法，取穴足三里、三阴交、关元、气海、肾俞、胆囊穴等；可配合气功、体育锻炼、熏洗、灌肠等措施帮助退黄。

3. 避免接触秽浊之气或病毒携带者，或于疫区逗留。积极治疗原发病如胆石症、肿瘤、溶血病等，早发现早治疗。

胁痛

胁痛是指一侧或两侧胁肋部疼痛为主要表现的病证。凡能引起肝胆经脉阻滞或脉络失养等因素，均可导致胁痛，如情志不畅、饮食不节、劳欲久病、跌仆损伤等。西医学中的急性肝炎、慢性肝炎、肝寄生虫病、肝脓肿、肝癌、胆囊炎、胆石症等以胁痛为主要症状者均可参照本篇辨证施护。

一、辨证论治

（一）肝气郁结

1. 症状　胁肋满闷胀痛，走窜不定，常因情志波动而痛有增减，或连及少腹，精神抑郁，善太息，饮食减少，苔薄，脉弦。

2. 治则　疏肝理气止痛。

3. 代表方　柴胡疏肝散。

（二）瘀血停着

1. 症状　胁肋刺痛，痛处不移，按之痛剧，日轻夜重，痛处拒按，或胁下有痞块，舌质紫暗或有瘀点，脉沉涩。

2. 治则　祛瘀通络止痛。

3. 代表方　旋复花汤。

（三）肝胆湿热

1. 症状　胁痛口苦，心烦，胸闷，纳呆，恶心呕吐，或有目黄身黄，或有潮热，身热不扬，小便黄赤，舌苔黄腻，脉弦数。

2. 治则　清肝利胆止痛。

3. 代表方　龙胆泻肝汤。

（四）肝阴不足

1. 症状　胁肋隐痛，绵绵不休，头晕目眩，心中烦热，两目干涩，爪甲枯脆，颧红潮热，舌红少苔，脉弦细数。

2. 治则　滋阴柔肝缓痛。

3. 代表方　一贯煎。

二、辨证施护

（一）生活起居护理

居室幽雅清净以利于患者安心静养，避免噪声刺激和环境纷扰。保证充足的睡眠，注意节欲保精，休息勿劳，避免强力劳动以免病情反复。

（二）服药护理

中药汤剂肝胆湿热者可凉服，肝阴不足者汤剂宜温服。不用变质、过期及有损肝脏的药物。

（三）饮食护理

饮食宜清淡而有营养，少食肥甘、辛辣、煎炸之品，尽量避免饮酒。肝气郁结者可选疏肝解郁、行气止痛之品，如柑橘、丝瓜等。瘀血停着者少进食硬固、粗糙之物，可选玫瑰、桃仁、藕等活血祛瘀之品。肝胆湿热者可选清热利湿之品，如荸荠、冬瓜等。肝阴不足者可选滋阴养肝之品，如鳖甲、猪肝等。

（四）情志护理

本病多由忧思、忿郁引起气机不畅所致，提高患者对疾病的认识，远离纷扰，疏理气机，保持乐观情绪，怡养精神方有利于疾病的康复。

（五）其他

1. 观察疼痛的部位、性质、程度、发作时间及发作规律等以判断病情进退。胁痛一般预后良好，若其演变为癥瘕、肝癌等疾患则预后不佳。若疼痛剧烈，伴见高热、出血倾向、神昏或黄疸等情形须及时处理。

2. 辨证选用针刺法以缓解症状，实证选用肝胆经穴位为主如内关、太冲等。虚证以补益肝肾为原则，选用背俞穴以培本。耳针法取患侧穴如肝、胆、神门等。

3. 积极治疗原发病如胆石症、肝炎等疾患，定期门诊随诊，早发现，早治疗，以防病情迁延而转成癥瘕痞块等病证。

中　风

中风是以昏仆、半身不遂、口眼歪斜、语言謇涩等为主要表现的一类疾病。临证有中经络与中脏腑之分，而神志障碍的有无是其划分的标准。中经络病情轻浅，一般无神志昏蒙症状；中脏腑常有神志昏蒙表现，病情深重，根据临床表现中脏腑又分为闭证和脱证。七情、饮食、劳倦等是其常见病因及诱发因素，气血逆乱，上犯于脑为其基本病机。西医学中的脑出血、脑血栓形成、脑血管痉挛等脑血管疾病，出现中风表现者，均可参考本篇辨证施护。

一、辨证论治

（一）中经络

1. 肝阳暴亢

（1）症状　半身不遂，口舌歪斜，舌强语謇，眩晕头痛，面红耳赤，口苦咽干，心烦易怒，便秘尿黄，舌红或绛，苔黄或燥，脉弦有力。

（2）治则　平肝泻火，息风通络。

（3）代表方　天麻钩藤饮。

2. 风痰阻络

（1）症状　半身不遂，口舌歪斜，舌强语謇，肢体麻木或手足拘急，头晕目眩，舌苔白腻或黄腻，脉弦滑。

（2）治则　祛风化痰通络。

（3）代表方　半夏白术天麻汤。

3. 痰热腑实

（1）症状　半身不遂，舌强不语，口舌歪斜，口黏痰多，腹胀便秘，午后面红烦热，舌红，苔黄腻或灰黑，脉弦滑大。

（2）治则　通腑化痰。

（3）代表方　星蒌承气汤。

4. 气虚血瘀

（1）症状　半身不遂，肢体软弱，偏身麻木，舌强语謇，手足肿胀，面色淡白，气短乏力，心悸自汗，舌质黯淡，苔薄或白腻，脉细缓或细涩。

（2）治则　益气活血。

（3）代表方　补阳还五汤。

5. 阴虚风动

（1）症状　半身不遂，肢体麻木，舌强语謇，心烦失眠，眩晕耳鸣，手足拘挛或蠕动，舌红或黯淡，少苔或光剥，脉细弦或数。

（2）治则　育阴息风活络。

（3）代表方　镇肝熄风汤合增液汤。

（二）中脏腑

1. 闭证

（1）风火蔽窍　①症状：突然昏倒，不省人事，两目斜视或直视，面红目赤，肢体强直，口噤，项强，两手握紧拘急，甚则抽搐，角弓反张，舌红或绛，苔黄而燥或焦黑，脉弦数。②治则：清热息风，辛凉开窍。③代表方：天麻钩藤饮配合紫雪丹或安宫牛黄丸鼻饲。

（2）痰火闭窍　①症状：突然昏倒，昏聩不语，躁扰不宁，肢体强直，痰多息促，两目直视，鼻鼾身热，大便秘结，舌红，苔黄厚腻，脉滑数有力。②治则：清热涤痰，醒神开窍。③代表方：羚羊角汤合至宝丹或安宫牛黄丸鼻饲。

（3）痰湿蒙窍　①症状：突然神昏迷睡，半身不遂，肢体瘫痪不收，面色晦垢，痰涎壅盛，四肢逆冷，舌质黯淡，苔白腻，脉沉滑或缓。②治则：温阳化痰，醒神开窍。③代表方：涤痰汤。

2. 脱证

（1）元气衰败　①症状：神昏，面色苍白，瞳神散大，手撒肢厥，二便自遗，气息短促，多汗肤凉，舌淡紫或萎缩，苔白腻，脉散或微。②治则：益气回阳，扶正固脱。③代表方：参附汤。

（三）后遗症

1. 半身不遂

（1）症状　偏身瘫软不用，伴肢体麻木，甚则感觉完全丧失，口舌歪斜。少气懒言，纳差，自汗，面色萎黄，或偏侧肢体强痉而屈伸不利，或见患侧肢体浮肿。舌淡紫或有紫斑，苔薄白或白腻，脉细涩或细弱。

（2）治则　益气活血，化瘀通络。

（3）代表方　补阳还五汤或镇肝熄风汤。

2. 言语不利

（1）症状　言语艰涩或失语。舌强，口眼歪斜，口角流涎，偏身麻木，半身不遂，舌质黯，苔腻，脉滑。

（2）治则　祛风化痰，宣窍通络。

（3）代表方　解语丹或地黄饮子。

二、辨证施护

（一）生活起居护理

居室宜整洁安静，避免强光、噪声刺激。急性期宜卧床休息，中脏腑者避免搬动，予以皮肤口腔护理，防止压疮的发生。

（二）服药护理

中药汤剂宜温服，丸剂用温开水送服，神志不清者可鼻饲给药。观察药后反应，溶栓治疗者观察其有无出血倾向。

（三）饮食护理

饮食宜清淡、易消化，忌肥甘、辛辣之品，戒烟酒。意识障碍、吞咽困难者可予鼻饲。急性期以清热化痰散瘀为主，予流质饮食如米汤、菜汁等；恢复期以清热养阴、健脾和胃为主，酌加瘦肉、鸡蛋和蔬菜等进行调配。

（四）情志护理

本病意识恢复，因行动不便、生活不能自理而常出现悲观、忧虑等不良情绪，对患者进行耐心疏导、解释，怡情悦性，解除思想顾虑，使其配合医护，促进肢体及语言的康复。

（五）其他

1. 中风起病急骤，病变迅速，变证多端，且易出现各种危重之候，故应密切观察病情，注意神志、面色、瞳孔、血压、呼吸、汗出、肢温等情况。若神志昏朦可遵医嘱针刺人中、合谷、内关、百合等穴，以醒脑开窍。面色青紫或抽搐者应及时吸氧，高热者予以头置冰袋。痰阻气道者保持呼吸道通畅，痰多者及时帮助排痰。痰热腑实、风痰上扰者应保持大便通畅，必要时中药灌肠，注意会阴及肛周的清洁。

2. 中风康复越早越好，康复的最佳时期是中风发生的 3 个月内。肢体功能锻炼应针对不同的患者逐步进行，如无自主运动能力的患者，应保持其各关节的正常功能位，选用推拿按摩法、针灸与点穴法。自主运动能力不全的患者，肢体功能锻炼可逐步从协助运动或半协助运动到自主运动。进行语言训练，强调坚持不懈，大多数患者的语言功能是可以康复的。

3. 加强中风先兆症状筛查，如见中老年人经常出现一过性头晕、肢麻、倦怠嗜卧、步履不正等应及早诊治，以防发生中风。积极治疗如高血压、糖尿病、高脂血症等易引发中风先兆的基础性疾病。

眩 晕

眩晕是以头晕目眩、视物运转为主要表现的病证。眩即眼花，晕是头晕，两者常同时并见，故统称眩晕。其轻者闭目即止，重者如坐车船，旋转不定，不能站立，或伴有恶心、呕吐、汗出、面色苍白等症状。多由于劳累、愤怒、饮酒、体位变动等原因诱发。内伤虚损是其常见病因，清窍失养是其基本病机。西医学的高血压、低血压、耳源性眩晕、脑性眩晕、神经衰弱等病，临床表现以眩晕为主要症状者，可参考本病辨证施护。

一、辨证论治

（一）风阳上扰

1. 症状　眩晕耳鸣，头痛且胀，易怒，失眠多梦，或面红目赤，口苦，舌质红，苔黄，脉弦滑。

2. 治则　平肝潜阳，滋养肝肾。

3. 代表方　天麻钩藤饮。

（二）气血亏虚

1. 症状　头晕目眩，面色淡白，神疲乏力，心悸少寐，舌质淡，苔薄白，脉弱。

2. 治则　补益气血，健运脾胃。

3. 代表方　归脾汤。

（三）肝肾阴虚

1. 症状　眩晕久发不已，视力减退，少寐多梦，心烦口干，耳鸣，神倦乏力，腰酸膝软，舌质红，苔薄，脉弦细。

2. 治则　滋补肝肾，养阴填精。

3. 代表方　左归丸。

（四）痰浊上蒙

1. 症状　头重如裹，视物旋转，胸闷作恶，呕吐痰涎，苔白腻，脉弦滑。

2. 治则　燥湿祛痰，健脾和胃。

3. 代表方　半夏白术天麻汤。

二、辨证施护

（一）生活起居护理

保持环境安静，室内光线柔和，避免噪音干扰。眩晕重者应卧床休息，改变体位时动作宜缓慢，少做转头弯腰等动作。

（二）服药护理

中药汤剂宜温服，服药后静卧。如眩晕定时发作，可在发作前服药。呕吐严重者，可将药液浓缩，少量频服。

（三）饮食护理

饮食宜清淡，忌食辛辣、肥厚之品。风阳上亢者以低盐素食为佳，忌肥甘厚味及动风食物，如猪头肉。气血亏虚者予血肉有情之品以健脾益气养血，如猪肝。肝肾阴虚者宜平肝疏风、滋肾养阴，忌食海腥、助热之物。痰浊中阻者宜食清热利湿化痰之品，如荸荠、海蜇，忌食油腻和肥甘厚味、生冷、烟酒等物，以防助湿生痰。

（四）情志护理

指导患者戒急戒躁，保证充足睡眠，保持心情舒畅，肝气条达，尤其风阳上亢者应帮助其消除忧郁恼怒情绪，避免不良刺激，积极配合治疗。

（五）其他

1. 观察眩晕发作时间、程度、诱发因素、血压及伴随症状等变化。注意眩晕发作的先兆症状，如胸闷、泛泛欲呕、视物模糊等，及时预防与处理。若头痛剧烈、呕吐、视物模糊、语言謇涩、肢体麻木或行动不便、血压持续升高时，应立即报告医生，做好急救准备。

2. 积极治疗原发病，如高血压、贫血、颈椎病等，定期随访。眩晕患者恢复后不宜高空作业，避免游泳、乘船及各种旋转大的动作和游戏。

第七节　气血津液病证护理

消　渴

消渴是以多饮、多食、多尿、形体消瘦，或尿有甜味为典型临床表现的一类病证。其发病与先天禀赋不足、嗜食肥甘厚味有较为密切的关系，病变涉及肺、胃、肾，阴虚燥热是其基本病机。本病多发于中年以后，若在青少年时期即罹患者，一般病情较重。日久渐至肌肉消瘦，疲乏无力，常可出现胸痹、中风、水肿、痈疽等多种并发症。西医学中的糖尿病以及尿崩症等可参考本篇辨证施护。

一、辨证论治

（一）燥热伤肺

1. 症状　烦渴多饮，口干咽燥，多食易饥，小便量多，大便干结，舌质红，苔薄黄，脉数。

2. 治则　清热润肺，生津止渴。

3. 代表方　消渴方。

（二）胃燥津伤

1. 症状　消谷善饥，大便秘结，口干欲饮，形体消瘦，舌红苔黄，脉滑有力。

2. 治则　清胃泻火，养阴增液。

3. 代表方　玉女煎。

（三）肾阴亏虚

1. 症状　尿频量多，混如脂膏，头晕目眩，耳鸣，视物模糊，口干唇燥，失眠心烦，舌红无苔，脉细弦数。

2. 治则　滋阴固肾。

3. 代表方　六味地黄丸。

（四）阴阳两虚

1. 症状　尿数，饮一溲一，色混如膏，面色黧黑，耳轮枯焦，腰膝酸软，消瘦显著，阳痿或月经不调，畏寒面浮，舌淡，苔白，脉沉细无力。

2. 治则　温阳滋阴，益肾固摄。

3. 代表方　金匮肾气丸。

二、辨证施护

（一）生活起居护理

居室宜冷暖适中、空气清新。轻者可随意活动，或进行有规律的适当运动，以不感到疲劳为度，宜起居有常，劳逸适度。根据季节变化适时增减衣物，不穿过紧的衣物、鞋袜，寒冷季节尤注意四肢末端的保暖。卧床患者要做好皮肤护理，防止压疮的发生。

（二）服药护理

药宜按时服用，并观察用药反应，若服药后出现头晕、心慌、无力、汗出、饥饿甚至昏迷等虚脱表现，应及时积极救治。

（三）饮食护理

注意控制饮食，宜定时定量进餐，忌油腻、甜食、辛辣、烟酒。燥热伤肺者选清热养阴生津之品，如黄瓜、鳝鱼等。胃燥津伤者尤其宜多食粗杂粮，如燕麦、荞麦，可适量食用蛋类、鱼类等以补充营养，饥饿时可予黄豆、生花生米嚼食。虚者宜选用滋阴补肾食物，如猪肾、黑豆、桑椹等。

（四）情志护理

丰富疾病知识，消除轻视、麻痹思想，又要解除焦虑、恐惧心理，鼓励患者增强信心，控制症状，预防并发症的发生。

（五）其他

1. 注意观察饮水量、食量、尿量及体重的变化，及时发现烦渴、头痛、呕吐、呼吸深快、口有异味、甚或昏迷厥脱危象，应早作处理。

2. 本病不宜针刺，可做按摩。取肾俞、关元、复溜、三阴交等穴。

3. 坚持正规治疗，遵医嘱按时按量用药，定期复查，随身携带治疗卡及糖块等高糖食品，若出现心慌、冷汗出、手抖、甚至昏倒等低血糖表现时，应立即给患者服用糖水以缓解症状。

郁　证

郁证是以抑郁善忧、情绪不宁或易怒善哭等为主要临床表现的一种病证。常因情志不舒、气机郁滞所致，其发生亦与体质因素有密切的关系，一般易发于精神脆弱、情绪易激动或性格内向、抑郁寡欢之人，尤多见于青中年女性。西医学中的神经衰弱、癔病、焦虑症以及更年期综合征等疾病，以郁证的临床表现为主者，可参考本病辨证施护。

一、辨证论治

（一）肝气郁结

1. 症状　精神抑郁，胸胁作胀，或脘痞，嗳气频作，善太息，月经不调，舌苔薄白，脉弦。

2. 治则　疏肝解郁，理气畅中。

3. 代表方　柴胡疏肝散。

（二）气郁化火

1. 症状　急躁易怒，胸闷胁胀，口苦，嘈杂泛酸，便结尿黄，舌红苔黄，脉弦数。

2. 治则　疏肝解郁，清肝泻火。

3. 代表方　丹栀逍遥散。

（三）忧郁伤神

1. 症状　神志恍惚不安，心胸烦闷，多梦易醒，悲忧善哭，舌尖红，苔薄白，脉弦细。

2. 治则　养心安神。

3. 代表方　甘麦大枣汤。

（四）心脾两虚

1. 症状　善思多虑不解，胸闷心悸，失眠健忘，易汗，纳谷不馨，舌淡，苔薄白，脉弦细或细数。

2. 治则　健脾养心，补益气血。

3. 代表方　归脾汤。

（五）阴虚火旺

1. 症状　病久虚烦少寐，烦躁易怒，头晕心悸，颧红，手足心热，口干咽燥，或见盗汗，舌红，苔薄，脉弦细或细数。

2. 治则　滋阴清热，养心安神。

3. 代表方　天王补心丹。

二、辨证施护

（一）生活起居护理

居室环境要清洁、安静，避免强光及噪音刺激。不宜放置刀具、玻璃等危险品。保证睡眠时间，提高睡眠质量。鼓励患者经常参加文体活动，有助于疾病康复。

（二）服药护理

住院患者应送药到口，防止丢药、藏药及随便加减药物。服药前后可配合暗示疗法，以提高疗效。汤剂多温服，心脾两虚者宜饭前服用，气郁化火和阴虚火旺的患者宜稍凉服用。

（三）饮食护理

饮食宜清淡、富营养，忌辛辣、肥腻及刺激性食物，禁烟酒。肝气郁结者予以疏肝理气解郁的食物，如柑橘、佛手等。气郁化火者宜多食蔬菜和凉性水果，如白菜、荸荠等。心脾两虚者可选蛋、桂圆等补益之物。阴虚火旺者宜选清淡养阴的食品如银耳、猪肝、莲藕等。

（四）情志护理

情志内伤是郁证的主要病因，与患者交流，语言平易、方法得当，以建立良好的护患关系，增加信任感。耐心解释病情，尽可能消除病因，避免再度受到刺激而加重病情。充分调动患者的积极性，保持愉快心情，增强战胜疾病的信心。

（五）其他

1. 观察精神抑郁、情绪不宁、胸胁胀满疼痛等气郁症状，若出现沉默痴呆、语无伦次或喧扰不宁、躁狂打骂等精神错乱、神志失常的表现，当从癫狂进一步诊治。定时测量血压，配合胸透、肝功能、B型超声、心电图等检查，排除器质性病变。密切观察患者的精神、语言、行动，防止意外发生。

2. 可配合针灸、按摩、耳针以及情志相胜等疗法，如针穴百会、四神聪、神门、三阴交等，耳穴按压皮质下、心、肝等。对精神紧张的患者，应指导患者采用放松技术，如做深呼吸、全身肌肉放松、听轻音乐等。

血　证

血证是指血液不循常道而溢于经脉之外，或上出于口鼻诸窍，或下泄于前后二阴，或外渗于肌肤所形成的一类病证。血证涉及范围广泛，本篇重点讨论内科常见的鼻衄、齿衄、咳血、吐血、便血、尿血、紫斑等病证。西医学中多种急、慢性疾病所引起的出血，如血液系统疾病中的再生障碍性贫血、血小板减少性紫癜、过敏性紫癜、血友病、白血病等，其他系统（呼吸、消化、泌尿等）疾病中的支气管扩张、消化性溃疡、肝硬化、肾炎、肾结核、维生素缺乏症、肿瘤等以出血为主要临床表现者，均可参考本病辨证施护。

一、辨证论治

（一）实证

1. 燥热伤肺

（1）症状　鼻衄，或咳嗽痰中带血，口干鼻燥，或有身热，咽痛，舌质红，苔薄黄，脉数。

（2）治则　清热润肺，凉血止血。

（3）代表方　桑杏汤。

2. 肝火亢盛

（1）症状　鼻衄，或咳血，或吐血，烦躁易怒，口苦胁痛，或有头痛目眩，舌质红，苔薄黄，脉弦数。

（2）治则　清肝泻火，凉血止血。

（3）代表方　龙胆泻肝汤。

3. 胃火炽盛

（1）症状　鼻衄，或齿衄，或吐血，齿龈红肿疼痛，口干口臭，大便秘结，舌质红，苔黄或黄腻，脉滑数。

（2）治则　清胃泻火，凉血止血。

（3）代表方　泻心汤。

4. 肠道湿热

（1）症状　便血，大便不畅或稀溏，或有腹痛，口苦，舌质红，苔黄腻，脉濡数。

（2）治则　清化湿热，凉血止血。

（3）代表方　地榆散。

5. 下焦热盛

（1）症状　尿血，小便灼热，心烦口渴，口舌生疮，舌质红，脉数。

（2）治则　清热泻火，凉血止血。

（3）代表方　小蓟饮子。

6. 血热妄行

（1）症状　皮肤出现青紫斑点或斑块，或伴见鼻衄、齿衄、便血、尿血，或有发热、口渴、尿少、便秘，舌质红，苔黄，脉弦数。

（2）治则　清热解毒，凉血止血。

（3）代表方　犀角地黄汤（水牛角代）。

7. 瘀血内阻

(1) 症状　出血呈反复发作，或吐血，或便血，或尿血，血色紫黯或夹有血块，胸胁脘腹疼痛呈刺痛、固定不移，或见局部肿块，舌质紫黯或有瘀点、瘀斑，脉涩。

(2) 治则　化瘀止血。

(3) 代表方　化血丹。

(二) 虚证

1. 阴虚肺热

(1) 症状　咳嗽痰中带血，或反复咳血，口干咽燥，颧红，潮热，盗汗，舌红，少苔，脉细数。

(2) 治则　滋阴润肺，宁络止血。

(3) 代表方　百合固金汤。

2. 阴虚火旺

(1) 症状　鼻衄，或齿衄，或尿血，或皮肤紫斑，伴有五心烦热，潮热，盗汗，或神疲腰酸，头晕耳鸣，齿摇松动，舌质红，少苔或无苔，脉细数。

(2) 治则　滋阴降火，凉血止血。

(3) 代表方　知柏地黄丸。

3. 气血亏虚

(1) 症状　鼻衄，或齿衄，或咯血，或吐血，或尿血，或便血，或皮肤紫斑，久延不愈，反复发作，神疲乏力，面白无华，气短懒言，头晕心悸，纳呆食少，舌淡白，脉细弱。

(2) 治则　益气摄血。

(3) 代表方　归脾汤。

4. 肾气不固

(1) 症状　尿血日久不愈，血色淡红，腰膝酸软，头晕耳鸣，舌淡白，脉沉弱。

(2) 治则　补益肾气，固摄止血。

(3) 代表方　无比山药丸。

5. 脾胃虚寒

(1) 症状　便血，血色紫黯，甚则黑色，腹部隐痛喜暖，面色不华，神倦懒言，大便稀溏，舌质淡白，脉细。

(2) 治则　健脾温中，养血止血。

(3) 代表方　黄土汤。

二、辨证施护

(一) 生活起居护理

保持居室空气新鲜。随时更换血污衣物，及时清理排泄物。轻症可适当活动，防止外伤、碰撞诱发或加重出血。大量或频繁出血的重症患者宜减少探视，以保证休息和及时救治。燥热者室温宜偏低，保持室内凉爽、湿润，避免日光直射、暴晒；虚证患者居室宜温暖向阳，避免空气对流。

(二) 服药护理

热证患者汤剂均宜凉服；虚者汤剂宜食前空腹温服。因“血汗同源”，血证兼有表证者慎用汗法。

（三）饮食护理

血证患者宜进食清淡、易于消化的食物，少量多餐，忌食辛辣、油腻之品，戒烟酒。过敏性出血者，忌食虾蟹腥发之物。热证者宜选清热凉血止血之品，如芹菜、藕等。肝火上炎者宜选疏肝理气解郁之品，如金橘、薄荷叶等。瘀血内阻者宜多食山楂、丝瓜等，忌酸涩生冷及煎炸等助火之品。虚者饮食以软、精、细为原则，加强营养，如选食瘦肉、蛋、奶等。

（四）情志护理

保持情绪稳定，尤其出血时，消除患者紧张和恐惧感；久病者详解病情，劝慰其放宽心境，配合治疗和护理，争取尽早康复。肝火上炎者与情志因素影响关系密切，嘱其戒怒，防止因情志波动而加重病情。

（五）其他

1. 严密观察患者出血量、神志、面色、手足温度及血压、呼吸、脉搏、体温等变化。若出血量多，并见头晕、心慌、面色苍白、汗出、四肢湿冷、呼吸急促、脉芤或细微欲绝等气随血脱的危重之象，或有头痛、呕吐、视力模糊、意识障碍等颅内出血症状，应及时报告医生予以积极救治。

2. 止血时避免使用灸法、熨法、熏蒸、热敷等温热疗法，以防耗血动血。应根据不同的出血部位采用相应的止血措施。

（1）鼻衄者取坐位或半卧位，出血量少时可压迫局部止血，或鼻根、额部冷敷，或行填塞止血法如用消毒棉球蘸云南白药、三七粉等。出血量多者可用凡士林纱条（或抗生素纱条）填塞或单气囊双腔鼻管压迫止血，或到专科行鼻黏膜电灼、激光止血等。

（2）齿衄时宜冰水漱口，也可棉球蘸云南白药、三七粉等压迫止血，或用吸收性明胶海绵贴敷止血。

（3）咳血或大量咯血时宜取侧卧位或取平卧位，将头偏向一侧，可用冰袋冷敷患侧，随时清理呼吸道以防止发生窒息。

（4）吐血量多时取头低位，可用冰块、冰水止血以免血液流入呼吸道引起窒息，必要时三腔管压迫止血。

（5）紫斑患者避免多次损伤性操作，以减少诱发出血机会。新鲜出血禁用温热敷。

（6）便血较为隐匿，应详查病因；频繁便血者应注意保持肛周清洁、干燥；伴便秘时慎用对胃肠有刺激性的泻药，可予蜂蜜、核桃仁等润肠通便之品。尿血者注意保持会阴部清洁，防止逆行感染。

第八节　经络肢体病证护理

痹　证

痹证是由于风、寒、湿、热等外邪侵袭人体，闭阻经络，气血运行不畅所致，以肌肉、筋骨、关节发生酸痛、麻木、重着、屈伸不利，甚或关节肿大灼热等为主要临床表现的一种病证。按感受邪气的不同可分为风痹、寒痹、湿痹、风湿热痹等，按病证特点可分为行痹、痛痹、着痹。邪气痹阻经脉为其基本病机，病变常累及肢体、肌肉、关节，甚至影响脏腑。西医学的风湿热、风湿性关节炎、类风湿关节炎、强直性脊柱炎、骨性关节炎等病，凡具有痹证表现者，可参考本篇辨证施护。

一、辨证论治

（一）行痹（风痹）

1. 症状　肢体关节疼痛，游走不定，屈伸不利，或见恶风发热等，苔薄白，脉浮。

2. 治则　祛风通络，散寒除湿。

3. 代表方　防风汤。

（二）痛痹（寒痹）

1. 症状　肢体关节疼痛较剧，遇寒痛剧，得热痛减，昼轻夜重，关节不能屈伸，痛处不红，触之不热，苔白滑，脉弦紧。

2. 治则　温经散寒，祛风祛湿。

3. 代表方　乌头汤。

（三）着痹（湿痹）

1. 症状　肢体关节重着酸痛，痛有定处，下肢为甚，或有肿胀，肌肤麻木，阴雨天气加重，舌苔白腻，脉濡缓。

2. 治则　除湿通络，祛风散寒。

3. 代表方　薏苡仁汤。

（四）风湿热痹

1. 症状　关节疼痛，局部红肿灼热，痛不可近，得冷则舒，得热则甚，屈伸不利，多兼有发热，恶风，汗出，口渴，烦闷，舌红，苔黄，脉滑数。

2. 治则　清热通络，祛风除湿。

3. 代表方　白虎桂枝汤。

二、辨证施护

（一）生活起居护理

居室宜阳光充足，行痹者尤应避免风邪外袭，痛痹者病室温度宜稍高，着痹者病室湿度应适当降低，风湿热痹者应保持室内空气干燥与凉爽。痹证患者注意局部保暖，久病者适当多活动，防止肌肉萎缩及关节活动功能不良。

（二）服药护理

临证常用附子、川乌等毒副作用较强的中药治疗痹证，服药后若有唇舌、手足发麻、恶心、心悸等中毒症状，应及时通知医生或停止服用。风寒湿痹者常用药酒以温经通络，注意饮用的时间、量及温度等。

（三）饮食护理

饮食宜富有营养，尤其久痹者需增强机体抵抗力。痛痹患者饮食宜温热，忌生冷。可酌情配合饮用具有疏风散寒、通经活络作用的药酒。着痹者饮食宜选用健脾除湿的食物，如薏苡仁、扁豆等，或温阳的食物，如羊肉、狗肉等，忌生冷、黏腻之品。

（四）情志护理

本病常反复发作、病程较长，且病证后期常会出现关节变形、肌肉萎缩等后遗症，痛苦难忍，鼓励患者尽量活动，消除由此而产生悲观的不良情绪，增强生活自理能力，树立战胜疾病的信心。

（五）其他

1. 观察关节疼痛性质、程度等情况，以及体温、季节与发作的关系。病程较长者注意观察关节肿痛及畸形的变化，关节活动的受限程度以及是否病久累及到脏腑，如出现胸闷、心悸、水肿等症状，及时记录并做好相应措施。

2. 可采用按摩、针灸、热敷、药熨、熏洗等方法缓解疼痛。上肢取肩髃、曲池、尺泽、合谷、外关等穴，下肢取环跳、足三里、阳陵泉等穴。

头痛

头痛是指以头部疼痛为特征的一类病证，常由头部经脉绌急或失养、清窍不利所致。临床分为外感与内伤，外感头痛一般发病急，病程短，病势较剧，疼痛的性质常随感受外邪，如风寒、风热、风湿等病因的不同而异，且头痛的发作伴有邪气在表的症状表现；内伤头痛一般起病缓，病程较长，痛势绵绵，时痛时止，遇劳则剧，常为气血亏虚、肝肾不足、瘀血痰浊，或情志不遂，肝阳升发太过等引起，故头痛时常兼有脏腑功能失调之证。头痛涉及内、外、五官科等多种病证，范围较广，常包括颅内、外病变，全身性疾病，神经症等，西医学中的三叉神经痛、枕神经痛、高血压、动脉硬化、贫血、神经症、血管神经性头痛以及脑外伤后遗症等，凡表现以头痛为主者，均可参考本病辨证施护。

一、辨证论治

（一）外感头痛

1. 风寒头痛

（1）症状　头痛时作，痛连项背，头痛喜裹，恶风畏寒，遇风尤剧，口不渴，苔薄白，脉浮。

（2）治则　疏风散寒止痛。

（3）代表方　川芎茶调散。

2. 风热头痛

（1）症状　头痛而胀，甚则头痛如裂，发热或恶风，面红目赤，口渴欲饮，便秘溲黄，舌质红，苔黄，脉浮数。

（2）治则　祛风清热止痛。

（3）代表方　芎芷石膏汤。

3. 风湿头痛

（1）症状　头痛如裹，肢体困重，纳呆，胸闷，小便不利，大便或溏，苔白腻，脉濡。

（2）治则　祛风胜湿。

（3）代表方　羌活胜湿汤。

（二）内伤头痛

1. 肝阳上亢

（1）症状　头痛而胀，或抽掣而痛，痛时常有烘热，面红目赤，心烦口干，舌红，苔薄黄，脉弦。

（2）治则　平肝潜阳。

（3）代表方　天麻钩藤饮。

2. 痰浊上扰

（1）症状　头痛胀重，或兼目眩，胸闷脘胀，恶心食少，痰多黏白，舌苔白腻，脉弦滑。

（2）治则　燥湿化痰，降逆止痛。

（3）代表方剂　半夏白术天麻汤。

3. 气血亏虚

（1）症状　头痛绵绵，两目畏光，午后更甚，神倦乏力，面色苍白，心悸少寐，舌淡，苔薄，脉弱。

（2）治则　益气养血。

（3）代表方　偏于气虚用顺气和中汤；偏于血虚用加味四物汤。

4. 瘀阻脑络

（1）症状　头痛反复，经久不愈，痛处固定，痛如锥刺，舌紫黯或有瘀点、瘀斑，脉细弦或细涩。

（2）治则　活血化瘀，通窍止痛。

（3）代表方　通窍活血汤。

5. 肝肾阴虚

（1）症状　头痛且空，时轻时重，视物模糊，五心烦热，口干，腰痛酸软，舌红少苔，脉细弦。

（2）治则　滋补肝肾，填精生髓。

（3）代表方　大补元煎。

二、辨证施护

（一）生活起居护理

根据头痛和伴发症的轻重适当安排患者的病室和日常活动量，保持环境安静，避免用脑过度。

（二）服药护理

外感头痛者所服汤剂不宜久煎，内伤虚证头痛的药物多属补益剂，汤药煎煮时间应适当延长，药宜温服。

（三）饮食护理

饮食护理仍辨证用膳，风寒头痛者可选用辛温之品，如豆豉、葱等。风热头痛者可多食清热泻火食物，如绿豆、苦瓜等，忌辛辣、香燥之品。风湿头痛者忌食生冷、油腻、甘甜类助湿生痰的食物。气血亏虚者宜多食血肉有情滋补之品，如猪肝、瘦肉等，忌食辛辣、生冷之物。肝肾阴虚者宜食补肾填精、凉润滋补之品，如黑芝麻、甲鱼等，忌烟酒辛辣刺激之物。

（四）情志护理

情志变化常会诱发或加重头痛，尤其肝阳上亢的患者应尽量消除其烦躁、焦虑情绪，耐心劝导患者，采取积极的态度和行为配合医护，安心养病。

（五）其他

1. 观察头痛发作的性质、程度、时间与部位。重者宜取头高脚低位或半卧位以减轻大脑的充血状态。注意定时测量血压，观察病情的变化，若发现有瞳孔散大、血压下降或增高、意识障碍等情况，则应及时汇报医生，并做好急救的准备。

2. 可选针刺止痛，常用的穴位有太阳、风池、合谷、大椎等。前额痛加刺印堂、攒竹；偏头痛者加刺头维、外关、足临泣；后头痛加刺天柱、后溪、涌泉。或进行局部推拿止痛。

3. 积极治疗头痛的原发疾病，如五官科、口腔科疾病以及高血压等。避免头部外伤，减少因外伤引起头痛的机会。

（陈　岩）

第九章 外科病证护理

第一节 疮疡疾病的护理

痈

痈是一种发生于体表皮肉之间的急性化脓性疾患。在中医文献中痈有“内痈”、“外痈”之分。其特点为所患浮浅，局部光软无头，红肿疼痛（少数初起皮色不变），结块范围多在6～9厘米。发病迅速，易肿、易脓、易溃、易敛。痈多由于外感六淫或过食膏粱厚味，湿热火毒内生；或由于外来伤害，感受邪毒，引起毒邪蕴聚，气血运行失常，营卫不和，经络阻塞，气血凝滞，邪热阻于皮肉之间，聚而成形，发为痈肿。现代医学所说的“浅表脓肿”和“急性化脓性淋巴结炎”可参考本病辨证施护。

一、辨证论治

（一）热毒蕴盛

1. 症状　局部肿胀疼痛，皮肤焮红，肿块高突，触之痛甚，伴有恶寒、发热、全身不舒、疼痛等全身症状，舌苔黄腻，脉象洪数。

2. 治则　清热解毒，行瘀活血。

3. 代表方　仙方活命饮。

（二）热盛肉腐

1. 症状　局部肿块肿势高突，皮色发亮，焮红，疼痛加重，痛如鸡啄，肿块渐变软，按之有波动感；伴有全身发热、口干、舌红苔黄腻、脉数等症。

2. 治则　和营清热，透脓托毒。

3. 代表方　仙方活命饮合五味消毒饮。

（三）气血两虚

1. 症状　全身症状消退，局部红肿热痛亦轻，唯肿块僵硬不消，或溃后脓虽尽，但周围肿硬，生肌迟缓，舌质淡红，苔薄白，脉细数或濡数。

2. 治则　益气养血，托毒生肌。

3. 代表方　托里消毒散。

二、辨证施护

（一）生活起居护理

1. 保持皮肤清洁，戒除用手搔抓、挤压、挑剔等不良习惯。服装穿着要舒适，衣服被褥要勤换、勤洗、勤晒，有条件的要消毒。

2. 病发于肢体者需保持功能位置。患在上肢者，宜用三角巾悬吊，患在下肢宜抬高患肢，并减少行动。疮面忌挤压。病情重者，应卧床休息，并做好床边护理。

（二）换药护理

1. 初期外用药宜清热和营消肿，一般用金黄膏，或金黄散冷开水或用冷茶、银花露、菊花汁等调成糊状外敷。或取太乙膏外敷，掺药均用红灵丹或阳毒内消散。敷金黄膏而引起接触性皮炎者，可改用青黛膏。

2. 脓成宜切开排脓，切口大小应有利于排脓，注意引流通畅，敷料脓染应及时更换，保持局部皮肤干燥。每一至两天换药一次。

3. 外治初溃宜用八二丹提脓祛腐，三、五日后改用九一丹，并用药线蘸药插入疮口，触底而退出少许，使露出部分头向下，以引流，外盖金黄膏。待肿势消退十之八九时，改用红油膏盖贴。脓腐已尽，宜生肌收敛，改用生肌散掺疮面上，外以太乙膏或生肌白玉膏、生肌玉红膏盖贴。

（三）饮食护理

1. 忌食辛辣助火食物及海鲜腥膻，可用菊花、赤豆、绿豆、丝瓜、冬瓜佐食，以利痈毒消散。

2. 发热持续不退汗出多者应及时擦干，切忌外感风寒加重病情，并应多饮清凉饮料如绿豆汤、银花露、西瓜汁等。

3. 溃后不宜进食过硬、生冷难化之品，以防伤及脾胃。恢复期可食甲鱼、淡菜、银耳、百合等清补之品，并可用鲜石斛煎汤作饮料。

（四）皮肤护理　保持皮肤清洁干燥，病变部位有毛发者，应剃去或剪去，及时更换敷料和污染的床单被罩。勤洗澡换衣，内衣夏天宜1天1换，冬天也不宜超过1周。督促患者定期修剪指甲，戒除用手搔抓、挤压、挑剔等不良习惯。防止蚊虫叮咬，积极治疗消渴病等慢性病。年老体弱及重症卧床的患者应预防褥疮的发生。

（五）其他

脓出不畅，若溃口在上，脓腔在下，疮口呈袋形，有蓄脓之象，可先用垫棉法加压包扎，如五、七日无效，可扩创引流。长期不愈合者，可采用隔姜灸法。

疖

疖是一个毛囊及其所属皮脂腺的急性化脓性感染，常扩散至周围组织。疖多发生在毛囊和皮脂腺丰富的部位，如头面部、颈部、背部、腋部、腹股沟部、会阴部和小腿等。中医学的“疖”包括“有头疖”、“无头疖”、“蝼蛄疖”、“疖病”四种类型的疾病。其特点是肿势局限，范围多在3厘米左右，突起根浅，色红、灼热、疼痛，有出脓即愈的特点。疖多因皮肤浅表部位感受热毒及湿热为病。发于夏秋季节者，多因感受暑湿热毒或皮肤裸露、强光暴晒、感受暑毒而成；或因潮湿闷热湿热内蕴，汗液排泄不畅，湿热之邪不能排泄体外，暑湿热毒蕴于肌肤而成；发于其他季节者，多因体质虚弱，脾胃运化失职，湿热之邪蕴结于皮肤而成，或因皮肤不洁，经常搔抓，衣服不洁而摩擦，毛孔不固，染毒而生。现代医学中的毛囊、皮脂腺化脓性炎症属于本病范畴，可参考本病辨证施护。

一、辨证论治

（一）热毒蕴结

1. 症状　常见于气实火盛的患者，轻者疖肿只有一两个，多者可散发全身，或簇集一处，或此愈彼起，可有发热，口渴，溲赤，便秘，苔黄，脉数。

2. 治则　清热解毒。

3. 代表方　五味消毒饮、黄连解毒汤。

（二）暑热浸淫

1. 症状　发于夏秋季节，以儿童及产妇多见，可有发热，口渴，便秘，溲赤等，苔薄腻，脉滑数。

2. 治则　清暑化湿解毒。

3. 代表方　清暑汤。

（三）体虚毒恋

1. 症状　疖肿常此愈彼起，不断发生，常见于体质虚弱或有某些慢性病患者，并有相应的全身症状。

2. 治则　养阴清热解毒，或健脾和胃，清化湿热。

3. 代表方　仙方活命饮合增液汤，或五神汤合参苓白术散。

二、辨证施护

（一）生活起居护理

1. 注意个人卫生，保持皮肤清洁，勤洗澡更衣，勤修剪指甲，戒除用手搔抓、挤压、挑剔等不良习惯。服装穿着要舒适，衣服被褥要勤换、勤洗、勤晒，有条件的要消毒。防止蚊虫叮咬，积极治疗消渴病等慢性病。

2. 颜面部疖肿，不能强力挤压，防止碰撞，以免脓毒扩散，造成严重并发症。

（二）换药护理

1. 疖之初起，可用75％乙醇或2.5％的碘酊涂擦，或用千捶膏盖贴或三黄洗剂外搽，以使疖肿局限。

2. 脓成宜切开排脓，注意保持引流通畅，保持局部皮肤清洁，分泌物多时，应及时更换敷料。

3. 头部疖肿多发并已化脓溃破者，应勤换药，细心观察，保持引流通畅，以免脓毒旁窜，形成蝼蛄疖。

4. 疼痛者可做冷湿敷；或用新鲜紫花地丁、苍耳草、半枝莲等洗净，捣烂外敷，以清热解毒。

（三）饮食护理

1. 平素饮食宜清淡，忌食辣椒、姜、葱、蒜和膏粱厚味煎炒烹炸之品，以免助热生火加重病情。

2. 便秘溲赤者多饮汤水，可适当进食香蕉、白菜、萝卜、西瓜等。

（四）其他

1. 疼痛者可针刺合谷、外关、曲池等穴以清泄热毒。

2. 积极治疗慢性病，如消渴、营养不良、贫血等疾病。

第二节　乳房疾病的护理

乳　痈

乳痈是指因乳头破碎、风邪外袭，或乳汁淤积、乳络阻滞，郁久化热而成的一种急性化脓性疾病。多见于哺乳期妇女，尤以初产妇多见，好发于产后3～4周，也可在怀孕期或在其他时期发生。其临床特点是乳房局部肿块，红肿热痛，伴有高热、恶寒，易发生“传囊”之变。乳痈的发生，多由产妇肝气不得疏泄，与阳明之热蕴结，以致经络阻塞。其基础在于肝郁胃热，乳汁郁滞；又因乳头皲裂、哺乳不当等因素导致风热毒邪外袭，均可使乳汁瘀滞、乳络不畅、乳管阻塞及败乳蓄积化热而成痈肿。现代医学中的急性化脓性哺乳期乳腺炎属于本病范畴，可参考本病辨证施护。

一、辨证论治

（一）气滞热壅

1. 症状　乳汁淤积结块，皮色不变或微红，肿胀疼痛；伴有恶寒发热，周身酸楚，口渴，便秘，苔薄，脉数。

2. 治则　疏肝清胃，通乳消肿。

3. 代表方　瓜蒌牛蒡汤。

（二）热毒炽盛

1. 症状　乳房肿痛，皮肤焮红灼热，肿块变软，有应指感；或切开排脓后引流不畅，红肿热痛不消，有“传囊”现象；伴壮热，舌红，苔黄腻，脉洪数。

2. 治则　清热解毒，托里透脓。

3. 代表方　透脓散。

（三）正虚毒恋

1. 症状　溃脓后乳房肿痛虽轻，但疮口脓水不断，脓汁清稀，愈合缓慢或形成乳漏；全身乏力，面色少华，或低热不退，饮食减少；舌淡，苔薄，脉弱无力。

2. 治则　益气和营托毒。

3. 代表方　托里消毒散。

二、辨证施护

（一）生活起居护理

1. 急性乳房炎多见产后哺乳期，产后患者身体虚弱，抵抗力下降，应注意适当的休息。

2. 消除乳汁淤积：患乳暂停哺乳，定时用吸乳器吸尽乳汁，防止乳汁淤积。也可用手、木梳背沿乳管方向加压按摩使乳管通畅。

3. 促进血液循环：炎症早期局部热敷，可促进血液循环，利于炎症消散。用宽松胸罩或三角巾托起患乳，以减轻疼痛促进血液循环。脓未成者，可减少活动牵拉痛，破溃后可防止袋脓，有助于加速疮口愈合。

（二）换药护理

1. 保持引流通畅，注意观察引流脓汁的量、色泽及气味的变化，敷料浸湿应及时更换。

2. 外敷药可用金黄散调敷或用50%朴硝溶液湿敷。也可用洗净的鲜蒲公英、鲜仙人掌去刺捣烂外敷。注意外敷药要保持湿润，以充分发挥药效。

（三）饮食护理

1. 应少吃下奶的荤腥汤水，减少乳汁分泌，以利伤口愈合。乳房炎切开术后应给予橘子、番茄、菊花、绿豆汤等清热通乳食品；若术后久不愈合，排乳不畅，伴四肢乏力者，可适当给予鲫鱼汤、猪肝汤、豆腐、牛奶等清热食物。

2. 忌食辛辣炙煿之物，不过食肥甘厚腻之品。并保证足够的水分摄入。忌油腻、辛辣、上火之食品。

3. 如需断奶时，可用生麦芽、生山楂各 60 克煎汤代茶。

（四）其他

1. 用棉花蘸芫花根浸出液，交替塞左右鼻腔，约 15 分钟，至有灼热感为止，1 日 2 次。亦可用棉花裹丁香粉塞鼻腔，1 日 3～4 次，每次 5～10 分钟，可使早期乳痈消散。

2. 乳房局部肿痛，乳汁不通，淤乳明显者，行乳房按摩可使淤滞乳汁得以疏通。乳房按摩方法是：按摩前可先用热毛巾热敷，在患侧乳房上涂上少许润滑油，患者自己或护士用手指由乳房四周轻轻向乳头方向按摩，但不宜用力挤压或旋转挤压，把淤滞的乳汁逐步推出。在按摩同时可以轻提拉乳头数次，以扩张乳头部的乳络。

3. 初期淤乳可针刺肩井、膻中、足三里等穴以疏通乳络。

（五）预防措施

1. 保持乳头清洁，纠正乳头内陷。

2. 预防乳头皲裂。出现乳头、乳晕破损或皲裂者，应暂停哺乳，每日用吸乳器吸出乳汁哺育婴儿；局部用温开水清洗后，可外涂麻油、蛋黄油或抗生素软膏，待伤口愈合后再行哺乳。

3. 养成良好的哺乳习惯：要定时哺乳，每次哺乳时让婴儿将乳汁吸空，如有积滞，可通过按摩或用吸乳器排空乳汁；不让婴儿含乳头睡觉；注意婴儿口腔卫生，及时治疗口腔炎症。

4. 调摄情志：哺乳期间宜保持心情舒畅，情绪稳定。产后用桔核泡水代茶饮，可达到预防乳房炎的效果。

乳　癖

乳房出现肿块，且肿块和疼痛与月经周期有关的疾病，称为“乳癖”。本病以育龄妇女多见，年龄多在 25～45 岁。其临床特点是：单侧或双侧乳房疼痛并出现肿块，乳痛和肿块与月经周期及情志变化密切相关。乳房肿块大小不等，形态不一，边界不清，质地不硬，活动度好。中医认为肝郁气滞、冲任失调及痰瘀凝结可形成不同类型的乳房肿块和疼痛。本病多由于郁怒伤肝，肝郁气滞，思虑伤脾，脾失健运，气机郁滞，痰湿不化，痰气互结，阻滞乳络，遂使乳内历历结块所致。部分患者的发病与青春期、绝经期、月经期以及生育史中自然流产有一定关系。所以，本病证也可因肝肾不足，冲任失调，阳虚痰湿内结所致。现代医学中的乳腺增生症属于本病范畴，可参考本病辨证施护。

一、辨证论治

（一）肝郁痰凝

1. 症状　多见于青壮年妇女，乳房肿块随喜怒消长；伴有胸闷胁胀，善郁易怒，失眠多梦，心烦口苦；苔薄黄，脉弦滑。

2. 治则　疏肝解郁，化痰散结。

3. 代表方　逍遥蒌贝散。

（二）冲任失调

1. 症状　多见于中年妇女，乳房肿块月经前加重，经后缓减；伴有腰酸乏力，神疲倦怠，月经失调，量少色淡，或闭经；舌淡，苔白，脉沉细。

2. 治则　调摄冲任。

3. 代表方　二仙汤合四物汤。

二、辨证施护

（一）生活起居护理

安排清洁、安静、舒适的室内环境，避免不良刺激以缓解情绪不稳定。易多疑、烦躁、抑郁及情绪波动，以致影响疾病的治疗和护理。

（二）服药护理

1. 活血化瘀药物在月经期暂停服用，月经过后可继续服用。

2. 妊娠期禁服中药，因中药的行气活血作用可能会诱使子宫收缩而导致流产。

（三）饮食护理

忌高蛋白、高脂肪食物，以免雌激素及催乳素含量增高，加重本病或促癌生成。可食用补益肝肾调补冲任之品，如黑芝麻等。

（四）对症护理

1. 疼痛护理：注意休息，避免触碰乳房肿块，用宽松的胸罩托起乳房，以减轻疼痛。必要时可遵医嘱给予镇静止痛药以缓解症状。

2. 乳头的护理：对乳头溢液者及时清洁乳头，勤更换内衣，定期沐浴，以保持局部皮肤洁净干燥。

3. 月经不调：对月经不调者，应嘱其及时治疗，调节情志，解除顾虑。

（五）健康教育

1. 调整生活节奏，减轻各种压力。起居有常，避免过度劳累。注意防止乳房外伤。

2. 保持心情舒畅，情绪稳定。让患者进行自我心理调节，避免情绪激动、抑郁等。

3. 建立低脂饮食，不吸烟、不饮酒的好习惯。

4. 指导患者经常自我检查乳房。宜选择在月经干净后排卵前检查，以便早期诊断，及时治疗。

第三节　皮肤疾病的护理

湿　疮

湿疮是由禀赋不耐，风湿热邪客于肌肤而成。皮疹呈多种形态，发无定位，易于湿烂留津的瘙痒性渗出性皮肤病。皮损特点有：对称分布，多形损害，剧烈瘙痒，渗出倾向，反复发作，易成慢性。男女老幼皆可发病，而以先天禀赋敏感者为多，无明显季节性。急性者多泛发全身，慢性者多固定于某些部位。湿疮的发病原因多是禀赋不耐，风、湿、热邪阻于肌肤所致。急性者以风热为主；亚急性者多与脾虚湿恋有关；慢性者则多病久，耗伤阴血，血虚风燥，肌肤失去濡养而成。若病久血虚、生风化燥，肤失所养，可转化为慢性。现代医学中的湿疹属于本病范畴，可参考本病辨证施护。

一、辨证论治

（一）湿热浸淫

1. 症状　发病急，皮损潮红灼热，瘙痒无休，渗液流汁，伴身热，心烦口渴，大便干，尿短赤，舌质红，苔薄白或黄，脉滑或数。

2. 治则　清热利湿，解毒止痒。

3. 代表方　龙胆泻肝汤合五味消毒饮。

（二）脾虚湿蕴

1. 症状　发病较缓，皮损潮红，瘙痒，抓后糜烂渗出，可见鳞屑，伴有纳少，神疲，腹胀便溏，舌质淡胖，苔白或腻，脉弦缓。

2. 治则　健脾利湿止痒。

3. 代表方　除湿胃苓汤或参苓白术散。

（三）血虚风燥

1. 症状　病久，皮损色暗或色素沉着，剧痒，或皮损粗糙肥厚，伴口干不欲饮，纳差腹胀，舌淡，苔白，脉细弦。

2. 治则　养血润肤，祛风止痒。

3. 代表方　当归饮子或四物消风饮。

二、辨证施护

（一）生活起居护理

1. 室内清洁、干燥，不放置鲜花和喷洒带香味的空气清新剂。避免毛皮织品、化学纤维、塑料、染料等直接接触皮肤。衣被、床单柔软，以棉织为佳，不能穿盖过紧或过热，如渗出明显时，要及时更换。

2. 皮肤护理

（1）观察并记录皮肤渗出及皮肤损害情况，同时作出相应的护理。

（2）勤剪指甲，禁用手搔抓、摩擦，以免加重皮损。如瘙痒剧烈，可适当给予止痒剂止痒。如为婴儿，最好用纱布套住患儿的双手，头部可戴柔软布帽。

（3）保持皮肤清洁。清洁皮肤时，不能用热水烫洗，忌用盐水、花椒水、肥皂水、碱水清洗患处，应用皮炎洗剂或清水清洗。如有结痂时，可用纱布或棉球蘸植物油或生理盐水湿润后再轻轻擦去。

（4）保持皮肤清洁、干燥，特别是对渗出、糜烂型皮损要严格无菌操作。

（二）换药护理

1. 皮肤有糜烂、流滋和水疱时，不能作外洗法，以免水疱破裂，滋水累及正常皮肤而使糜烂面扩大。有糜烂，但滋水不多或滋水减少时，用三石散、青黛散或二妙散麻油调敷或外用三黄洗剂、黄柏霜等。

2. 糜烂滋水多者，可用10％黄柏溶液或蒲公英、野菊花、马齿苋、生地榆、冬青叶等任选一种或两种，取20～30g，加水1000ml，煮沸15～20分钟，去渣取汁，冷却后湿敷。

若遇结痂时，可用纱布或棉球蘸植物油湿润后再轻轻擦去。

3. 血虚风燥证长期迁延不愈，见抓痕、血痂、脱屑等，可外搽青黛散，加热烘疗法；亦可用烟熏法或苦参汤药浴；或用地肤子，佛耳草，蛇床子各 30g，枯矾 3g，当归 15g，茶叶一小撮煎汤熏洗。

4. 搽药膏时，不宜涂得太厚，薄薄一层即可，并随时观察用药的情况，如有继发性皮损出现，要及时停药。

5. 不宜用高浓度、刺激性强的外用药物。

6. 外用药物时，如发现过敏应立即停用，并及时向医师汇报。

（三）饮食护理

1. 饮食宜清淡，鼓励患者多食蔬菜、水果，进食易消化食物。

2. 忌烟酒及辛辣刺激食品和鱼、虾、蟹、蛋、鸡、鹅、牛、羊肉、菠菜、雪菜、海带等动风发物。暂时少吃或不食高蛋白食物。

3. 如发现某一食物能诱发或加重病情，应避免再食。

（四）其他

1. 患病期间，特别是急性期，暂缓预防注射，避免与单纯疱疹患者接触，防止疱疹性湿疹等并发症发生。

2. 因湿疮有剧烈瘙痒症状，病情进展时奇痒难忍，难以入眠，故应创造良好的睡眠环境，睡前减少刺激，亦可适当播放催眠音乐或采用耳穴压籽法（取神门、皮质下、交感、安眠等穴），或针刺神门、曲池、合谷等穴，促进患者安睡。

白　疕

白疕是以皮肤上起红色斑片，上覆多层白色皮屑，抓去皮屑可见点状出血为特征的皮肤病。其特点是在红斑上反复出现多层银白色鳞屑，抓之有薄膜及露珠样出血点。因其肤形如疹疥，状如松树皮，色白而痒，抓后起白色皮屑，故中医称为“白疕”、“松皮癣”等，是一种常见的易于复发的炎症性皮肤病。外感风寒、风热之邪，湿热蕴结、情志内伤、肝肾不足、冲任不调及毒入营血、气血两燔等可单独成为引起白疕的病因，但往往是多种原因合而致病，形成复杂的病因病机。病机为内外合邪，邪壅血络。本病性质顽固，反复发作，病久使气血耗伤，则血虚风燥肌肤失养更明显突出，而形成慢性迁延性的病程。病初主要表现在血分变化，包括血热、血燥、血瘀等，病位在皮肤；病久则反映在脏腑功能上的盛衰，以肝、肾两脏最为突出。现代医学中的银屑病属于本病范畴，可参考本病辨证施护。

一、辨证论治

（一）风热血燥

1. 症状　皮损鲜红，皮疹不断出现，红斑增多，刮去鳞屑可见发亮薄膜，点状出血，有同形反应，伴心烦口渴，大便干，尿黄，舌质红，舌苔黄或腻，脉弦滑或数。

2. 治则　清热凉血，解毒消斑。

3. 代表方　凉血地黄汤。

（二）血虚风燥

1. 症状　皮损色淡，部分消退，鳞屑较多，伴口干，便干，舌质淡红，苔薄白，脉细缓。

2. 治则　养血滋阴，润肤息风。

3. 代表方　当归饮子。

（三）瘀滞肌肤

1. 症状　皮损肥厚浸润，颜色暗红，经久不退，舌质紫暗或见瘀斑、瘀点，脉涩或细缓。

2. 治则　活血化瘀，解毒通络。

3. 代表方　桃红四物汤。

二、辨证施护

（一）生活起居护理

1. 保持病室整洁，注意及时处理脱落的鳞屑。因患者会出现长期大量脱屑，应每天或隔日温水沐浴，以帮助去除过多的鳞屑，但禁用碱性肥皂和热水烫洗，以免刺激皮肤而加重病情。对脓疱型应及时更换污染的衣被。

2. 注意保护皮肤，避免外伤、搔抓、洗烫等，特点是在进行期要避免同形反应。

（1）保持病室清洁，通风良好，有利于患者的休养。

（2）病室温度应根据临床病证性质的不同而进行适当的调节，血热内蕴、火毒炽盛患者病室温度宜偏凉爽，以免复感热邪。血虚风燥患者室温要保持在20℃左右，并保持一定的湿度，如气候干燥，每天可在病室内洒2次水，以增加湿度。

（3）重症患者应卧床休息，如出现大量脱屑、皮肤潮红等症状时应尽量安排单人房间，须严格床边隔离。

（4）保持床铺清洁，定期更换床单，协助做好生活护理，以免发生交叉感染。并及时清扫皮屑，使患者舒适，有利于安心治病。

（二）换药护理

1. 外用药物宜温和，不宜强烈刺激；外搽药物前可用热水洗澡，去除鳞屑，搽药后要加揉擦，以促进药物的吸收。

2. 外用药换药时严格消毒，防止继发感染。换药前，可用温水洗浴，用软毛巾轻轻搓去鳞屑，不宜硬剥，可改善皮肤循环，减轻炎症浸润，加强外用药的吸收，但不宜用于红皮病型，以免加重皮损。

3. 使用外用药时应根据皮损炎症反应情况选用，本病使用膏剂较多，具有杀菌、止痒、去痂等作用。急性期不宜选用具有刺激性的外用药，以免激发红皮病，可用浓度低、性质温和的药膏，如青连膏等。进行期和红皮病型可用青黛散麻油调搽或用黄连膏，或涂于纱布上敷贴于患部再加包扎。静止期用5%～10%硫黄软膏外搽。慢性肥厚性皮损用5%～10%硫黄软膏、雄黄膏外搽，药应涂得厚些，并进行皮损处按摩，可增强疗效。

4. 首次用药须在小片皮损处试用3次，局部无红肿反应，方可大面积外搽，如发现有刺激现象或不良反应，应立即停药报告医生。皮损即便全身泛发，也不能轻易采用浓度较高、刺激性较强的药物，应分区交替用药，以免药物吸收过多发生不良反应。搽药时注意皮损变化，如皮损加剧，应停止搽药并报告医生。

（三）饮食护理

1. 多吃新鲜蔬菜和水果，饮食宜清淡，忌食虾蟹、辛辣、油腻及酒类。

2. 脱屑多者要注意蛋白质的补充，如瘦肉、牛奶、鸡蛋等食物的摄入。

3. 血热内蕴、火毒炽盛患者饮食宜清淡低脂，多食新鲜蔬菜和凉性瓜果，如西瓜、黄瓜，多饮水，忌油炸煎炒之品，以免加重热象。

4. 血虚风燥患者饮食宜平补、清补，可食鸭蛋、瘦肉、百合等，以增加机体抵抗力。

（四）其他

1. 避免过度劳累，保持情绪稳定，生活要有规律。

2. 要预防感染和外伤。

3. 如病变侵犯关节，急性期要注意休息，缓解后要适当锻炼，以免发生功能障碍。

第四节　肛肠疾病的护理

痔

痔是直肠末端黏膜下和肛管皮肤下的直肠静脉丛发生扩大、曲张所形成的柔软的静脉团。根据发病部位的不同，可分为内痔、外痔、混合痔。好发于成年人，男女都可发病，在肛门直肠疾病中，发病率最高。内痔系发生于齿线以上的静脉曲张团块，又称里痔，以便血、痔核脱出、肛门不适感为其主要临床表现，好发于截石位的3、7、11点处，是肛门直肠病中最常见的疾病。外痔系发生于齿线以下的静脉曲张团块或赘皮，以自觉肛门坠胀、疼痛，有异物感为其主要临床表现，相当于西医学中的静脉曲张性外痔、结缔组织外痔、血栓外痔、炎性外痔。混合痔系发生于同一方位齿线上下，形成一体的静脉曲张团块，兼有内痔、外痔的双重症状。常见的病因主要有外邪侵袭、饮食不节、脏腑本虚、久坐久蹲、负重远行、便秘努责、妇女生育过多、癥瘕等，致血行不畅，血液瘀积，热与血相搏，导致阴阳失调，脏腑气血虚损，瘀血浊气结滞不散，筋脉横解而生痔。

一、辨证论治

（一）内痔

1. 风伤肠络

（1）症状　大便带血、滴血或喷射状出血，血色鲜红，或有肛门瘙痒，舌红，苔薄白或薄黄，脉浮数。

（2）治则　清热凉血祛风。

（3）代表方　凉血地黄汤。

2. 湿热下注

（1）症状　便血色鲜，量较多，肛内肿物外脱，可自行回缩，肛门灼热，舌红，苔黄腻，脉滑数。

（2）治则　清热利湿止血。

（3）代表方　脏连丸。

3. 气滞血瘀

（1）症状　肛内肿物脱出，甚或嵌顿，肛管紧缩，坠胀疼痛，甚则肛缘有血栓，水肿，触痛明显，舌质暗红，苔白或黄，脉弦细涩。

（2）治则　清热利湿，行气活血。

（3）代表方　止痛如神汤。

4. 脾虚气陷

（1）症状　肛门坠胀，肛内肿物外脱，需手法复位，便血色鲜或淡，可出现贫血，面色少华，头昏神疲，少气懒言，纳少便溏，舌淡胖，边有齿痕，舌苔薄白，脉弱。

（2）治则　补中益气，升阳举陷。

（3）代表方　补中益气汤。

（二）外痔

1. 气滞血瘀

（1）症状　肛缘肿物突起，排便时可增大，有异物感，可有胀痛或坠痛，局部可触及硬性结节，舌紫，苔淡黄，脉弦涩。

（2）治则　行气活血。

（3）代表方　止痛如神汤。

2. 湿热下注

（1）症状　肛缘肿物隆起，灼热疼痛或有滋水，便干或溏，舌红，苔黄腻，脉滑数。

（2）治则　清热利湿，活血散瘀。

（3）代表方　萆薢化毒汤合活血散瘀汤。

3. 脾虚气陷

（1）症状　肛缘肿物隆起，肛门坠胀，舌淡胖，苔薄白，脉细无力。多见于经产妇、老弱体虚者。

（2）治则　补中益气，升阳举陷。

（3）代表方　补中益气汤。

二、辨证施护

（一）生活起居护理

1. 不宜穿化纤内裤，宜使用柔软的手纸，以免局部摩擦引起疼痛不适。便后用温水坐浴，坐浴盆应深而大。

2. 出血量较多伴有贫血时，要注意卧床休息，减少活动，以免发生意外。

3. 注意劳逸结合，避免久坐久立、负重远行等。

4. 要定时排便，避免努责久蹲；便秘要及时防治，可作腹部按摩，以手掌或掌根从右下腹开始向上、向左，再向下顺时针方向按摩，每天2～3次，每次3～5分钟，必要时应用开塞露、缓泻剂等。

（二）用药护理

1. 大便后或换药前用1∶5000高锰酸钾液坐浴，也可用苦参汤或花椒食盐水坐浴，有促进血液循环、保持局部清洁、减少刺激的作用。

2. 软膏制剂用于局部创面的贴敷。将药膏摊挤在纱布上或直接纳入肛门内，一般每日换药1～2次。换药前，嘱患者排净大便，清洗肛门局部，然后取侧卧位。换药时，用生理盐水棉球清洁创面，动作轻柔以减轻疼痛。

3. 内痔出血，应及时外用肛门栓剂、软膏，敛疮止血。

（三）饮食护理

1. 饮食应多样化，多吃富含纤维素的食物、蔬菜、新鲜水果等，以润肠通便，防止大便干燥和便秘，例如菠菜、海带、赤小豆、槐花、黑芝麻、竹笋、蜂蜜等。

2. 忌食狗肉、羊肉、无鳞鱼等。不宜吃辛辣、炙烤、肥甘、生冷食物。酒、辛辣食物可使痔静脉充血、扩张，痔核肿胀，加剧疼痛。

（四）其他

1. 风伤肠络便血较多者，可艾灸足三里、中脘、气海、长强等穴。

2. 疼痛时可用艾条灸肛周止痛。疼痛剧烈时，可遵医嘱给予针刺止痛，强刺激泻法。

3. 痔核脱出要及时复位。取一块消毒纱布，上涂润滑剂或九华膏，敷在脱出的痔核上，戴好指套的食指或中指按压该纱布，先持续均匀按压脱出痔核的一侧，痔核缩小时增大压力推送复位，以楔形纱垫加压包扎固定。注意要持续均匀按压脱出痔核，手指切不可频繁移位或压压抬抬。

肛　裂

肛裂是指肛管的皮肤全层纵行裂开并形成感染性溃疡的疾病。本病好发于青壮年，女性多于男性，但也可发生于老人及小儿。肛裂的部位一般在肛门前后正中位，男性尤以后位多见，位于前正中位的肛裂多见于女性。临床上以肛门周期性疼痛、出血、便秘为主要特点。肛裂主要由于阴虚津乏或热结肠燥而导致大便秘结，排便努责，可使肛门皮肤裂伤，又因染毒而逐渐形成慢性溃疡。

一、辨证论治

（一）血热肠燥

1. 症状　大便二三日一行，质干硬，便时肛门疼痛，便时滴血或手纸染血，裂口色红，腹部胀满，溲赤；舌偏红，脉弦数。

2. 治则　清热润肠通便。

3. 代表方　凉血地黄汤合脾约麻仁丸。

（二）阴虚津亏

1. 症状　大便干燥数日一行，便时疼痛点滴下血，口干咽燥，五心烦热，裂口深红，舌红，少苔或无苔，脉细数。

2. 治则　养阴清热润肠。

3. 代表方　润肠汤。

（三）气滞血瘀

1. 症状　肛门刺痛明显，便时便后尤甚，肛门紧缩，裂口色紫暗，舌质紫暗，脉弦或涩。

2. 治则　理气活血，润肠通便。

3. 代表方　六磨汤加红花、桃仁、赤芍等。

二、辨证施护

（一）生活起居护理

1. 保持大便通畅，养成良好的排便习惯，忌久蹲、努责，及时治疗便秘。

2. 保持肛门清洁与干燥，勤换内裤，便后用干净、柔软的草纸擦拭。便后用温水坐浴。

（二）服药护理

1. 对于早期肛裂可用生肌玉红膏蘸生肌散涂于裂口，每天1～2次。

2. 对于陈旧性肛裂可用七三丹或枯痔散等腐蚀药搽于裂口，2～3 天腐脱后，改用生肌白玉膏、生肌散收口。

3. 便血者可外用马应龙痔疮膏，敛疮、散瘀、止血。

（三）饮食护理

1. 调节饮食，多食含纤维素和维生素的食物，多食新鲜蔬菜、水果，多饮水，防止便秘。

2. 戒烟、酒。忌食辛辣刺激及海鲜发物。忌过饥过饱，忌饮食偏嗜。

（四）其他

1. 疼痛时宜卧床休息或自行肛周按摩，侧卧位，食指、中指、无名指自然并拢按压肛周，重点按压会阴穴、长强穴各 10 秒，再按揉肛周几分钟。必要时遵医嘱给予药物止痛。

2. 疼痛严重的陈旧性肛裂，可以针灸长强、承山、白环俞等穴，以疏通经络、调畅气血，从而止痛、止血和促进裂损愈合。

3. 对于早期肛裂引起的疼痛，也可采用扩肛的方法进行治疗，需常规消毒麻醉，带有手套的食指涂抹润滑剂伸入肛管，两食指各向对侧扩张，再伸入两中指继续扩张，注意用力均匀，持续扩张肛管 3～4 分钟，可使肛管内外括约肌松弛，治疗肛裂疼痛。

（李　玮）

第十章 妇科病证护理

第一节 月经病证护理

月经先期、月经后期、月经无定期

月经先期是指月经周期提前7天以上，甚或半月余一行的月经病，冲任不固是其发生的主要机制，气虚、血热是引起冲任不固的重要原因。月经后期是指月经延后7天以上而至，甚或40～50天一行的月经病。月经后期的病机有虚实两类，虚者多因血虚、阳虚、阴虚，导致冲任不充；实者多由寒邪、肝郁、痰湿导致冲任阻滞。月经先后无定期是指月经周期提前或延后7天以上而至的月经病，肾气亏虚、肝气失调、脾气虚弱是其常见病因，气血失调、冲任功能紊乱，导致血海蓄溢失常是其主要病机。

不论月经先期还是后期，都是指月经提前或推后7天以上并连续出现2个周期，如果提前或推后三五天，或偶尔出现一次，不作病论。月经先后无定期以月经紊乱为特征，月经时或提前时或推后7天以上，连续出现3个周期以上。月经先期可见于西医学中黄体功能不全导致的有排卵型功能失调性子宫出血和盆腔炎症所致的子宫出血。西医学中的月经稀发属于月经后期的范畴。月经先后无定期相当于西医学排卵型功能失调性子宫出血病的月经不规则。

一、辨证论治

（一）月经先期

1. 气不摄血

（1）症状　月经提前，或兼量多，质稀色淡，神疲肢倦，气短懒言，小腹空坠，纳少便溏，舌质淡，脉弱。

（2）治则　补气摄血调经。

（3）代表方　补中益气汤。

2. 血热内扰

（1）症状　月经提前，量多，色红质黏，夹有小血块，心胸烦闷，渴喜冷饮，大便燥结，小便短赤，舌质红，苔黄，脉滑数。

（2）治则　清热凉血调经。

（3）代表方　清经散。

（二）月经后期

1. 血寒

（1）症状　月经周期延后，量少，经色紫黯有块，小腹冷痛，得热减轻，畏寒肢冷，舌黯，苔白，脉沉紧。

（2）治则　温经散寒调经。

(3) 代表方　温经汤。

2. 血虚

(1) 症状　月经周期延后，量少，色淡质稀，小腹隐痛，头晕眼花，心悸少寐，面色苍白或萎黄，舌质淡红，脉细弱。

(2) 治则　补血调经。

(3) 代表方　大补元煎。

3. 气滞

(1) 症状　月经周期延后，量少，色黯红或有血块，小腹胀痛或胸腹、两胁、乳房胀痛，舌苔正常，脉弦。

(2) 治则　理气调经。

(3) 代表方　乌药汤。

(三) 月经先后无定期

1. 肝气郁滞

(1) 症状　月经周期不定，经量或多或少，色黯红，有血块，或经行不畅，胸胁、乳房以及小腹胀痛，精神郁闷，时欲太息，嗳气食少，苔薄，脉弦。

(2) 治则　疏肝理气调经。

(3) 代表方　逍遥散。

2. 肾气不足

(1) 症状　月经周期不定，量少，色淡黯，质稀，神疲乏力，腰酸膝软，小便频数，舌淡，苔薄，脉沉细。

(2) 治则　补肾调经。

(3) 代表方　固阴煎。

二、辨证施护

(一) 生活起居护理

保持居室空气清新，环境整洁舒适。根据病证属性不同，适当调节居室温度。虚证患者应注意避免劳累，以防耗气加重病情。经期应注意腹部和足部保暖。

(二) 服药护理

调整月经周期的药物应在经前1周开始服药，在服药过程中，应注意观察月经量、色、质的改变。虚证、寒证者药液宜偏热服，热证者药液宜偏凉服。

(三) 饮食护理

饮食宜清淡富营养，忌生冷辛辣刺激食品。适当补充富含铁质的食物。气虚及血虚者，宜多食易消化、富营养的益气补血之品，如奶、蛋、鱼、瘦肉、红枣、木耳等，或常食黄芪粥以助益气补血。血热者，忌食辛辣、温燥助阳之品，可多食新鲜蔬菜、黑木耳、莲藕等清热、滋阴之品。血寒者，宜进食温经活血行滞之品，如桃仁粥、艾叶生姜煮鸡蛋，忌食苦寒、酸涩之品。肝气郁滞者，宜食疏肝行气解郁之品，可多食佛手、橘子等，忌油腻酸涩、产气多的食物。

(四) 情志护理

月经失调与情志异常密切相关，故应做好情志护理，特别是对肝气郁滞的患者，避免抑郁、暴怒及精神刺激，应保持心情舒畅，以使气血畅通，冲任调和。

痛　经

妇女正值经期或经行前后出现周期性小腹疼痛或痛引腰骶，甚则剧痛昏厥者，称为“痛经”，也称“经行腹痛”，是妇科常见病证。痛经的主要病因是情志所伤、起居不慎或六淫为害。基本病机是冲任受阻，气血运行不畅，以致“不通则痛”；或冲任、胞宫失于濡养，导致“不荣则痛”。月经将至或经行初期，有轻微的小腹胀痛或腰部酸痛，但不影响工作和生活，月经过后自然消失者，不作病论，一般不需处理。现代医学中将痛经分为原发性（生殖器官无器质性病变）和继发性（盆腔器质性疾病引起）两类，可参考本节辨证施护。

一、辨证论治

（一）气血瘀滞

1. 症状　经前一两日或经期小腹胀痛拒按，胸胁、乳房胀痛，经行不畅，经色紫黯有块，块下痛减，舌紫黯，或有瘀点，脉沉弦或涩。

2. 治则　行气活血，祛瘀止痛。

3. 代表方　膈下逐瘀汤。

（二）寒湿凝滞

1. 症状　经行小腹冷痛拒按，得热则痛减，经血量少，色黯有块，伴畏寒肢冷，或小便清长，苔白腻，脉沉紧。

2. 治则　温经散寒除湿，祛瘀止痛。

3. 代表方　少腹逐瘀汤。

（三）湿热蕴结

1. 症状　经前或经期小腹灼痛拒按，或痛连腰骶，或平时小腹痛，至经前疼痛加剧，经色紫红，质稠或有血块，平素带下黄稠臭秽，或伴低热，小便短黄，舌红，苔黄腻，脉滑数或濡数。

2. 治则　清热除湿，化瘀止痛。

3. 代表方　清热调血汤。

（四）气血虚弱

1. 症状　经期或经后小腹隐痛喜按，经行量少质稀，形寒肢疲，头晕目花，心悸气短，舌质淡，苔薄，脉细弦。

2. 治则　益气补血止痛。

3. 代表方　圣愈汤。

（五）肝肾虚损

1. 症状　经后一两日内小腹绵绵作痛，经色黯淡，量少，腰膝酸软，或有潮热，头晕耳鸣，舌淡红，苔薄，脉弦细。

2. 治则　益肾养肝止痛。

3. 代表方　调肝汤。

二、辨证施护

（一）生活起居护理

生活起居要有规律，经期注意多休息，避免劳累，避免淋雨、涉水，禁止性交、盆浴。

保持病室温度、湿度适宜。保持外阴清洁，每日用温开水清洗外阴，防止外邪侵入。肝肾虚损的已婚妇女，平时注意节制房事。气血亏虚者平时应加强锻炼，增强体质，保证充足的睡眠并注意保暖，防止外感邪气。

（二）服药护理

痛经是随着月经周期性发作的，故应坚持周期性治疗。一般在经前 5～7 天开始服药，所用中药应注意温服或热服。

（三）饮食护理

平时饮食宜清淡，易消化，富营养，保持大便通畅。经前、经期忌食生冷、酸醋等食物，以免收敛、凝滞气血。气血瘀滞患者可用益母草、红糖等以助经血顺利排泄，缓解疼痛；寒湿凝滞患者，经期饮食以大枣等温性食品为主，忌食苦寒、酸涩、辛辣等食物；湿热蕴结患者忌食辛辣刺激性食物或饮酒过度，以免助湿生热，可食用绿豆粥、薏米粥以助清热利湿；气血亏虚患者，经后宜服补气养血之品，多进食蛋、肉、乳制品；肝肾虚损患者，可多食补益肝肾之品，如海参、甲鱼、枸杞子、桑椹、黑芝麻、核桃等。

（四）情志护理

向患者提供精神心理支持，注意情志疏导，使之明确精神紧张会加重气血运行不畅，使疼痛更剧，从而稳定情绪，保持气血通畅。患者平时应注意保持情志调达，避免肝气郁结而加重气滞血瘀。

（五）其他

1. 腹部局部热敷：寒湿凝滞、气血瘀滞、气血亏虚患者经行疼痛时可用腹部局部热敷，以达到温阳祛寒、流通血脉、缓解疼痛的目的。

2. 针刺止痛：选中极、地机、三阴交等穴，留针 15～20 分钟，对实证痛经效果显著；耳针选子宫、内分泌、交感、肾等穴，用中强刺激，留针 15～20 分钟，也可耳穴埋针。

闭　经

女子年逾 18 岁，尚无月经来潮或已行经而中断 3 个月以上者，称为闭经。妊娠期、哺乳期、绝经后以及初潮时一段时间内的停经现象，属生理性闭经，不作闭经论。引起闭经的病因十分复杂，但皆为冲任气血失调所致，病机有虚有实。虚者多因先天不足，或后天损伤，以致肝肾不足，或气血虚弱，导致血虚精少，血海空虚，无余血可下，或阴虚血燥而致闭经。实者多因气滞血瘀，痰湿阻滞等因素，导致脉道不通，阻碍经血下行。

西医把闭经分为原发性闭经及继发性闭经。原发性闭经中因先天生殖器官发育异常或后天器质性损伤而无月经者，非药物治疗所能奏效，不属本病讨论范围。本节闭经包括下列原因所致：全身性疾病，下丘脑-垂体两者功能失调或器质性病变，卵巢功能失调或器质性病变，子宫性、药源性、其他内分泌功能紊乱如肾上腺皮质功能失调，甲状腺功能失调，此外尚有高催乳素血症及多囊卵巢综合征等。

一、辨证论治

（一）肝肾不足

1. 症状　年逾十八岁尚未行经，或月经后期量少逐渐至经闭；体质虚弱，腰酸腿软，头晕耳鸣，舌淡红，少苔，脉沉弱或沉细。

2. 治则　补肾养肝调经。

3. 代表方　归肾丸。

（二）气血虚弱

1. 症状　月经逐渐延后，渐至闭经；头昏眼花，心悸气短，神疲肢倦，食欲不振，毛发不泽，面黄肌瘦，舌淡少苔或苔白，脉沉缓或虚弱。

2. 治则　补气养血调经。

3. 代表方　人参养荣汤。

（三）阴虚血燥

1. 症状　经血由少而渐至停闭；五心烦热，两颧潮红，盗汗，或骨蒸潮热，咳嗽咯血，舌红少苔，脉细数。

2. 治则　养阴清热调经。

3. 代表方　加减一阴煎。

（四）气滞血瘀

1. 症状　月经突然停闭，精神抑郁，烦躁易怒，胸胁胀满，少腹胀痛拒按，舌紫黯有瘀点，脉弦或沉涩。

2. 治则　理气活血，祛瘀通经。

3. 代表方　血府逐瘀汤。

（五）痰湿阻滞

1. 症状　月经停闭，形体肥胖，胸胁满闷，呕恶痰多，或面浮足肿，或带下色白量多，苔腻，脉滑。

2. 治则　豁痰除湿，理气调经。

3. 代表方　苍附导痰丸合佛手散。

二、辨证施护

（一）生活起居护理

平时注意生活起居规律，减少发病的不利因素。劳逸结合，避免过劳，防止耗气伤血；寒温适宜，经期注意保暖，防止寒凝血瘀。加强体育锻炼，常做保健体操或打太极拳等以增强抗病能力。

（二）服药护理

合理应用激素、避孕药等可引起闭经的药物。经期不服寒凉、收涩药。

（三）饮食护理

气血虚弱型患者可多食具有补气养血、活血通络作用的食物，如鸡蛋、牛奶、大枣、桂圆、羊肉等；气滞血瘀型患者可多食具有行血化瘀之品，如将红糖煎水代茶饮，或口服红花酒等；肝肾不足型患者可多食甲鱼、首乌、胡桃仁、黑木耳等食物以补肝肾、养冲任；痰湿阻滞型患者应适当限制饮食及水盐摄入，少食肥甘厚味，可服用化痰利湿之品，如薏米、炒扁豆、山楂、红糖适量，同煮粥食。

（四）情志护理

向患者提供精神心理支持，加强心理护理，消除患者恐惧、忧虑心理，积极配合治疗。让患者避免一切精神刺激，稳定情绪，保持气血通畅。

（五）其他

对于极度消瘦引起的闭经者，必须重视改变饮食习惯，消除拒食心理，加强营养的全面供给，使冲任调和，气血充足，才能保证月经按期而至。

第二节 带下病证护理

带下病系指由湿邪影响冲任，带脉失约，任脉失固，导致阴道分泌物量多或色、质、气味发生异常改变的疾病。主要病因是湿邪，外湿指外感之湿邪，内湿的产生与脾虚运化失职和肾虚失固有关。病位主要在前阴、胞宫；任脉损伤，带脉失约是其主要病机。带下病证可见于西医学阴道炎、宫颈炎、盆腔炎、宫颈癌、子宫内膜癌、子宫肌瘤等。

一、辨证论治

（一）脾虚

1. 症状 带下量多，色白或淡黄，无臭，绵绵不断，神疲倦怠，纳少便溏，面色㿠白或萎黄，舌淡胖，苔白腻，脉缓弱。

2. 治则 健脾益气，升阳除湿。

3. 代表方剂 完带汤。

（二）肾阳虚

1. 症状 带下清冷，量多，质稀薄，淋漓不断，腰酸腹冷，小便频数清长，夜间尤甚，舌质淡，苔薄白，脉沉迟。

2. 治则 温肾培元，固涩止带。

3. 代表方 内补丸。

（三）肾阴虚

1. 症状 带下色黄或兼赤，质黏无臭，阴户灼热，五心烦热，腰酸耳鸣，头晕心悸，舌红，少苔，脉细数。

2. 治则 益肾滋阴，清热止带。

3. 代表方 知柏地黄汤。

（四）湿热下注

1. 症状 带下量多，色黄或兼绿，质黏稠，气秽或臭，阴部瘙痒，食纳较差，或伴有小腹或少腹作痛，小便短赤，或烦躁易怒，头晕目眩，口苦咽干，舌质红，苔黄腻，脉濡数，

2. 治则 清利湿热。

3. 代表方 止带方或龙胆泻肝汤。

二、辨证施护

（一）生活起居护理

搞好环境卫生和个人卫生，居室整洁，空气流通，温、湿度适宜。经常洗澡，采用淋浴，忌盆浴，患者的洗涤用具须专用。保持外阴清洁干燥，经期、产褥期及流产后尤应注意。内裤宜选柔软、宽松的棉织品，以减少局部刺激，且每日更换，清洁消毒。治疗期间应避免性生活。

（二）给药护理

辨证内服中药汤剂，一般温服，热证者偏凉服。湿热下注者可配合中药熏洗外阴：金银

花、大黄、苦参各 30g，煎水 1000ml，去渣后待用，1 日 1 剂。湿热较重夹湿毒者，可用银花藤、红藤、野菊花、大黄各 50g，布包水煎，先熏局部，温度适宜后再洗外阴，或作阴道冲洗；如果检查见滴虫，加乌梅 20g；查见真菌，加硼砂 3g，雄黄 3g（酒化）。使用外治法要注意防止烫伤，外阴溃疡者禁用熏洗，同时观察局部有无不良反应，发现过敏时，及时停药并报告医师。

（三）饮食护理

患者饮食宜清淡、易消化的食物，忌食生冷、黏腻及肥甘厚味之品。脾虚湿困者应多食健脾除湿之品，如山药、扁豆、薏苡仁、鲫鱼、鲤鱼、冬瓜、赤小豆等；湿热下注者不宜过食辛辣、肥甘、厚腻等滋生湿热之品，可多食荞麦、绿豆、马齿苋、粳米粥等食物以清热利湿止带。肾阳亏虚者可用莲子、芡实加适量糯米煮粥以加强补脾肾，固涩止带之功。

第三节　妊娠病证护理

妊娠恶阻

妊娠恶阻是指妊娠早期出现呕吐厌食，或食入即吐的疾病。妊娠恶阻一般发生于妊娠早期的 3 个月内。若妊娠早期仅见恶心嗜酸，择食，或晨间偶有呕吐痰涎，为妊娠早期常有的反应，妊娠 3 个月后会逐渐自行消失，不属病态。本病发生原因是冲脉之气上逆，胃失和降。西医学中的妊娠剧吐可参考本节辨证施护。

一、辨证论治

（一）脾胃虚弱

1. 症状　妊娠以后，恶心呕吐不食，或吐清水，头晕体倦，神疲思睡，或脘痞腹胀，舌淡，苔白，脉缓滑。

2. 治则　健脾和胃，降逆止呕。

3. 代表方　香砂六君子汤。

（二）肝胃不和

1. 症状　妊娠初期呕吐酸水或苦水，胸满胁痛，心烦口苦，嗳气叹息，头胀而晕，舌淡红，苔微黄，脉弦滑。

2. 治则　抑肝和胃，降逆止呕。

3. 代表方　苏叶黄连汤。

（三）痰湿阻滞

1. 症状　妊娠早期呕吐痰涎，口淡而腻，不思饮食，四肢困重，胸腹满闷，或形体肥胖，舌淡，苔白腻，脉滑。

2. 治则　化痰除湿，降逆止呕。

3. 代表方　半夏茯苓汤。

（四）气阴两虚

1. 症状　妊娠剧吐，甚至吐苦黄水或兼血水，频频发作，持续日久，形体消瘦，精神委靡，双目无神，肌肤干皱失泽，口干烦渴，尿少，大便秘结，舌红少津，苔薄黄或光剥，脉细数无力。

2. 治则　益气养阴，和胃止呕。

3. 代表方　生脉散合增液汤。

二、辨证施护

（一）生活起居护理

妊娠初期嗅觉敏感，有“恶闻食气”的现象，病室要保持空气清新，及时清理呕吐物及被污染的被服，避免异味刺激引发呕吐。注意生活起居，适当休息，病情严重者要卧床休息，不发病时可适当参加室外活动，如散步等。

（二）服药护理

中药汤剂宜浓煎，少量频服。食入即吐，服药亦吐者，嘱其服药后，即以冷水浸过的湿毛巾敷于颈部、胸部可防止吐药。肝胃不和的患者平时可咀嚼砂仁数粒，以和胃宽中止呕。脾胃虚弱的患者汤剂服用前用鲜生姜片擦舌或姜汁滴舌，也可将姜汁滴入汤药中服用，或用生姜煎汤频服以温中降逆止呕。

（三）饮食护理

鼓励患者进食，少食多餐，吐后再食，以扶助正气。饮食宜清淡而富于营养，忌食油腻、生冷、辛辣、厚味食品，以免助湿伤脾或生火动血妄行。同时注意饮食的色、香、味，适当照顾患者口味，促进食欲。脾胃虚弱的患者可选择健脾和胃之品煮粥食用，如山药、莲子、南瓜、大枣、扁豆、薏苡仁、鲫鱼等。肝胃不和的患者可用陈皮泡水代茶饮以和胃理气。痰湿阻滞的患者可用陈皮加生姜泡水代茶饮，以化痰止呕。气阴两虚的患者常有大便秘结，可予蜂蜜以润肠通便。

（四）情志护理

理解患者疾苦，给予安慰和心理支持，指导患者采用放松疗法，如听音乐，分散注意力而减轻焦虑。肝胃不和患者的发病常与情绪有关，指导其避免抑郁、恼怒。

（五）其他

针刺止呕：体穴内关、足三里、三阴交；或耳穴胃区、交感、神门等穴位。

胎动不安

妊娠期出现腰酸腹痛，或小腹坠胀不适，或伴有少量出血者，称“胎动不安”。胎动不安是临床常见的妊娠病之一，病因主要有母体和胎元两方面因素，主要机理是冲任气血失调，胎元不固。相当于西医学的先兆流产。

一、辨证论治

（一）肾气不足

1. 症状　妊娠期腰酸腹坠痛，或阴道少量流血，色淡黯，头晕耳鸣，神疲肢倦，小便频数，眼眶黯黑，或有流产史，舌淡，苔白，脉沉滑尺弱。

2. 治则　固肾安胎，佐以益气。

3. 代表方　寿胎丸加党参、白术。

（二）气血亏虚

1. 症状　妊娠期腰酸腹坠，或阴道少量流血，色淡质薄，神疲肢软，心悸气短，面色苍白或萎黄，舌质淡，苔薄白，脉滑细。

2. 治则　补气养血，固肾安胎。

3. 代表方　胎元饮。

（三）血热

1. 症状　妊娠期腹痛下坠，或阴道少量流血，色鲜红。心烦不安，手心灼热，口干咽燥，大便秘结，舌红，苔黄而干或少苔，脉滑数或弦滑。

2. 治则　滋阴清热，养血安胎。

3. 代表方　保阴煎。

（四）外伤损络

1. 症状　妊娠期外伤后腰腹坠胀作痛，或阴道流血，色紫红，舌淡红，脉细滑无力。

2. 治则　补气和血，安胎

3. 代表方　圣愈汤

二、辨证施护

（一）生活起居护理

病室环境清洁、整齐、安静、空气流通，定期消毒，防止感冒等交叉感染。卧床休息，直至阴道流血停止3～5天后，方可适当下床活动。避免负重及幅度过大的动作，如腰部后伸、用力咳嗽等。严禁房事。保持外阴清洁，做好会阴护理。

（二）服药护理

安胎药多为补益剂，宜用文火久煎，40～50分钟，以便将有效成分煎出。汤剂宜温服。

（三）饮食护理

饮食宜富营养，易于消化，多食鱼、蛋、奶、瘦肉及新鲜蔬菜、水果等，忌食姜、韭菜、香菜等辛热食物及油腻、煎炸之品，以免助热伤胎。肾气不足患者宜选用胡桃、栗子、黑木耳、牛奶、桑椹等。气血亏虚患者可选用党参、白术、黄芪、红枣加粳米适量煮粥食用。血热内扰患者饮食以滋阴清热为宜，如西瓜、梨、李子、甘蔗、甲鱼、豆腐、鸭肉、枸杞子、绿豆等，尤应忌食辛辣动火之品。

（四）情志护理

消除患者的紧张、忧虑情绪，使其保持精神愉快，积极配合治疗。

第四节　产后病证护理

产后发热

产褥期内持续发热，或突然高热寒战，并伴有其他症状，称为“产后发热”。病因病机主要为感染邪毒，正邪交争；外邪袭表，营卫不和；阴血骤虚，阳易浮散；恶露不畅，瘀血阻滞，营卫不通。现代医学中的产褥感染可参考本病辨证施护。

一、辨证论治

（一）感染邪毒

1. 症状　高热寒战，小腹疼痛拒按，恶露量或多或少，色紫黑，臭秽，心烦口渴，尿赤便结，舌红，苔黄腻，脉数有力。

2. 治则　清热解毒，凉血化瘀。
3. 代表方　解毒活血汤。
（二）外感风寒
1. 症状　发热恶寒，头身疼痛，无汗，咳嗽痰稀，鼻塞声重，舌苔薄白，脉浮紧。
2. 治则　养血驱风，散寒解表。
3. 代表方　荆防四物汤。
（三）血瘀
1. 症状　产后发热，恶露不下或下之甚少，色紫暗有块，小腹疼痛拒按，舌紫暗有瘀点，脉弦涩。
2. 治则　活血化瘀。
3. 代表方　生化汤。
（四）血虚
1. 症状　产后低热不退，头晕目眩，心悸少寐，手足麻木，舌淡，苔薄，脉细数。
2. 治则　养血清热。
3. 代表方　八珍汤。

二、辨证施护

（一）生活起居护理
病室宜安静整洁，保持空气清新，产后体虚，应避免感受风寒，勿当风坐卧。亦不可加盖过厚衣被。患者宜卧床休息，取半卧位以利于恶露排出。做好会阴护理，保持外阴清洁，每日用温水清洗，及时更换消毒会阴垫。会阴有伤口者，每日换药，并配合局部红外线照射，加速愈合。
（二）服药护理
中药汤剂宜温服，热高者可温凉服，药后观察身热情况。解表药宜轻煎。发散风寒药应热服，药后加衣盖被，可食热粥以助药力。
（三）饮食护理
饮食应清淡、富于营养、易消化。忌食辛辣、油腻食物。发热较高时给予流质、半流质饮食，病情缓解后，给予普软饮食。鼓励患者多饮水，每日不少于2000ml。高热期给予充足的饮料，如西瓜汁、梨汁等以助津液。
（四）其他
患者如有恶露不下或下之甚少，可予腹部热敷或按摩，促进血液循环，缓解腹痛，或给服生姜红糖水，帮助恶露排出。忌生冷、酸涩食物。或用耳穴压迫法促进子宫收缩，取穴神门、交感、子宫。

恶露不绝

恶露不绝是产后恶露持续3周以上仍淋漓不净为主要临床表现的病证。正常的恶露，一般在产后3周左右即可干净，如超过这段时间，仍淋漓不断者，称为“恶露不绝”。其病因大抵有三种：一为气虚不能收摄；二为瘀血不尽，新血难生；三为感受热邪，或怒火伤肝，致热扰冲任。其主要病机为冲任为病，气血运行失常所致。西医学的晚期产后出血可参考本节辨证施护。

一、辨证论治

（一）气虚

1. 症状　产后恶露过期不绝，量多，或淋漓不断，色淡红，质清稀，无臭味，神疲食少，小腹空坠，大便溏薄，舌淡红，苔薄白，脉缓弱。

2. 治则　益气健脾，摄血固冲。

3. 代表方　补中益气汤。

（二）瘀血

1. 症状　产后恶露过期不绝，淋漓量少，色紫黯有块，小腹疼痛拒按，块下痛减，舌质紫暗，有瘀斑，脉弦涩。

2. 治则　活血化瘀。

3. 代表方　生化汤。

（三）血热

1. 症状　产后恶露过期不绝，量多，色紫红，质黏稠，气臭秽，心烦易怒，口苦，或面色潮红，手脚心热，舌红，少苔，或苔薄黄，脉细数或弦数。

2. 治则　养阴清热，凉血止血。

3. 代表方　丹栀逍遥丸或保阴煎。

二、辨证施护

（一）生活起居护理

保持病室温、湿度适宜。注意保暖，避免直接吹风，以免外邪乘虚而入，但血热者衣被宜适中，不宜过暖。保持外阴清洁、干燥，避免盆浴。患者适当走动或适当的保健体操，以利气血运行和胞宫内余血的排出。气虚者应避免劳累，以防耗气而加重病情。

（二）服药护理

中药汤剂宜饭前温服，注意服药后的反应及疗效。血热型患者药液温度可适当偏凉。

（三）饮食护理

饮食宜营养丰富，多进食蛋白质，忌食生冷及辛辣油腻之品。气虚者可选用补气养血止血之品，可用黄芪 60 克，党参 30 克煮水，用其液与鸡蛋同煮，蛋熟后加红糖食之；血瘀者宜活血化瘀，可用当归、川芎各 10 克，益母草 20 克，红糖 25 克，煎汁加适量红糖，每日 2～3 次；血热者宜清热养阴，凉血止血，可用女贞子、旱莲草用纱布包裹与鳖同炖至鳖肉熟透去纱布包，适当调味，分 2 次服用。

（四）其他

针灸治疗恶露不下有较好的疗效。选穴：关元、气海、血海、三阴交。气虚者针灸并用，用补法；血热、血瘀者只针不灸，用泻法。

缺　乳

哺乳期间，产妇乳汁甚少或全无，称为“缺乳”，亦称“乳汁不行”或“乳汁不足”。发病机理为气血虚弱而致化源不足，或肝气郁滞而致瘀滞不行。

一、辨证论治

（一）气血虚弱

1. 症状　产后乳少，甚或全无，乳汁清稀，乳房柔软，无胀感，神倦食少，面色无华，舌淡，苔少，脉细弱。

2. 治则　补气养血，佐以通乳。

3. 代表方　通乳丹。

（二）肝气郁滞

1. 症状　产后乳汁涩少，浓稠，或乳汁不下，乳房胀硬疼痛，情志抑郁，胸胁胀闷，食欲不振，或身有微热，舌质正常，苔薄黄，脉弦细或弦数。

2. 治则　疏肝解郁，通络下乳。

3. 代表方　下乳涌泉散。

二、辨证施护

（一）生活起居护理

合理安排起居作息，保证充足睡眠。适当活动，注意劳逸结合，促使气血流畅。保持乳头清洁，每次哺乳前用开水清洗乳头。

（二）服药护理

中药汤剂宜饭前温服，注意服药后的反应及疗效。

（三）饮食护理

饮食宜富有营养，注意增加汤水的摄取，忌食辛辣刺激性食物。属于气血不足者，宜补气养血，充乳通络，可选人参黄精猪蹄汤：人参 6 克，黄精 20 克，通草 5 克，猪蹄 250 克，花生米 30 克，红枣 20 克，文火煮 2～3 小时，适当调味后，即可喝汤并食猪蹄、人参、花生米、红枣等。属于肝气郁滞者，应疏肝理气，可用山甲王不留饮：穿山甲 15 克，王不留行 30 克，煎水服。

（四）情志护理

由于精神因素是引起缺乳的原因之一，故保持心情愉快是预防和纠正缺乳的一个重要方面。让患者尽量保持心情平和，使肝气条达，乳汁畅行。

（五）其他

针刺治疗：选穴：膻中、乳根、少泽、足三里。气血亏虚型用补法，肝气郁滞型用泻法。

第五节　妇科杂病护理

不孕症

女子婚后夫妇同居 2 年以上，配偶生殖功能正常，未避孕而未受孕者，或曾孕育过，未避孕又 2 年以上未再受孕者，称为“不孕症”，前者称为“原发性不孕症”，后者称为“继发性不孕症”。肾主生殖，不孕与肾的关系密切，并与天癸、冲任、胞宫的功能失调，或脏腑气血失调有关。西医学认为女性原因引起的不孕症，主要与排卵功能障碍、盆腔炎症、盆腔肿瘤和生殖器官畸形等疾病有关。而女性先天性的生理缺陷和畸形，大多数非药物治疗所能奏效，故不属本节论述范畴。

一、辨证论治

（一）肾阳虚

1. 症状　婚久不孕，月经后期，量少色淡质稀，甚闭经；面色晦暗，腰膝酸冷，性欲淡漠，小便清长，大便不实，舌淡，苔薄，脉沉细，两尺尤甚。

2. 治则　温肾助阳，调补冲任。

3. 代表方　毓麟珠。

（二）肾阴虚

1. 症状　婚久不孕，月经先期，量少色红，头晕耳鸣，腰酸腿软，眼花心悸，皮肤不润，口干，五心烦热，舌红，苔少，脉细数。

2. 治则　滋阴养血，调冲益精。

3. 代表方　养精种玉汤。

（三）肝郁

1. 症状　多年不孕，月经先后不定，经行腹痛，经行不畅，色黯有块，经前乳房胀痛，胸胁不舒，精神抑郁，或烦躁易怒，舌红，苔薄，脉弦。

2. 治则　疏肝解郁，理血调经。

3. 代表方　开郁种玉汤。

（四）痰湿

1. 症状　婚久不孕，形体肥胖，经行延后，甚或闭经，带下量多，色白质黏，头晕心悸，胸闷泛恶，苔白腻，脉滑。

2. 治则　燥湿化痰，理气调经。

3. 代表方　启宫丸。

（五）血瘀

1. 症状　多年不孕，月经后期，量少，色紫黑，有血块，经行不畅，少腹疼痛拒按，经前痛剧，舌紫黯，或舌边有瘀点，脉弦涩。

2. 治则　活血化瘀，温经通络。

3. 代表方　少腹逐瘀汤。

二、辨证施护

（一）生活起居护理

病室环境清洁、安静、舒适，空气新鲜。痰湿者病室宜通风，阳光充足，保持干燥，避免潮湿。合理安排日常活动及休息，适当进行体育锻炼，增强体质，如慢步、太极拳等。节制性生活频率，不可过频，以免耗伤肾精。

（二）服药护理

中药汤剂宜温热服，观察服药后的反应及疗效。

（三）饮食护理

给予营养丰富、热量充足之饮食，多食高蛋白、高维生素的食物，忌食辛辣、油腻及刺激性食物。血瘀者饮食宜活血、消积除瘀之品，如红糖、山楂等。忌生冷、酸涩食物。痰湿者饮食宜清淡，多食健脾燥湿化痰之品，如山药、扁豆、莲子、赤小豆、薏苡仁等。肝郁者宜疏肝理气，可用陈皮、枳壳煎汤代茶饮，以助理气之功。肾阳虚者宜温肾助阳，可选海参、羊肉、黑豆等。肾阴虚者应滋肾益精，可多食甲鱼、枸杞子、核桃、黑芝麻、黑木耳、鸽蛋等食物。

（四）情志护理

加强情志护理，对患者进行情志疏导，保持心情舒畅，勿忧愁、恼怒，避免情志失常导致气机不畅。

阴 痒

妇女外阴及阴道瘙痒，甚则痒痛难忍，坐卧不宁，或伴带下增多者，称为“阴痒”，亦称“阴门瘙痒”。主要机理有虚、实两个方面。因肝肾阴虚，精血亏损，外阴失养而致阴痒，属虚证；因肝经湿热下注，带下浸渍阴部，或湿热生虫，虫蚀阴中以致阴痒，为实证。西医学外阴瘙痒症、外阴炎、阴道炎及外阴营养不良的病症可参考本节辨证施护。

一、辨证论治

（一）肝肾阴虚

1. 症状　阴部干涩，奇痒难忍，或阴部皮肤变白，增厚或萎缩，皲裂破溃，五心烦热，头晕目眩，腰酸腿软，舌红，苔少，脉弦细而数。

2. 治则　调补肝肾，滋阴降火。

3. 代表方　知柏地黄丸。

（二）肝经湿热

1. 症状　阴部瘙痒甚则痒痛，带下量多，色黄如脓，或呈泡沫米泔样，黏稠臭秽，口苦黏腻，心烦不宁，便秘溲赤，舌红，苔黄腻，脉弦滑而数。

2. 治则　清热利湿，杀虫止痒。

3. 代表方　龙胆泻肝汤。

二、辨证施护

（一）生活起居护理

病室环境要整洁、安静、舒适，经常开窗换气以保持空气清新。保持外阴清洁干燥，内裤宜选柔软、宽松的棉织品，以减少局部刺激，且每日更换，清洁消毒。每日清洁会阴；保持个人卫生，勤剪指甲、勤洗手，防止抓破外阴皮肤。治疗期间避免性生活。起居有常，适度锻炼，增强抵御外邪能力。

（二）服药护理

中药汤剂宜温热服，药后观察疗效。

（三）饮食护理

饮食应清淡富营养。肝胆湿热者忌食辛辣、肥甘、厚腻等滋生湿热之品，可多食绿豆、薏苡仁、扁豆、冬瓜、赤小豆等清热利湿之品。肝肾阴虚者宜常食滋阴益肾之品，可选用甲鱼、枸杞子、首乌、黑芝麻、蜂蜜等。

（四）其他

配合中药外治：可选清热解毒、除湿止痒药物30～50g，熬水去渣熏洗阴部。如金银花、大黄、苦参、黄柏、龙胆草、蛇床子、百部等。配合中药外治时要注意防止烫伤，外阴溃疡者禁用熏洗，同时观察局部有无不良反应，发现过敏时，及时停药并报告医师。

（于春光）

第十一章　儿科病证护理

第一节　小儿常见病证护理

厌　食

厌食是以较长时期厌恶进食、食量减少为临床特征，常由于脾胃功能失调，不欲进食，甚至拒食的一类疾病。脾胃虚弱或饮食不节，喂养不当，脾胃不和，运化失职是其基本病机。各年龄儿童均可发病，以1～6岁为多见，城市儿童发病率较高。患儿除食欲不振外，一般无其他明显不适，预后良好；若长期不愈，则导致气血生化乏源，机体抗病能力下降，而易患他症，甚或转化为疳证而影响小儿生长发育。西医学中的神经性厌食、微量元素缺乏等疾病表现以厌食为主症者可参考本篇辨证施护。

一、辨证论治

（一）脾运失健

1. 症状　厌食或拒食，面色少华，形体稍瘦，精神尚可，大便偏干，苔、脉无特殊改变。

2. 治则　运脾醒胃。

3. 代表方　曲麦枳术丸。

（二）脾胃气虚

1. 症状　厌食或拒食，面色萎黄，精神稍差，肌肉松软，大便多不成形，或夹不消化食物，舌质淡，苔薄白，脉无力。

2. 治则　健脾益气。

3. 代表方　参苓白术散。

（三）胃阴不足

1. 症状　厌食或拒食，面色萎黄，形瘦，口干饮多，烦热不安，大便干，小便短黄，舌质红，苔净或花剥，脉细无力。

2. 治则　养胃护阴。

3. 代表方　养胃增液汤。

二、辨证施护

（一）生活起居护理

起居有时，宜多带小儿参加户外活动，呼吸新鲜空气，增加运动量，以促进食欲。注意防寒保暖，防止外感加重病情。病久小儿需保证休息与睡眠。

（二）服药护理

汤剂宜温服，随小儿年长而增加药量。轻症可常服健脾开胃消食的中成药，坚持服用可促进消化功能恢复。

（三）饮食护理

1. 乳食宜定时定量，婴儿随年龄的增长应及时添加辅食。"胃以喜为补"，可从小儿喜欢的食物着手，诱导开胃，再按营养需求调节食谱，荤素搭配合理，鼓励其多食蔬菜及粗粮。

2. "乳贵有时，食贵有节"，小儿乳食不知自节，应纠正吃零食及偏食的不良饮食习惯，避免过食生冷和恣食肥甘厚味等，勿乱服滋补之品。

3. 提供良好的进餐环境，不可强迫进食，经常变换食品花样，或辅助山楂等刺激小儿食欲，饮食以松软、易消化为宜，如番茄汁、百合红枣粥等。

4. 注意病后胃气刚刚恢复者，宜循序渐进，切勿暴饮暴食而致脾胃复伤；夏天高温影响食欲，饮西瓜汁有较好的生津止渴保健作用。

（四）情志护理

正确教养小儿，避免各种精神因素引起厌食。耐心引导，循循善诱，切勿训斥打骂孩子，尤其是进食时应在愉快的气氛中进行。

（五）其他

1. 注意观察患儿的食欲、精神状态、面色以及大便等以示病情的进展情况。厌食日久者，同时监测患儿体重、皮下脂肪等，久病迁延则会导致气血化源不足，影响小儿正常的生长发育，出现面色少华、肌肉消瘦等，严重者则可发展成为疳证。

2. 可行针灸、推拿等疗法以健脾运胃，提高脾胃的消化功能。如三棱针点刺四缝穴；耳穴取脾、胃、小肠等穴位；每日摩腹、捏脊3～5次；中药香囊佩带于腹部或神阙穴，可起芳香醒脾之功，以增进食欲。

积　滞

积滞是以不思乳食，食而不化，腹部胀满，大便不调为主要临床表现的一类病证，是由乳食内积，脾胃受损而引起的常见的肠胃疾病。各种年龄均可发病，但以婴幼儿为多，尤其是禀赋不足、脾胃素虚、人工喂养及病后失调的儿童更易罹患。一般预后良好，也有积滞日久，迁延失治，脾胃功能受损严重，导致气血化源不足，营养及生长发育障碍而转化为疳证，即古人之说"积为疳之母，无积不成疳"。西医学中的慢性消化不良、轻度营养不良症等以积滞为表现的病证，皆可参考本篇辨证施护。

一、辨证论治

（一）乳食内积

1. 症状　面黄少华，烦躁多啼，夜卧不安，食欲不振，腹部胀满，大便溏泄酸臭或便秘，小便短黄或如米泔，伴有低热。舌红，苔腻，脉滑数，指纹紫滞。

2. 治则　消乳消食，导滞和中。

3. 代表方　消乳丸。

（二）脾虚夹积

1. 症状　面色萎黄，形体消瘦，困倦无力，夜寐不安，不思乳食，腹满喜俯卧，大便稀糊，唇舌淡红，苔白腻，脉细而滑，指纹淡滞。

2. 治则　健脾助运，消补兼施。

3. 代表方　健脾丸。

二、辨证施护

（一）生活起居护理

保证室内空气新鲜，阳光充足，温度适宜，环境舒适与安静。小儿衣着柔软透气，勤更换，保持尿布、床单清洁干燥。保证患儿充分休息和睡眠，生活要有规律性，定时起床与休息，以利于脾胃功能的恢复；适当参加户外活动，多晒太阳，注意防寒保暖，适时增减衣服，预防感冒。

（二）服药护理

遵医嘱给予消食化积、健脾化滞的中药煎剂或中成药，如消乳丸、保和丸等。汤剂宜温服，切勿强灌，可少量多次。

（三）饮食护理

合理喂养宜根据患儿不同年龄及消化能力，选择适宜的食物品种，饮食以清淡，富有营养，易消化的流食、半流食或软食为宜，忌生冷、油腻、甜食。按时就餐；克服偏食、零食习惯；及时添加辅食，以先稀后干，先素后荤，先少后多，少量多次，定时、定量、定质为原则，如蒸鸡蛋、菜泥粥等；多食新鲜水果蔬菜。呕吐者可暂停进食，并给予生姜汁数滴加少许糖水饮服。

（四）情志护理

正确教养小儿，不宜过分溺爱，以免所欲不遂而影响性情。对待脾气暴躁、性格怪癖的小儿尤要耐心诱导，不要随意训斥以致情志不畅而影响食欲。

（五）其他

1. 定期测量体重、身长，并注意观察患儿精神、面色及大便情况，准确记录以观察疗效。积久不消，拖延失治，日见形体羸瘦，精神疲惫，肚腹膨胀，甚至青筋暴露者则转化为疳证。

2. 配合使用推拿及针灸疗法，取足三里、中脘、梁门等穴，脾虚夹积者配四缝、脾俞、胃俞。按摩腹部，脾虚便溏者亦可给予腹部热熨、药熨，或药敷中脘、神阙穴。行小儿推拿如补脾经、揉板门、运内八卦等；亦可捏脊，具有调理脾胃、和阴阳、通经脉、消积之功。

惊　风

惊风是以抽搐伴神昏为主要特征的一类病证。本病无明显季节性，多见于5岁以下的小儿，发病来势突然，变化迅速，病情凶险，往往威胁小儿生命，或留下痫、呆、瘫、哑等后遗症，所以古代医家将惊风列为儿科四大要证之首。根据其发病的缓急、证候的虚实寒热常分为急惊风与慢惊风，凡起病急骤，由感受时邪、痰热积滞或暴受惊恐所致阳证、实证者为急惊风，病位主要在心、肝二脏；而起病缓慢，因大吐、大泻、热病、久病之后所致阴证、虚证者为慢惊风，其病位重在肝、脾、肾三脏。在治疗上亦有“急惊合凉泻，慢惊合温补”的原则。西医学中的小儿惊厥、高热惊厥等出现抽搐表现的病症，均可参考本病辨证施护。

一、辨证论治

（一）急惊风

1. 时邪惊风

（1）风热惊风　①症状：突然发热，咳嗽，流涕，头痛较剧，烦躁，神昏，手足抽搐，双目上视，咽痛，舌质红，苔薄白或黄，脉数，指纹青紫。②治则：疏风清热，镇惊息风。③代表方：银翘散。

（2）暑热惊风　①症状：多见于盛夏炎热季节，证有轻重之分。轻证恶风发热无汗，头痛项强，烦躁昏迷，惊搐，舌苔薄白，脉象浮数。重证则壮热多汗，头痛项强，恶心呕吐，烦躁昏睡，四肢抽掣，惊厥不已，舌苔黄腻，脉象洪数。②治则：祛暑清热，开窍镇惊。③代表方：轻证新加香薷饮；重证清瘟败毒饮。

（3）湿热疫毒惊风　①症状：病来急剧，高热头痛，烦躁不宁，四肢抽搐，神昏谵妄，大便腥臭黏腻或夹脓血，呕吐腹痛，舌质红，苔黄腻，脉滑数。②治则：清热化湿，解毒息风。③代表方：黄连解毒汤。

2. 痰食惊风

（1）症状　纳呆，呕吐，腹胀，腹痛，便秘，发热或不发热，神情呆滞，继而出现神昏抽搐，喉间痰鸣，舌质红，苔黄厚而腻，脉滑数。

（2）治则　消食导滞，涤痰息风。

（3）代表方　保和丸合玉枢丹。

3. 惊恐惊风

（1）症状　发病较急，暴受惊恐后突然抽搐，神志不清，惊惕不安，面色时青时白，喜投母怀，四肢厥冷，苔薄白，脉数乱。

（2）治则　镇静安神，益气健脾。

（3）代表方　抱龙丸。

（二）慢惊风

1. 阴虚风动

（1）症状　虚烦疲惫，消瘦，手足心热，面颊潮红，口渴不欲饮，大便干结，两目直视，肢体拘挛或强直，时或抽搐，舌绛少津，苔少或无苔，脉细数。

（2）治则　育阴潜阳，滋水涵木。

（3）代表方　大定风珠。

2. 脾肾阳虚

（1）症状　面色苍白或灰滞，神情淡漠，额汗不温，四肢厥冷，昏睡露睛，手足蠕动，小便清，大便溏，舌质淡，苔薄白，脉沉细而微。

（2）治则　温补脾肾，回阳救逆。

（3）代表方　固真汤。

3. 土虚木亢

（1）症状　精神委靡，嗜睡露睛，面色萎黄，不欲饮食，大便稀溏，色呈青绿，时有腹鸣，四肢不温，抽搐无力，时作时止，舌淡，脉沉弱。

（2）治则　温中健脾，柔肝息风。

（3）代表方　缓肝理脾汤。

二、辨证施护

（一）生活起居护理

保持病室环境舒适、清洁，避免强光及噪音刺激，及时清除污物。急惊风患儿室温宜凉爽，慢惊风则室温不宜过低。患儿发作时切忌强行牵拉、按压肢体，防止扭伤筋骨；平卧时头偏向一侧，以便痰涎及呕吐物流出；注意安全，避免跌仆损伤。昏迷时间较长或慢惊风患儿注意皮肤清洁，经常更换体位，防止发生压疮。

（二）服药护理

中药汤剂宜温服，急惊风患儿服药应及时，观察药后效果及反应。神昏抽搐较甚者可鼻饲给药。慢惊风者应坚持服药。误食污秽食物而致湿热疫毒惊风的患儿，可直肠给药，以利于药物直达病所。

（三）饮食护理

饮食清淡，高热时宜流质或半流质饮食，必要时可鼻饲流质饮食，忌食肥甘油腻及辛辣之物。因饮食所伤而致惊风发生者控制饮食或禁食以利于脾胃功能恢复，积滞消除。惊厥后宜多食果汁如西瓜汁；痰多者宜食荸荠汁等；脾胃虚弱的患儿可给山药粥；脾肾阳虚者予以健脾温肾的食物如桂圆等；阴虚风动者宜食滋阴清补之品如黑木耳，忌食温热动火之品。注意小儿饮食卫生，禁食不洁食物。

（四）情志护理

根据患儿及家长的接受能力，选择适当的方式讲解惊风的有关知识，如急救处理、预防再发和避免受伤等。因惊恐而致惊风的患儿，除了保证环境的安全与平静，更要给予特别的心理安慰，关心体贴患儿，防止患儿由于接受治疗而再受惊恐。猝发者安抚其家长，慢惊风者鼓励其树立战胜疾病信心。

（五）其他

1. 观察抽搐的部位、程度、发作和持续时间、诱发因素以及面色、瞳孔、体温、脉搏、呼吸、血压等情况，并注意抽搐与高热的关系。密切观察病情变化如惊风发作后神志依然不清，呼吸不整、痰阻气道，神情淡漠、虚烦疲惫，说明病情深重和进一步发展，及时报告医生早作处理。

2. 惊风发作时可以针刺或指掐人中、合谷、十宣、太冲等穴，尽快使惊风停止。牙关紧闭者，指掐颊车、下关等穴。高热不退者可用冰袋或冰帽等置头部辅助降温以保护大脑。

3. 惊风患儿立即给予氧气吸入，并保持呼吸道通畅，随时吸出喉中分泌物、呕吐物及痰涎以防窒息。

4. 积极治疗原发病，有惊风病史的患儿，患病时应及时就诊，防止惊风发生。

第二节　小儿时行疾病护理

痄腮

痄腮是以发热、耳下腮部肿痛为主要特征的一种急性传染病。一年四季均有散在发生，冬春季易于流行。学龄儿童发病率高，较大儿童可并发睾丸肿痛等症，重者则可出现高热、昏迷、惊厥等变证。早期患者和隐性感染者是主要传染源，患者的唾液、血液、尿液、脑脊液中均可含有病毒，本病以飞沫传播为主，自腮腺肿大前数天至整个肿大期间都有传染性。痄腮因外感风温邪毒，从口鼻而入，壅阻少阳经脉，经脉壅滞，气血流行受阻，郁而不散，结于腮部。西医学中的腮腺炎病毒引起的流行性腮腺炎可参考本病辨证施护。

一、辨证论治

（一）温毒袭表

1. 症状　发热轻，一侧或两侧耳下腮部肿大，压之疼痛有弹性感，舌尖红，苔薄白，脉浮数。

2. 治则　疏风清热，散结消肿。

3. 代表方　银翘散。

（二）热毒蕴结

1. 症状　壮热，头痛，烦躁，腮部漫肿，疼痛拒按，舌红苔黄，脉数有力。

2. 治则　清热解毒，软坚散结。

3. 代表方　普济消毒饮。

（三）毒陷心肝

1. 症状　腮部肿胀，高热不退，嗜睡，项强，呕吐，甚则昏迷，抽风，舌质红绛，苔黄糙，脉洪数。

2. 治则　清热解毒，息风镇痉。

3. 代表方　普济消毒饮加减，另服紫雪丹，至宝丹。

（四）邪窜肝经

1. 症状表现　腮部肿胀，发热，男性睾丸肿痛，女性少腹痛，舌质偏红，苔黄，脉弦数。

2. 治则　清泻肝火，活血镇痛。

3. 代表方　龙胆泻肝汤。

二、辨证施护

（一）生活起居护理

居室要定时通风换气，保持空气流通，防止直接吹风，衣被不宜过厚。患儿应卧床休息，并与健康人群分开居住，直至腮肿消退。其生活用品、玩具、文具等采取煮沸或暴晒等方式进行消毒。

（二）服药护理

清热泻火的中药汤剂宜偏凉服用，温毒袭表者银翘散汤剂宜轻煎。急性发作时可鼻饲给药。

（三）饮食护理

饮食选择富有营养、易消化的半流食或软食，鼓励患儿多饮水。忌吃海带、鱼虾、香椿等发物。避免饮食过热、过酸或过硬，以防刺激腮腺引起疼痛。饭前饭后用盐水漱口，以清除口腔内的食物残渣，防止继发细菌感染。温毒袭表者选用解表散结之品如牛蒡子粥；邪窜肝经者饮食选用清泻之物如滑石粥。

（四）情志护理

根据本病发病部位、证候特征、传染性的不同给小儿讲明病情，积极配合医护工作以促疾病康复。对于张口咀嚼疼痛的小儿应耐心喂养，缓解其焦躁情绪；重症者鼓励其树立战胜疾病信心。

（五）其他

1. 注意有痄腮接触史小儿发生腮肿前可有轻度发热、头痛、呕吐等前驱症状。观察腮肿部位，其特点是以耳垂为中心漫肿，边缘不清楚，外表皮肤不红，触之有压痛及弹性感，张口不利，咀嚼疼痛，腮腺管口可见红肿。警惕少数病例可发生心肌炎、心包炎和肾炎等。

2. 对肿胀的腮部，可配合药物外敷。如意金黄散、青黛散调敷腮部；或鲜蒲公英、鲜马齿苋捣烂外敷。睾丸肿大疼痛者亦可用蒲公英、马齿苋、金银花煎水浸湿纱布湿敷，可以减轻肿痛症状。

3. 流行期间，对接触过病儿者可预防用板蓝根冲剂冲服。

4. 接种腮腺炎减毒活疫苗。

第三节　小儿杂病护理

遗　尿

遗尿又称遗溺、尿床，是小儿睡中小便自遗，醒后方觉的一种疾病。小儿熟睡时经常遗尿，轻者数夜一次，重者可一夜数次，则为遗尿病。若婴幼儿时期脏腑未坚、肾气未充而出现小便自遗，不属病态。本病多自幼得病，好发于3～12岁儿童，亦有到成年时仍遗尿不止者。

一、辨证论治

（一）下元虚寒

1. 症状　睡中经常遗尿，多则一夜数次，醒后方觉，神疲乏力，面色苍白，畏寒肢冷，腰膝酸软，下肢无力，智力较差，小便清长，舌质淡嫩，苔白润。

2. 治则　温补肾阳，固涩小便。

3. 代表方　菟丝子散。

（二）脾肺气虚

1. 症状　睡中遗尿，少气懒言，神疲乏力，面色萎黄，食欲不振，大便溏薄，自汗恶风，易患感冒，或常咳喘，痰清质稀色白，舌质淡嫩，苔白润。

2. 治则　补中益气，固摄小便。

3. 代表方　补中益气汤合缩泉丸。

（三）肝经湿热

1. 症状　睡中遗尿，尿量不多，次数亦较少，但尿味腥臊难闻，尿色黄，平素性情急躁，易怒易烦，夜卧易惊，睡眠不实，大便偏干，舌质红，苔黄或黄腻，脉弦数或滑数，此型多见于年龄稍大的儿童或少年。

2. 治则　泻肝清热，佐以疏利。

3. 代表方　龙胆泻肝汤。

二、辨证施护

（一）生活起居护理

培养患儿按时排尿的习惯。卧室温度不宜过高，衣被不宜过暖，应及时更换衣被，保持皮肤清洁。户外活动可增强机体抵抗力，但应适当控制活动，尤其是白天不宜过度疲劳。养成患儿午睡习惯，避免夜间睡眠太深而不能自醒排尿。

（二）服药护理

如用中药汤剂应尽量在白天服完，以减少夜尿量。下元虚寒者汤剂宜久煎温服，肝经湿热者可凉服。

（三）饮食护理

饮食宜谨和五味，营养均衡，不宜过咸，咸则伤肾。忌食辛辣炙煿及肥甘厚味。从小培养患儿良好的饮食习惯，睡前不宜多次、多食。虚者选择山药、大枣等以健运脾胃之气，或以芡实、莲子合大枣同煮以补肾固摄；冬令可选狗肉或新鲜胎盘以温补肾阳。

（四）情志护理

正确说明病情，消除患儿紧张情绪，解除羞涩、自卑的心理状态，使肝气条达，疏泄调畅，有利于疾病的康复。对遗尿久而不愈，或年龄偏大的学龄儿童尤其注意避免恐吓、羞辱造成其心理负担过重，产生自卑感而影响身心发育。

（五）其他

1. 观察遗尿出现的时间、规律及诱发因素等，早作处理。

2. 可配合针灸疗法，针肾俞、三阴交等穴；灸关元、气海等穴；

3. 积极预防和治疗引起遗尿病的各种原发病。注意母孕期保健，避免发生小儿各种先天禀赋不足的疾病。

（陈　岩）

附录一　方剂索引

A

安宫牛黄丸（《温病条辨》）：牛黄、郁金、犀角（水牛角代）、黄连、朱砂、冰片、珍珠、山栀、雄黄、黄芩、麝香、金箔衣

安神定志丸（《医学心悟》）：茯苓、茯神、远志、人参、石菖蒲、龙齿

B

八正散（《太平惠民和剂局方》）：木通、车前子、扁蓄、瞿麦、滑石、甘草梢、大黄、山栀、灯芯

八珍汤（《正体类要》）：人参、白术、茯苓、甘草、当归、白芍、地黄、川芎

白虎加桂枝汤（《金匮要略》）：知母、甘草、石膏、粳米、桂枝

百合固金汤（《医方集解》）：生地黄、熟地黄、麦冬、贝母、百合、当归、炒芍药、甘草、玄参、桔梗

萆薢化毒汤（《疡科心得集》）：萆薢、归尾、丹皮、牛膝、防己、木瓜、苡仁、秦艽

萆薢渗湿汤（《疡科心得集》）：萆薢、苡仁、黄柏、茯苓、丹皮、泽泻、滑石、通草

半夏白术天麻汤（《医学心悟》）：半夏、白术、天麻、陈皮、茯苓、甘草、生姜、大枣

半夏茯苓汤（《备急千金要方》）：半夏、茯苓、干地黄、橘皮、人参、芍药、旋复花、川芎、桔梗、甘草、细辛、生姜

半夏厚朴汤（《金匮要略》）：半夏、厚朴、紫苏、茯苓、生姜

保和丸（《丹溪心法》）：山楂、神曲、半夏、茯苓、陈皮、连翘、萝卜子

保阴煎（《景岳全书》）：生地、熟地、白芍、山药、续断、黄芩、黄柏、甘草

抱龙丸（《卫生保鉴》）：胆星、雄黄、辰砂、天竺黄、麝香

补肺汤（《永类矜方》）：人参、黄芪、熟地、五味子、紫菀、桑白皮

补阳还五汤（《医林改错》）：黄芪、当归尾、赤芍、地龙、川芎、红花、桃仁

补中益气汤（《脾胃论》）：黄芪、炙甘草、白术、人参、当归、升麻、柴胡、橘皮

C

苍附导痰丸（《叶天士女科诊治秘方》）：茯苓、半夏、陈皮、甘草、苍术、香附、南星、枳壳、生姜、神曲

柴胡疏肝散（《景岳全书》）：柴胡、枳壳、芍药、甘草、香附、川芎

沉香散（《金匮翼》）：沉香、石韦、滑石、当归、橘皮、白芍、冬葵子、甘草、王不留

程氏萆薢分清饮（《医学心悟》）：萆薢、车前子、茯苓、莲子心、菖蒲、黄柏、丹参、

白术

除湿胃苓汤（《医宗金鉴》）：苍术、厚朴、陈皮、猪苓、泽泻、赤茯苓、白术、滑石、防风、山栀子、木通、肉桂、甘草、灯心草

川芎茶调散（《太平惠民和剂局方》）：川芎、荆芥、薄荷、羌活、细辛、白芷、甘草、防风

D

大补元煎（《景岳全书》）：人参、炒山药、熟地黄、杜仲、枸杞子、当归、山茱萸、炙甘草

大定风珠（《温病条辨》）：白芍、阿胶、龟板、地黄、麻仁、五味子、牡蛎、麦冬、甘草、鳖甲、鸡子黄

代抵当丸（《证治准绳》）：大黄、归尾、生地、穿山甲、芒硝、桃仁、肉桂

丹参饮（《医宗金鉴》）：丹参、檀香、砂仁

丹栀逍遥散（《医统》）：当归、白芍药、茯苓、白术、柴胡、甘草、煨姜、薄荷、丹皮、栀子

丹栀逍遥丸（《内科摘要》）：丹皮、栀子、芍药、当归、柴胡、白术、茯苓、炙甘草

当归饮子（《外科正宗》）：当归、生地、白芍、川芎、何首乌、荆芥、防风、白疾藜、黄芪、甘草

地黄饮子（《宣明论》）：生地黄、巴戟天、山萸肉、石斛、肉苁蓉、五味子、肉桂、茯苓、麦冬、炮附子、石菖蒲、远志、生姜、大枣、薄荷

地榆散（验方）：地榆、茜根、黄芩、黄连、山栀、茯苓

涤痰汤（《济生方》）：半夏、制南星、枳实、陈皮、茯苓、人参、石菖蒲、竹茹、甘草、生姜

定喘汤（《摄生众妙方》）：白果、麻黄、桑白皮、款冬花、半夏、杏仁、苏子、黄芩、甘草

E

二仙汤（《中医方剂临床手册》）：仙茅、仙灵脾、当归、巴戟天、黄柏、知母

二陈汤（《太平惠民和剂局方》）：半夏、橘红、茯苓、炙甘草、生姜、乌梅

F

防风汤（《宣明论方》）：防风、当归、茯苓、杏仁、黄芩、秦艽、葛根、麻黄、肉桂、生姜、甘草、大枣

佛手散（《普济本事方》）：当归、川芎

G

甘麦大枣汤（《金匮要略》）：甘草、淮小麦、大枣

膈下逐瘀汤（《医林改错》）：五灵脂、当归、川芎、桃仁、丹皮、赤芍、乌药、延胡索、甘草、香附、红花、枳壳

葛根芩连汤（《伤寒论》）：葛根、黄芩、黄连、甘草

固真汤（《证治准绳》）：人参、白术、黄芪、肉桂、茯苓、山药、甘草、附子

固阴煎（《景岳全书》）：人参、熟地、山药、山茱萸、远志、炙甘草、五味子、菟丝子

瓜蒌牛蒡汤（《医宗金鉴》）：瓜蒌、牛蒡子、天花粉、黄芩、陈皮、生栀子、皂角刺、金银花、青皮、柴胡、甘草、连翘

瓜蒌薤白白酒汤（《金匮要略》）：瓜蒌、薤白、白酒

瓜蒌薤白半夏汤（《金匮要略》）：瓜蒌、薤白、半夏、白酒

归脾汤（《济生方》）：白术、茯神、黄芪、龙眼肉、酸枣仁、人参、木香、炙甘草、当归、远志

归肾丸（《景岳全书》）：熟地黄、山药、山茱萸、茯苓、当归、枸杞子、杜仲、菟丝子

桂枝甘草龙骨牡蛎汤（《伤寒论》）：桂枝、甘草、龙骨、牡蛎

H

缓肝理脾汤（《医宗金鉴》）：桂枝、人参、茯苓、白术、白芍、陈皮、山药、扁豆、甘草、煨姜、大枣

化血丹（验方）：三七粉、血余炭、花蕊石

藿香正气散（《太平惠民和剂局方》）：大腹皮、白芷、紫苏、茯苓、半夏曲、白术、陈皮、厚朴、苦桔梗、藿香、炙甘草、生姜、大枣

活血散瘀汤（《外科正宗》）：当归尾、赤芍、桃仁（去皮尖）、大黄（酒炒）、川芎、苏木、丹皮、枳壳（麸炒）、瓜蒌仁、槟榔

黄芪汤（《金匮翼》）：黄芪、陈皮、火麻仁、白蜜

黄芪建中汤（《金匮要略》）：黄芪、桂枝、白芍、甘草、生姜、大枣、饴糖

黄连阿胶汤（《伤寒论》）：黄连、阿胶、黄芩、鸡子黄、芍药

黄连解毒汤（《外台秘要》）：黄连、黄芩、黄柏、山栀

黄土汤（《金匮要略》）：灶心黄土、甘草、干地黄、白术、炮附子、阿胶、黄芩

J

加减泻白散（《医学发明》）：桑白皮、地骨皮、粳米、甘草、青皮、陈皮、五味子、人参、白茯苓

加减一阴煎（《景岳全书》）：生地、熟地、白芍、知母、麦冬、地骨皮、甘草

加味四物汤（《金匮翼》）：白芍、生地、当归、川芎、蔓荆子、菊花、黄芩、甘草

济川煎（《景岳全书》）：当归、牛膝、肉苁蓉、泽泻、升麻、枳壳

济生肾气丸（《济生方》）：地黄、山芋肉、山药、茯苓、皮丹、泽泻、桂枝、炮附子、车前子、牛膝

健脾丸（《医方集解》）：人参、白术、陈皮、枳实、神曲、山楂、麦芽

解毒活血汤（《医林改错》）：银花、玄参、当归、丹参、红花、蒲公英、紫花地丁、制乳香、制没药、生甘草

解语丹（《医学心悟》）：白附子、石菖蒲、远志、天麻、全蝎、羌活、南星、木香、甘草

金匮肾气丸（《金匮要略》）：桂枝、附子、熟地、山芋肉、山药、茯苓、丹皮、泽泻

荆防败毒散（《摄生众妙方》）：荆芥、防风、羌活、独活、柴胡、前胡、川芎、茯苓、枳壳、桔梗、甘草

荆防四物汤（《医宗金鉴》）：荆芥、防风、当归、川芎、芍药、地黄

K

开郁种玉汤（《傅青主女科》）：白芍、香附、当归、白术、丹皮、茯苓、花粉

L

理中丸（《伤寒论》）：人参、干姜、炙甘草、白术

良附丸（《良方集腋》）：高良姜、香附

凉血地黄汤（《外科大成》）：细生地、当归尾、地榆、槐角、黄连、天花粉、生甘草、升麻、赤勺、枳壳、黄芩、荆芥

六味地黄丸（《小儿药证直诀》）：熟地黄、山萸肉、干山药、泽泻、牡丹皮、茯苓

六君子汤（《医学正传》）：党参、白术、茯苓、甘草、陈皮、半夏

六磨汤（《证治准绳》）：沉香、木香、槟榔、乌药、枳实、大黄

羚羊角汤（《医醇賸义》）：羚羊角、龟板、生地、丹皮、白芍、菊花、薄荷、柴胡、蝉衣、夏枯草、石决明

苓桂术甘汤（《伤寒论》）：茯苓、桂枝、白术、甘草

龙胆泻肝汤（《医方集解》）：龙胆草、黄芩、栀子、泽泻、木通、当归、生地黄、柴胡、生甘草、车前子

M

麻黄汤（《伤寒论》）：麻黄、杏仁、桂枝、炙甘草

麻杏石甘汤（《伤寒论》）：麻黄、杏仁、生石膏、炙甘草

麻子仁丸（《伤寒论》）：麻子仁、芍药、炙枳实、大黄、炙厚朴、杏仁

麦门冬汤（《金匮要略》）：麦冬、人参、半夏、甘草、粳米、大枣

N

内补丸（《女科切要》）：鹿茸、肉桂、菟丝子、黄芪、白蒺藜、沙苑蒺藜、肉苁蓉、桑螵蛸、紫菀茸、熟附子

P

脾约麻仁丸（《伤寒论》）：大黄、厚朴、杏仁、白芍、麻仁

普济消毒饮（《医方集解》）：黄芩、黄连、连翘、玄参、板蓝根、马勃、牛蒡子、僵蚕、升麻、柴胡、陈皮、甘草、薄荷

Q

七味都气丸（《医宗己任篇》）：地黄、山萸肉、山药、丹皮、茯苓、泽泻、五味子

启宫丸（经验方）：半夏、香附、苍术、陈皮、神曲、茯苓、川芎

羌活胜湿汤（《内外伤辨惑论》）：羌活、独活、川芎、蔓荆子、甘草、防风、藁本

清金化痰汤（《统旨方》）：黄芩、山栀、桔梗、麦冬、桑白皮、贝母、知母、栝楼、橘红、茯苓、甘草

清经散（《傅青主女科》）：丹皮、地骨皮、白芍、熟地、青蒿、茯苓、黄柏

清暑汤（《外科全生集》）：连翘、花粉、赤芍、甘草、滑石、车前、金银花、泽泻、淡竹叶

清热调血汤（《古今医鉴》）：牡丹皮、黄连、生地、当归、白芍、桃仁、红花、莪术、香附、元胡

曲麦枳术丸（《医学正传》）：神曲、麦曲、枳实、白术

清瘟败毒饮（《疫疹一得》）：石膏、生地、犀角（水牛角代）、黄连、栀子、桔梗、黄芩、知母、赤芍、玄参、清翘、甘草、丹皮、竹叶

R

人参养荣汤（《太平惠民和剂局方》）：人参、黄芪、白术、茯苓、远志、陈皮、五味子、当归、白芍、熟地、桂心、炙甘草

润肠汤（《证治准绳》）：当归、甘草、生地黄、火麻仁、桃仁

S

三子养亲汤（《韩氏医通》）：苏子、白芥子、莱菔子

三拗汤（《太平惠民和剂局方》）：麻黄、杏仁、甘草

桑杏汤（《温病条辨》）：桑叶、杏仁、沙参、浙贝、豆豉、山栀、梨皮

桑菊饮（《温病条辨》）：桑叶、菊花、连翘、薄荷、桔梗、杏仁、芦根、甘草

四神丸（《证治准绳》）：补骨脂、肉豆蔻、吴茱萸、五味子、生姜、大枣

四物汤（《太平惠民和剂局方》）：熟地黄、当归、白芍、川芎

四物消风饮（《医宗金鉴》）：生地黄、当归、荆芥、防风、赤芍、川芎、白鲜皮、蝉蜕、薄荷、独活、柴胡、红枣

芍药甘草汤（《伤寒论》）：白芍药、炙甘草

少腹逐瘀汤（《医林改错》）：小茴香、干姜、延胡索、没药、当归、川芎、肉桂、赤芍、蒲黄、五灵脂

沙参麦冬汤（《温病条辨》）：沙参、麦冬、玉竹、桑叶、甘草、天花粉、白扁豆

射干麻黄汤（《金匮要略》）：射干、麻黄、细辛、紫菀、款冬花、半夏、五味子、生姜、大枣

参附汤（《妇人良方》）：人参、附子、姜黄

参蛤散（验方）：人参、蛤蚧

参苓白术散（《太平惠民和剂局方》）：人参、白术、茯苓、苡仁、甘草、桔梗、山药、扁豆、莲子、砂仁、大枣汤下

生化汤（《傅青主女科》）：当归、川芎、桃仁、炮姜、炙甘草

生脉散（《千金方》）：人参、麦冬、五味子

圣愈汤（《兰室秘藏》）：人参、黄芪、当归、川芎、生地、熟地

失笑散（《太平惠民和剂局方》）：五灵脂、蒲黄

实脾饮（《济生方》）：附子、干姜、白术、甘草、厚朴、木香、草果、木瓜、生姜、大枣、茯苓

石韦散（《证治汇补》）：石韦、瞿麦、冬葵子、车前子、滑石

疏凿饮子（《世医得效方》）：商陆、泽泻、赤小豆、椒目、木通、茯苓皮、大腹皮、槟榔、生姜、羌活、秦艽

寿胎丸（《医学衷中参西录》）：菟丝子、桑寄生、续断、阿胶

顺气和中汤（《证治准绳》）：黄芪、人参、白术、白芍、当归、陈皮、甘草、柴胡、升麻、蔓荆子、川芎、细辛

苏叶黄连汤（《温热经纬》）：黄连、苏叶

缩泉丸（《朱氏集验方》）：山药、乌药、益智仁

T

胎元饮（《景岳全书》）：人参、当归、杜仲、白芍、熟地、白术、陈皮、炙甘草

桃红四物汤（《太平惠民和剂局方》）：当归、川芎、赤芍、生地黄、桃仁、红花

桃仁红花煎（《素庵医案》）：丹参、赤芍、桃仁、红花、制香附、延胡索、青皮、当归、川芎、生地

天麻钩藤饮（《杂病证治新义》）：天麻、钩藤、石决明、栀子、黄芩、川牛膝、杜仲、益母草、桑寄生、夜交藤、朱茯神

天王补心丹（《摄生秘剂》）：人参、玄参、茯苓、五味子、远志、桔梗、当归身、天冬、麦冬、柏子仁、酸枣仁、生地黄、辰砂

调肝汤（《傅青主女科》）：当归、白芍、山茱萸、巴戟天、山药、阿胶、甘草

葶苈大枣泻肺汤（《金匮要略》）：葶苈子、大枣

通窍活血汤（《医林改错》）：赤芍药、川芎、桃仁、红花、麝香、老葱、鲜姜、大枣、酒

通乳丹（《傅青主女科》）：人参、黄芪、当归、麦冬、木通、桔梗、猪蹄

痛泻要方（《景岳全书》）：白术、白芍、防风、陈皮

透脓散（《外科正宗》）：当归、生黄芪、炒山甲、川芎、皂角刺

菟丝子散（《医宗必读》）：菟丝子、鸡内金、肉苁蓉、牡蛎、附子、五味子

托里消毒散（《医宗金鉴》）：人参、川芎、当归、白芍、白术、金银花、茯苓、白芷、皂角刺、甘草、桔梗、黄芪

W

完带汤（《傅青主女科》）：白术、山药、人参、白芍、车前子、苍术、甘草、陈皮、黑芥穗、柴胡

胃苓汤（《丹溪心法》）：苍术、厚朴、陈皮、甘草、生姜、大枣、桂枝、白术、茯苓、泽泻、猪苓

温胆汤（《千金方》）：半夏、橘皮、甘草、枳实、竹茹、生姜

温经汤（《金匮要略》）：吴茱萸、当归、芍药、川芎、人参、桂枝、阿胶、牡丹皮、生姜、甘草、半夏、麦冬

乌头汤（《金匮要略》）：乌头、麻黄、芍药、黄芪、甘草

乌药汤（《兰室秘藏》）：乌药、香附、木香、当归、甘草

无比山药丸（《太平惠民和剂局方》）：山药、肉苁蓉、熟地黄、山茱萸、茯神、菟丝子、五味子、赤石脂、巴戟天、泽泻、杜仲、牛膝

五皮饮（《中藏经》）：桑白皮、橘皮、生姜皮、大腹皮、茯苓皮

五神汤（《外科真诠》）：茯苓、金银花、牛膝、车前、紫花地丁

五味消毒饮（《医宗金鉴》）：金银花、野菊、紫地丁、天葵子、蒲公英

X

犀角地黄汤（《千金方》）：犀角（水牛角代）、生地、丹皮、芍药

犀角散（《千金方》）：犀角（水牛角代）、黄连、升麻、山栀、茵陈

下乳涌泉散（《清太医院配方》）：当归、川芎、天花粉、生地、柴胡、青皮、漏芦、桂枝、通草、 白芷、穿山甲、王不留行、甘草

仙方活命饮（《医宗金鉴》）：穿山甲、皂角刺、当归尾、甘草、金银花、赤芍、乳香、没药、天花粉、陈皮、防风、欠母、白芷

香砂六君子汤（《名医方论》）：人参、白术、茯苓、甘草、陈皮、半夏、砂仁、木香

小半夏汤（《金匮要略》）：半夏、生姜

小蓟饮子（《济生方》）：生地黄、小蓟、滑石、通草、炒蒲黄、淡竹叶、藕节、当归、山栀、甘草

逍遥散（《太平惠民和剂局方》）：当归、茯苓、芍药、白术、柴胡、甘草、生姜、薄荷

消渴方（《丹溪心法》）：黄连末、天花粉、生地汁、藕汁、人乳汁、姜汁、蜂蜜

消乳丸（《证治准绳》）：香附、神曲、麦芽、陈皮、砂仁、甘草，细末为丸，姜汤化下

泻白散（《小儿要证直诀》）：桑白皮、地骨皮、甘草、粳米

泻心汤（《金匮要略》）：大黄、黄芩、黄连

新加香薷饮（《温病条辨》）：香薷、鲜扁豆花、厚朴、银花、连翘

星蒌承气汤（验方）：胆南星、栝楼、大黄、芒硝

芎芷石膏汤（《医宗金鉴》）：川芎、白芷、石膏、菊花、藁本、羌活

血府逐瘀汤（《医林改错》）：桃仁、红花、生地黄、川芎、赤芍、牛膝、桔梗、当归、柴胡、枳壳、甘草

旋复花汤（《金匮要略》）：旋复花、新绛、葱

逍遥蒌贝散：柴胡、当归、白芍、茯苓、白术、瓜蒌、贝母、半夏、南星、生牡蛎、山慈姑

Y

养胃增液汤（验方）：石斛、乌梅、北沙参、玉竹、甘草、白芍

养精种玉汤（《傅青主女科》）：熟地、当归、白芍、山茱萸

一贯煎（《柳州医话》）：沙参、麦冬、生地、当归、枸杞、川楝子

薏苡仁汤（《类证治裁》）：薏苡仁、当归、川芎、麻黄、桂枝、羌活、独活、防风、川乌、苍术、甘草、生姜

茵陈蒿汤（《伤寒论》）：茵陈蒿、栀子、大黄

茵陈五苓散（《医学心悟》）：茵陈蒿、桂枝、茯苓、泽泻、猪苓、白术

茵陈术附汤（《医学心悟》）：茵陈蒿、白术、附子、干姜、炙甘草、肉桂

银翘散（《温病条辨》）：银花、连翘、桔梗、薄荷、牛蒡子、竹叶、荆芥穗、生甘草、淡豆豉，鲜苇根汤煎

右归饮（《景岳全书》）：熟地、山药、山萸肉、枸杞子、菟丝子、杜仲、鹿角胶、当归、附子、肉桂

玉屏风散（《世医得效方》）：黄芪、白术、防风

玉女煎（《景岳全书》）：石膏、地黄、麦冬、知母、牛膝

玉枢丹（验方）：山慈菇、麝香、千金子霜、雄黄、红芽大戟、朱砂、五倍子

毓麟珠（《景岳全书》）：鹿角霜、川芎、白芍药、白术、茯苓、川椒、人参、当归、杜仲、甘草、菟丝子、熟地

越婢加术汤（《金匮要略》）：麻黄、石膏、甘草、大枣、白术、生姜

Z

脏连丸（《中国药典》）：黄连、槐角、黄芩、地黄、槐花、地榆炭、赤芍、当归、荆芥穗、阿胶

增液汤（《温病条辨》）：玄参、麦冬、生地

紫雪丹（《太平惠民和剂局方》）：滑石、石膏、寒水石、羚羊角、磁石、青木香、犀角

(水牛角代)、沉香、丁香、升麻、玄参、甘草、朴硝、朱砂、麝香、黄金、硝石

真武汤（《伤寒论》)：炮附子、白术、茯苓、芍药、生姜

镇肝熄风汤（《医学衷中参西录》)：牛膝、白芍、天冬、麦芽、代赭石、牡蛎、玄参、川楝子、茵陈、甘草、龟板

知柏地黄丸（《医宗金鉴》)：知母、黄柏、熟地黄、山萸肉、山药、茯苓、丹皮、泽泻

知柏地黄汤（《症因脉治》)：熟地、山药、山萸肉、茯苓、泽泻、丹皮、知母、黄柏

止嗽散（《医学心悟》)：荆芥、桔梗、甘草、白前、陈皮、百部、紫菀

止带方（《世补斋不谢方》)：茯苓、猪苓、泽泻、赤芍、丹皮、茵陈、黄柏、栀子、牛膝、车前子

止痛如神汤(《医宗金鉴》)：秦艽、桃仁、皂荚子、苍术、防风、黄柏、当归尾、泽泻、槟榔、熟大黄

至宝丹（《太平惠民和剂局方》)：犀角（水牛角代)、玳瑁、琥珀、朱砂、雄黄、麝香、牛黄、安息香、龙脑

朱砂安神丸（《医学发明》)：黄连、朱砂、生地黄、归身、炙甘草

左归饮（《景岳全书》)：熟地、山茱萸、枸杞子、山药、茯苓、甘草

左金丸（《丹溪心法》)：黄连、吴茱萸

附录二　参考文献

1. 张玫，韩丽沙主编．中医护理学．北京：北京医科大学出版社，2002.
2. 刘永兰主编．中医护理学基础．北京：学苑出版社，2001.
3. 刘虹主编．中医护理学基础．北京：中国中医药出版社，2005.
4. 邓铁涛主编．中医诊断学．上海：上海科学技术出版社，1985.
5. 孙国杰主编．针灸学．上海：上海科学技术出版社，1998.
6. 俞大方主编．推拿学．上海：上海科学技术出版社，1985.
7. 王琦主编．病症护理．北京：人民卫生出版社，2006.
8. 王琦主编．中医临床病症护理学．北京：人民卫生出版社，2007.
9. 田德禄主编．中医内科学．北京：人民卫生出版社，2002.
10. 俞平主编．中医儿科护理学．北京：学苑出版社，2001.
11. 刘文俊主编．中医内科护理学．北京：学苑出版社，2001.
12. 江育仁主编．中医儿科学．上海：上海科学技术出版社，2000.
13. 罗元凯主编．中医妇科学．上海：上海科学技术出版社，1988.
14. 胡秀荣主编．中医妇科护理学．北京：学苑出版社，2001.
15. 陈淑长主编．中医外科护理学．北京：学苑出版社，2001.
16. 张燕生，路潜主编．外科护理学．北京：中国中医药出版社，2005.
17. 李曰庆主编．中医外科学．北京：中国中医药出版社，2002.